경산제찰을 찾아서

|지은이| **신대현**

동국대학교 사학과를 졸업하고, 동 대학원 미술사학과에서 석사와 박사를 취득했다.
《전통사찰총서》 전 21권을 16년 동안 기획하고 공동 집필했으며, 이를 위해 전국 900여 전통사찰을 답사했다. 이후 이때의 경험을 바탕으로 사찰을 '종합문화공간'으로 인식하기 시작해 이곳에 담긴 우리의 전통과 미술, 역사를 연구하고 있다.

저서로 《한국의 사리장엄》, 《한국의 사찰 현판》(전 3권), 《옥기(玉器) 공예》, 《진영(眞影)과 찬문(讚文)》, 《적멸의 궁전 사리장엄》, 《우리 절을 찾아서》 그리고 사찰 관련 역사문화서로 《전등사》, 《화엄사》, 《송광사》, 《불영사》, 《성주사》, 《대흥사》, 《보문사》와, 또 사찰의 모습과 정서를 담은 옛 한시(漢詩)들을 번역하고 해설한 《명찰명시》, 사찰의 역사를 깊이 있게 다룬 사지(寺誌)로 《봉은사》, 《은해사》, 《갓바위 부처님과 선본사》, 《보문사》, 《낙산사》 등이 있다. 그 밖에 《한국의 닫집》을 공저했으며 번역서로 《산중일기》가 있다.

대구효성가톨릭대학교 예술학과 겸임교수를 지냈으며 동국대학교 미술학과·대학원, 단국대학교 사학과, 중앙승가대학교 대학원에서 가르쳤으며, 현재 사찰문화연구원 연구위원, 《불교신문》 논설위원이다.

경산제찰을 찾아서
신 대 현 지음

2013년 9월 10일 초판 1쇄 발행

펴 낸 이 오일주
펴 낸 곳 도서출판 혜안

등록번호 제22-471호
등록일자 1993년 7월 30일

주 소 ㉾ 121-836 서울시 마포구 서교동 326-26번지 102호
전 화 3141-3711~2 팩시밀리 3141-3710
E-Mail hyeanpub@hanmail.net

ISBN 978-89-8494-474-9 03220

값 16,000원

경산제찰을 찾아서
京山諸刹

신대현 지음

혜안

보광사

프롤로그

이 책은 전국의 절을 탐방하며 그곳에서 느끼고 생각하며 새로이 배운 내용을 담은 나의 여행기이다. 여행기는 읽기 쉽고 이해하기 좋아야 하는 게 가장 큰 덕목이니 그런 면을 가볍게 생각하지 않고 썼다. 또 여행서라고는 해도, 이 책에는 그 절에 담긴 여러 문화를 내가 체득한 새로운 각도에서 바라보아 느낀 것을 다양하게 소개했고, 더불어 절의 역사나 문화재 등도 나름대로 깊이 있게 다루려 노력했기에 짧은 사지(寺誌)라고 할 수도 있다. 제목을 '경산제찰을 찾아서'로 한 것은 이 책이 서울·경기도 중에서 내가 갔던 중요한 사찰을 선정해서 썼기 때문이다.

한 세대에 걸친 시간 동안 우리 국토 곳곳의 명찰과 대찰, 그리고 산 속 푸근히 자리해 있는 암자들을 다니다보니 절로 사람들에게 하고 싶은 얘기가 많아졌다. 우리나라 전국에 걸친 사찰을 직접 다니고 쓴 책이 극히 드문데다가, 30년 순력의 이력이 우리 사찰문화에 대한 새로운 시각을 내게 주었기 때문이다. 그래서 이런 내 경험과 생각을 글로 써서 책에 담아 여러 사람과 함께 하고 싶은 마음이 저절로 솟았던 것이다.

이 책에서 나는 단순히 절에 있는 문화재나 여느 책에서도 볼 수 있는 역사를 무미건조하게 나열하지 않았다. 그보다는 절마다 그곳까지 가면서 느꼈던 과정과 상념, 절을 거닐면서 느꼈던 그곳의 정서와 분위기 그리고 절을 나서면서 떠오르는 생각을 많이 담았다. 절에 가는 걸음 자체가 여행인데, 어렵게 떠난 여행길에 떠오르는 감성을 빼놓는 게 아주 아깝게 느껴졌기 때문이다. 그렇다고 물론 감수성에만

치우친 게 아니라, 절마다 펼쳐져 있는 문화재들의 양식과 의미 그리고 가치에 대해서도 자세한 설명을 빼놓지 않았다.

또 하나 이 책이 여느 다른 책들과 확연히 다른 점이 있다면, 절을 소재로 삼은 여러 시들을 함께 소개했다는 점일 것이다. 분명 이런 스타일의 사찰 탐방서는 아직 한 번도 선뵌 게 없다. 사찰 순례의 여정에서 시를 최대한 빠트리지 않고 담으려 노력한 것은 그만한 가치가 있다고 생각해서다. 시는 읽으면 읽을수록 글자 하나하나에 함축된 정서가 깊숙이 느껴진다. 그리고 이 정서에는 눈으로 보기만 해선 안 보이는 그 절의 문화와 역사나 분위기를 이해하는 데 매우 유용한 실마리가 담겨져 있다. 그래서 시에서 사찰 역사의 한 단면을 찾는 경우도 적지 않았다. 사실 내가 처음 사찰 시에 주목했던 것도 바로 이런 역사의 단편을 시에서 추출해 내는 작업이 가능하다고 확신했기 때문이다. 물론 시에서 역사 기록 같은 정연함을 찾을 수는 없지만 그 절의 역사를 짐작할 수 있는 단편들은 무수히 담겨져 있음을 발견한 것이다. 그래서 절마다 그에 관한 시가 있는 한 부지런히 찾아서 여기에 소개했다. 물론 이는 주로 현대시보단 옛날에 지은 한시(漢詩)에 해당한다. 하지만 시를 소개하면서 한시뿐만 아니라 현대시도 함께 소개했는데, 이는 옛사람과 현대인이 함께 겹쳐지는 유일한 부분이 아닐까 싶다. 사물이든 사람이든 내가 먼저 마음으로 이해하고 바라보면 더욱 친근하게 느껴지는 것처럼 절도 그곳에 가려는 사람이 먼저 마음을 열고 바라봐야 더 잘 보이는 것은 마찬가지다.

여행은 어디로 가든 다 나름의 의미가 있다. 바다든 산이든 들이든 그곳에 가는 여정 자체가 즐거움이 되어야 한다. 거기에 자리한 옛 정자와 누각에 올라 옛 사람들의 풍류를 상상해보는 일도 좋고, 명문 대가의 고택에 발길을 들여놔 둘러보는 것도 괜찮은 경험이다. 그런데 내가 절을 여행지로 선택한 까닭은 그래도 절이 우리의 정서에 가장 들어맞는 문화공간이라고 생각해서다.

그런 의미에서 나는 '우리나라 사람이면 꼭 가봐야 할 곳'이라든가 '죽기 전에 꼭 가봐야 할 명소' 같은 식의 여행서 제목을 싫어한다. 독자에게 권유하는 게 아니라 가지 않으면 안 된다고 강요하는 것 같은 느낌이 들어서다. 이 세상에 못 갈 곳은 없지만 또한 안 가면 안 될 곳 또한 없다. 여행이라는 행위가 장소 선택보다 더 중요하다고 생각한다. 그 이유는 여행이야말로 가장 자유스러워야 하기 때문이다. 추천이나 권유를 받아 여행의 목적지를 정할 수는 있어도—때론 이렇게 갈 곳을 정하는 것도 나쁘지 않다—'반드시' 가야 한다는 생각을 갖고 떠난다면 이미 그건 출발부터 자유를 느끼고 만끽하기 위해 가는 여행이 아니다.

이 책은 서울·경기의 사찰 중에서 사람들에게 널리 알려진 사찰을 선정해서 다루었지만, 이 책에 실리지 않은 사찰이라고 해서 상대적으로 가치가 덜한 것이 전혀 아닌 것도 이 때문이다. 나는 그저 가고 싶은 사찰을 갔고, 그 기준은 역사나 문화재의 고고(高古)함이 아니었다. 그러니 혹시 이 책에 실리지 않은 사찰이라도 독자 여러분이 가면서 흥미있게 지내다 올 곳도 아주 많음을 말하고 싶다.

절은 산과 바다 어디에든 자리해 있다. 차갑고 맑은 물이 흘러내리는 계곡, 산속 빽빽이 들어선 아름드리나무들로 에워싸인 산사의 풍경은 애써 힘들게 거기까지 비지땀을 흘리며 찾느라 지쳐버린 심신을 한순간 깨끗이 씻어주곤 한다. 감동을 주기는 바다 근처의 사찰도 마찬가지다. 거칠게 몰려와 제 스스로 힘껏 바위에 부딪혀 하얀 포말로 사라져 가는 파도가 끊임없이 몰려오는 바닷가, 그 망망대해의 푸른 바다를 앞에 둔 채 그를 바라보는 절의 모습은 또 얼마나 선연한가!

바로 이런 광경들이 다른 어느 곳보다 절에서 더 잘 느껴볼 수 있는 모습들이다. 그러니 이 책에서 절을 여행지의 대상으로 삼은 것은 종교적 이유와는 상관이 없다. 그저 절에 가면 여러 가지를 볼 수 있고, 더불어 마음이 편하게 느껴져서일 뿐이다.

끝으로, 30년 여행자로서 묻고 싶은 질문이 하나 있다. 사람들은 왜 여행을 떠나려 하고 또 언제 가고 싶은 마음이 드는 것일까? 쉽게 나올 대답을 기대할 만한 질문은 아니다. 날더러 자문자답하라면, 사람들이 생활에 지치고 힘들 때에 그런 마음이 실히 솟는 것 같고, 그렇게 떠난 여행의 과정에서 이젠 다 닳아버린 것 같은 감수성과 서정을 새롭게 되찾고 싶은 마음에서라고 말하련다.

누구나 매양 편한 삶을 살고 있지는 않다. 사람들 모두 살다 보면 삶이란 게 참 힘들구나 하고 느낄 때가 있다. 어려움이 있다면 그걸 극복하는 게 가장 좋겠지만, 그게 그렇게 만만한 일은 아닌 것 같다.

극복하기 어렵다면 속으로 앓지 말고 여행을 떠나보자는 것이다. 길든 짧든 어디로 여행하는 동안 눈으로 보고 마음으로 느끼는 과정에서 다친 마음을 회복하는 계기를 찾을 수도 있으니까. 내가 늘 생각하는 것이 있다. 행복은 주어진 것보다는 스스로 찾고 느끼는 게 더 가치가 있어 보이는 것이고 또 주어진 행복은 쉽게 달아날 수도 있지만 내가 직접 찾아내고 얻은 행복은 내 삶과 늘 함께 할 수 있다는 것이다. 그런데 이것과, 불현듯 떠나는 여정에서 다쳤던 마음을 다시 건질 수도 있는 것이 서로 비슷한 이치인 것 같다.

그렇다고 여행을 지나치게 의미 있는 일로 미화하고 분장하려는 뜻이 있는 건 아니다. 단지 여행이란 무척 개인적인 일이니 자신이 평소에 지닌 감수성으로 세상을 편한 마음으로 바라보면서 떠나는 게 여행의 참 멋이라고 생각할 뿐이다. 때로는 여럿이 마음 맞아 함께 갈 수도 있지만, 그래도 여행은 혼자 가는 게 더 여행다운 것 같다. 그래서 이 책에 소개한 상당수 사찰은 나 혼자 다녀본 곳들이다. 이런 내 마음과 감성이 독자 여러분과 어떻게 같고 또 다른지 몹시 궁금하다.

2013년 9월 당주동 서재에서

차 례

청룡사 입구

종로 청룡사

서울 도심 속의 천년 고찰

아직 겨울이기는 해도 어느새 동지 지난 지 두 달이 넘어 그런지 낮이 제법 길어졌다. 해는 이미 서산으로 저문 지 꽤 되었지만 아직 남은 잔광이 어둑어둑해져가는 골목길을 비춰주고 있었다.

지하철 6호선 창신역에서 내려 3번 출구로 나가서 낙산으로 오르는 길로 한 5분 남짓 고개를 오르면 청룡사(靑龍寺)가 모습을 드러낸다. 차를 타고서 간다면 높다랗고 날렵하게 치켜 올라간 지붕 처마 아래에 '흥인지문(興仁之門)' 편액이 걸린 동대문(東大門)을 끼고 창신동 방면으로 곧장 들어가면 될 터였다. 정확히는 동대문은 속어이고, 흥인지문이라 불러야 맞다. 그런데 숭례문을 흔히 남대문으로 부르는 것처럼, 아무래도 어려서부터 습관처럼 입에 붙은 동대문이란 이름이 먼저 나온 것을 이해하시기를. 지금의 행정구역 명칭으로까지 된 '동대문구'를 '흥인지문구'로 바꾸지 않고 쓰던 대로 그냥 놔두는 것도 관습이란 쉽게 바꾸기 어려운 일이기 때문일 테니까.

그래서 숭례문을 아직도 남대문이라고 불러도 무지(無知)라기보다는 그간의 습관 탓이다. 숭례문 말이 나온 길에, 한마디 하자면 숭례문은 그동안 화재로 불탄 것을 복원하느라 가림막에 가려져 있어 주위를 오가는 사람들의 시야가 참 답답했었는데, 2013년 5월 4일 복원이 끝나 예전 모습 그대로 공개되어 참 잘 되었다. 그 시원시원한 모습을 보니 눈이 확 뜨이는 것처럼 기분이 상쾌하기 그지없다.

여하튼, 조선시대 4대문이나 궁궐의 편액은 대부분 세 글자인데, 이 '흥인지문' 편액만 4자로 구성된 것은 풍수사상에 입각해 이 일대의 지기(地氣)가 낮아 이를 북돋기 위해 그렇게 지었고, 글자 배열도 일반적인 오른쪽에서 왼쪽 방향으로 쓴 게 아니라 위에서 아래로 내려썼다는 점도 이런 생각을 보완하기 위한 것이다.

사실 조선시대의 궁궐 배치나 편액의 글씨체 또는 글자를 보면 풍수에 대한 조심스런 변용이 자주 눈에 띈다. 유학이 지배하던 시절이었지만, 그들이 사교(邪敎)로 생각했던 풍수사상이 암묵적으로 인정되어 기본적으로 깔려 있는 것이다. 그런데 우리나라의 풍수는 도선국사가 정립했다는 것이 정설이다. 따라서 불교의 존재가치가 항상 유학자나 고관들의 머릿속에 자리하고 있었다고 생각한다.

말이 살짝 옆으로 빗나갔지만, 앞으로 이 글에는 조선시대 사대부들이 겉으로는 불교를 모멸차게 대하면서도 속으론 고찰 명찰들의 존재가치를 부정하지 못하는 머뭇거림과 자기모순이 가끔씩 소개될 터이기에 미리 말해 보았다.

4대문 부근의 네 비구니 사찰

또 하나 청룡사를 말하면서 꼭 말하고 싶은 것은, 이 절이 이른바 4대문 바로 근처에 자리해 있다는 점이다. 숭유억불의 조선시대에서 건국 초부터 성곽을 담장 삼아 도성 바로 바깥에 사찰이 있다는 것은 여간한 위치가 아니면 힘든 일이었을 것이다. 물론 흥천사 등 수십 개의 사찰이 도성 안에 자리했지만, 아무튼 청룡사 역시 그 못잖게 격이 높았던 사찰이었다. 도성 바로 바깥 이웃에 있었을 따름이지 궁궐의 상궁과 여염집 여인네들은 청룡사를 '새절 승방'이라고도 부르며 곧잘 찾아가 마음의 짐도 내려놓고, 절실한 소원을 기원 드리곤 했다. 그리고 한결 맑아진 마음을 채우고서 궁궐이나 도성 안, 혹은 도성 밖 자신의 집으로 돌아가곤 했다. '남녀유별'의 조선시대에 여인네들이 좀 더 마음 편하게 찾을 수 있는 곳은 아무래도 비구니 사찰이었을 것이다. 하지만 당시엔 비구니 사찰이 매우 드물었다. 그래서 비구니 사찰 중에서도 특히 '4대문 주변의 네 비구니 사찰'이라는 뜻의 이른바 '사니사(四尼寺)'가 그녀들이 주로 찾았던 사찰이었다. 지금부터 말할 '새절 승방' 청룡사 외에 옥수동 '두무개 승방'(미타사), 석관동 '돌곶이 승방'(청량사), 보문동 '탑골 승방'(현 보문사) 등이다.

하지만 도성 밖에 있다고 해서 사격이 꼭 낮아지는 건 아니었다. 도성 안에 있던지 혹은 밖에 있던지 간에 언제든 대부분 백성들은 다 고단한 삶을 살고 있었으니까. 도성 밖의 사찰이라도 사람들이 많이 찾고, 나아가 왕실의 여인들이 출입하던 절도 많다. 예를 들어 성북구 보문사는 '탑골 승방'이라는 별칭으로 불리며 상궁 같은 궁실 여인네들이 원찰로 삼아 자주 찾아가던 절이었다. 이런 이야기는 〈성북 보문사〉 편에서 좀 더 자세히 말하기로 하겠다.

청룡사 탐방이 지금이 처음은 아니다. 1994년에 처음 갔으니 근 15년 만에 다시 찾는 청룡사다. 꽤 오래 전이라 쉽게 찾을 수 있을까 싶기도 했는데, 막상 골목 어귀에 이르니 신기하게도 옛날 기억이 그대로 떠오른다. 내 머리도 아직은 쓸 만한가 하며 기분 좋게 고개에 올라서니 왼쪽에 한옥 기와지붕이 보이고, 대문 좌우에 실감나게 그려진 신장상이 지키고 선 청룡사 앞이다. 오늘은 일부러 저녁 무렵을 택해 청룡사를 찾았다. 위치한 곳이 종로구 숭인동 17-1번지, 서울 한복판이라 돌아올 길을 걱정할 필요가 없는데다가, 무엇보다도 절을 나올 때 주변의 청계천 거리를 분위기 있게 걷고 싶을 것 같아서였다. 봄이 가까운 토요일 오후의 청계천 거리는 분명 볼 만할 테니까. 좋은 볼거리를 마음속으로 예약해 놓고 절 문을 들어섰다.

청룡사와 주변 모습

청룡사의 역사

청룡사는 고려 건국 초인 922년, 풍수도참설로 유명한 도선(道詵) 국사의 유언에 따라 태조 왕건의 명으로 지어졌다. 삼각산의 웅장한 기세가 달려 나와 멈춘, 풍수지리적으로 한양의 외(外)청룡에 해당되는 산등성이에다 절을 짓고 이름을 청룡사라 한 것인데, 이것은 다시 말해서 청룡사의 성격이 나라와 왕실의 평안과 발전의 기운을 북돋게 하기 위한 사찰인 비보(裨補)사찰이었음을 뜻한다. 그러고 보면 청룡사라는 이름의 고찰은 대부분 풍수와 관련 있고, 하나같이 왕실과 관련 있는 규모 있는 사찰들이다. 우선 떠오르는 것만 해도 대웅전이 유명한 안성 청룡사가 있고 또 보각국사비가 전하는 충주 청룡사도 그렇다.

이곳 서울 청룡사도 절의 의미와 역사가 그만 못지않다. 더군다나 창건 당시의 혜원(慧圓) 스님 이래로 지금까지 줄곧 비구니 사찰로 내려왔다는 것도 흔치 않은 일이다. 비록 근래에 엮어지기는 했지만 《청룡사지》가 있어서 이를 통해 절의 내력을 알 수 있음은 다행이다.

그에 따르면 창건된 지 200년이 지난 1158년 회정(懷正) 스님이 중창할 때는 청룡사 동북쪽 고개 너머에 있는 보문사(普門寺) 창건 이후 새롭게 세워진 절이라 하여 '새절 승방'으로 불렀다고도 한다. 청룡사나 보문사 모두 고려시대에 꽤 비중 있는 절이었기에 이런 이름들이 붙여졌을 것이다. 그리고 무엇이든 본명보다는 애칭이 부르기 쉽고 듣기에도 좋다.

조선시대에 들어와서는 1405년 무학(無學)대사를 위하여 태종이 왕명으로 중창했다는 기록이 눈에 띈다. 고려시대에 도선 국사의 의견을 좇아 태조 왕건이 창건한 상황과 아주 비슷하기 때문이다. 그렇다면 도선과 마찬가지로 역시 풍수에 능했던 무학이 이곳 지형의 중요성을 간파해서 꼭 필요한 사찰이라고 생각하고 중창했다고 생각해 볼 수 있다. 사실 지금은 꼭대기를 쳐다보려면 목이 뻐근해질 정도로 하늘 높이 들어선 빌딩들이 참 많다. 이런 빌딩숲으로 인해 요즘 사람들은 산세에 대한 감각이 꽤나 무뎌져 있다. 더군다나 서울을 감싸고 있는 산등성이는 모두 그야말로 송곳 하나 꽂을 만한 공간도 없이 주택으로 도배되어 있어서 더더욱 산을 산으로 느껴볼 여지조차 없다. 청룡사에서 가까운 동대문 주변만 해도 서울을 동쪽으로 감싸고 있는 낙산(駱山)에서 뻗어 내린 산줄기가 제법 웅장한 곳이건만 지금 온통 주택이 들어서 있어 바라다 보이느니 모두 집들이기에 이미 산은 아니지 않은가. 낙타를 닮은 산이라 해서 낙산으로 부르지만, 그 무게에 못 이겨 그만 주저앉아버리지나 않을지 염려될 정도다. 하지만 한편으론, 1960년대 이후 서울이 비대하게 커지면서 허름한 판잣집이 자리 잡으며 시작된 이른바 달동네이니, 산을 가리고 있네 누르고 있네 하고 풍수지리나 읊조릴 계제가 아니기는 하다. 이런 산줄기나마 없었다면 달동네로 불리는 판잣집이었으나마 우리의 팍팍한 삶을 지탱해 준 보금자리를 또 어디서 찾을 수 있었을까?

단종 부부의 애환이 전하는 곳

궁중(宮中)이라는 단어에서 화려한 모습을 떠올리는 건 누구나 갖는 낭만적인 상상이다. 궁중에서의 생활을 동경하는 건 그야말로 동서고금이 모두 마찬가지 아닐까. 최근에는 2013년 4월 30일 네덜란드에서 123년 만에 '남자' 국왕이 즉위했다고 해서 세계의 화제가 되었다. 새로 즉위한 빌럼 알렉산더르 왕의 즉위식을 보니 과연 궁중에서의 생활이 보통 사람들의 그것과는 차원이 다르구나 생각할 정도로 으리으리하고 고급스러웠다. 뿐만 아니라 이 즉위식에 초대된 전 세계 18개 왕국의 국왕 부처(夫妻)들이 입은 연회복 역시 화려함을 다한 장식으로 되어 있어 눈길이 잘 떨어지지 않았다. 그야말로 비용 따위는 전혀 아끼지 않은 듯한 최고의 장엄을 서로 뽐내고 있었다. 요즘 세상에는 실제로 옛날 같은 왕의 세도를 누리는 왕국은 없다. 모두 전통에 따른 상징성으로만 왕실이 존재한다. 그래도 보통 사람의 눈으로는 그 호사스런 왕실의 모습이 부럽게 보이는 것은 인지상정이다. 그러자니 남의 나라 일이기는 해도, 60년이 넘도록 황태자 신분에서 벗어나지 못하고 엘리자베스 여왕에 가려져 왕위를 잇지 못하고 있는 영국의 찰스 황태자가 안됐다는 연민이 슬쩍 느껴지는 건 쓸데없이 넓은 오지랖 탓일까….

여하튼 왕실의 권세와 호화스러운 모습이 서양에만 국한되지는 않았을 것이다. 옛날 우리나라도 보통사람들로서는 상상하기조차 어려울 정도로 극진한 호사를 궁중 사람들이 누렸던 것은 물론이다.

하지만 궁중의 삶이란 화려한 겉면과는 달리 속으로는 엄격하고 냉혹하며 피가 튀는 참혹함이 곧잘 역사에 기록되어 있는 것도 사실이다. 예컨대 고려나 조선의 왕실에서 일어났던 비극은 역사에서 자주 보는 일이기도 하다. 물론 별다른 문제없이 왕위가 잘 이어져 아들인 세자에 그대로 물려주기도 했지만, 왕의 자리를 차지하려는 왕족 간의 치열한 암투가 이어지기라도 하면 그만큼 불행한 삶도 없겠구나 싶은 경우도 종종 있다.

지금 말하려 하는 이야기도 조선시대 왕실사상 가장 애달픈 사연이 담겨있는데, 그 무대가 청룡사와도 깊은 관련이 있기에 앞에서 기다랗게 왕실 이야기를 했다.

비극의 주인공은 누구나 들어본 적이 있을 법한 단종과 그의 부인 정순왕후다. 단종은 열두 살의 어린 나이에 왕위에 올랐으나 얼마 누리지 못하고, 다른 사람도 아닌 작은아버지 수양대군에 의해 강제로 폐위되고 말았다. 하지만 비극은 여기서 그치지 않고, 종국은 강원도 영월 청랭포(淸冷浦)로 유배 가서는 결국 그곳에서 비참하게 죽음을 맞이한다. 청룡사는 그와 그의 비 정순왕후가 맞은 비극의 한 장소이기도 하다.

아버지에 의해 뒤주에 갇혀 죽은 사도세자와 더불어 가장 비극적 인물로 꼽히는 단종에 대해서는 여기서 새삼 말할 필요가 없을 정도로 잘 알려져 있다. 노산군으로 강등되어 귀양길에 오른 단종은, 청룡사에 들러 우화루에 잠시 머무르며 정순왕후와 최후의 작별을 하였다.

차마 떠나보낼 수 없었던 아내는 지아비의 두 손을 붙잡고 청계천 끝자락에 걸친 다리까지 왔지만, 이제 더 이상 따라갈 수 없어 다리 난간 위에서 마지막 이별을 해야 했다. 당시의 이 애달픈 이별의 장면은 두고두고 사람들의 입에 오르내렸다. 누가 먼저랄 것도 없이, 단종과 정순왕후가 마지막 시간을 보냈던 우화루를 '영리정(永離亭)'으로, 또 정순왕후가 단종이 떠나가는 모습을 지켜봐야 했던 다리를 '영리교'라고 불렀던 건 그들의 이별을 바로 자신의 일인 양 슬퍼했기 때문이었을 것이다. '영리'란 영원히 이별한다는 뜻이지만 그래도 단

단종과 정순왕후가 이별을 앞두고 만났던 청룡사 우화루

순히 영리교라고만 부르면 그 안에 묻혀 있는 비운이 덜 실감나게 들렸는지, 아예 '영이별다리'라고도 불렀던 건 차라리 슬픔의 클라이맥스나 다름없어 보인다. 나중에 영리교, 곧 '영리다리'는 '영미다리'로, 영리정 역시 '영미정'이 되었다. 이 '영리', 곧 '영미'는 나중에 청룡사 부근의 동네이름으로까지 변하게 되었으니 그들의 이별이 사람들에게 미친 강렬한 인상은 다시 말할 필요도 없다.

저항할 힘도 없어 폐위되고 귀양 가서 그곳에서 비참하게 죽은 단종은 얼마나 억울할까. 하지만 단종을 잃은 슬픔으로 이곳에서 한평생 외롭게 살다간 정순왕후 역시 그 못지않게 서럽고 애달팠을 것이다. 그녀는 단종과 이별하던 곳에서 기약 없이 단종을 기다리기로 작정하고 영월 쪽이 가장 잘 보이는 낙산 상봉의 이곳 청룡사에서 머무르다가, 아예 출가하여 허경(虛鏡)이라는 법명을 받았다.

정순왕후는 청룡사에 온 뒤 바깥세상과는 인연을 끊었지만, 절의 어려운 생활을 돕기 위해 댕기·저고리·깃·고름·끝동 등의 옷감에 자줏빛 물감을 들여 내다 팔았다. 물들일 때마다 바위 위에 널어 말렸으므로 그 바위를 '자주바위'라 하고, 바위 밑에 있는 우물을 '자주우

물', 또 그 마을이름을 '자주동'이라고 불렀다. 그리고 한양의 아낙네들은 이를 팔아주기 위해 일부러 자주끝동을 달아 입었다고 한다. 승려가 된 정순왕후는 82세에 열반할 때까지 무려 65년 동안이나 이곳에 머물렀다. 1698년(숙종 24)에야 단종과 정순왕후는 드디어 복위되어, 왕후의 능도 사릉(思陵)이라 하고 신위도 종묘로 옮겨졌다. 너무 늦기는 했지만 그래도 한은 풀었을 것 같다.

사릉

왕실 여인네들의 안식처가 된 정업원

그로부터 300여 년이 지난 1771년, 영조는 이런 슬픈 이야기를 듣고는 눈물을 뚝뚝 흘렸다. 그의 어머니는 숙종의 후비가 되기 전에 '무수리'로 불리던 궁중의 몸종이라 천대를 많이 받았었다. 그렇기에 정순왕후의 슬픔과 괴로움을 더 잘 이해했고 아마도 어머니의 처지와 정순왕후의 모습이 오버랩 되었는지도 모르겠다. 아무튼 영조는 정순왕후가 지냈던 청룡사에 '정업원 구기(淨業院舊基)'라는 친필을 내려 비각을 세우게 하는 등 정순왕후의 슬픔을 위로했다. 그런 인연으

정업원 구기

로 이때 절 이름을 잠시 정업원이라 부르기도 하였다. 정순왕후는 청룡사에서 지내면서 1457년 미타사를 중수하기도 했으니 불교계에 끼친 영향도 적다고 할 수 없다. 이 정업원 구기는 경내 왼쪽으로 난 길로 조금 내려가면 보이는 자그마한 비각 안에 놓여 있다.

정업원(淨業院)은 본래 고려와 조선시대 때 도성 안에 두었던 비구니 승방(僧房)이다. 승방이라고는 해도 지금의 사찰이나 암자와 거의 같은 성격이었다고 볼 수 있다. 그런데 여기에 주석했던 비구니는 신분상 일반 사람들과는 달라서, 주로 궁실의 여인이거나 신분이 높은 이른바 권문사족의 여인 중에서 출가한 이들이었다. 따라서 주지도 왕족에서 임명되는 것이 관례였다.

정업원의 정확한 창건연대는 알 수 없으나 적어도 고려 의종 이전부터 있었음은 분명하다. 조선시대 초에는 개경에 있던 정업원을 옮겨 한양에 세웠는데, 응봉(鷹峰) 아래 창경궁 서쪽 종로구 계동, 지금의 중앙중학교가 있는 곳이었다. 하지만 숭유억불의 시대였던지라 1448년에 세종 임금 밑에 있던 집현전 학사들의 끈질긴 요구로 철폐되었다. 그 뒤 1457년에 다시 세워졌으나 또 다시 없어지는 등, 이후로도 몇 번인가 세워졌다가 없어짐이 반복되다가 1612년 이후로는 다시 세워지지 않았다.

영조가 청룡사에 '정업원 구기', 곧 '정업원의 옛터'라는 글씨를 내려 비석으로 세우게 한 것은 당시 이미 정업원은 없어졌지만 왕족이었던 정순왕후가 청룡사에서 출가한 인연을 너무나 안타깝게 여겼기 때문이다. 그래서 이 비석의 비각에는 영조의 글씨 '前峰後巖於千萬年 歲辛卯九月六日飮涕書'가 새겨져 있다. 곧 천만년 동안 이곳이 영원할 것이며, 1771년에 단종과 정순왕후의 일을 생각하며 눈물을 머금고 이 글을 쓴다는 뜻이다.

정순왕후와 청룡사

정순왕후가 청룡사에 머물게 된 것과 비슷한 인연은 고려 말에도 있었다. 고려가 조선에 망한 뒤 고려의 명신인 익재 이제현(李齊賢)의 딸이자 공민왕의 왕비인 혜비(惠妃)가 이곳에 거주하였으며, 또 조선 초 태조의 딸 경순(慶順)공주도 이곳에 와 머무른 적 있었다. 그러고 보면 분명 청룡사는 왕실 여인들과의 관계가 많았던 절이다.

정순왕후 얘기가 나온 김에 그녀와 관련된 얘기를 하나 더 소개한다. 정순왕후는 청룡사에서 수도하고 정진하는 한편 하루도 빠짐없이 청룡사 앞에 있는 산봉우리에 올라가 단종이 유배 간 동쪽을 하염없이 바라다보았으므로 사람들은 이 봉우리를 '동망봉(東望峰)'이라고 불렀다. 훗날 영조는 '동망봉'이라는 글씨를 써서 그곳 바위에 새기도록 했다고 한다. 하지만 일제강점기에 일본인들이 헬기장으로 사용하기 위해 봉우리를 깎고 채석장으로까지 이용해 오늘날 그 흔적은 전혀 찾아볼 수 없다. 동망봉의 남은 능선은 지금 모두 숭인공원으로 조성되어 있을 뿐이다.

청룡사 경내 탐방

청룡사에는 지금 대웅전을 비롯해서 명부전·산신각·심검당·산령각·칠성각·독성각·우화루 등의 전각이 있다. 밖에서 볼 땐 좁아 보여도, 안에는 의외로 꽤 여러 전각들이 들어서 있다. 1954~1960년 사이에 윤호(輪浩) 스님이 커다랗게 중창하였고, 1973년 대웅전이 중창되며 오늘에 이르고 있다. 청남(菁南) 오제봉(吳濟峰)의 글씨로 편액을 단 대웅전에는 석가삼존불이 모셔져 있고, 그 밖에 1868년에 그린 지장탱화·현왕탱화·칠성탱화와 1898년에 그린 감로탱화, 또 신중탱화와 후불탱화도 있다. 대웅전 동북쪽에 있는 명부전에 들어가 보니 지장

청룡사 내경

삼존상을 비롯해 지장탱화·시왕탱화·사자(使者)탱화 등의 불화와 시왕 및 그 권속들이 엄숙하게 봉안되어 있다. 또 대웅전 왼쪽에 있는 심검당은 밖에서 보면 누각처럼 지어져, 그 옛날 단종과 정순왕후가 이승에서의 영원한 이별을 앞두고 마지막 해후를 했던 우화루가 이곳이겠거니 하는 생각이 든다. 그래서인지 여느 누각이나 요사 같지 않고 자못 가슴이 찡해진다.

경내를 나서며 떠오른 생각들

청룡사를 나와 청계천으로 향했다. 어느새 사위는 어둠으로 뒤덮여 있었다. 하지만 청룡사 탐방의 여운을 좀 더 느끼고 싶어 청계천으로 가서 하류 쪽으로 향했다. 동대문을 지나 동관묘(東關廟) 남서쪽이 청계천 하류인네 바로 이 어간이 영리교가 있던 곳이다. 처음 다리가 지어질 때 영도사 승려들이 동원되었기에 '영도교'라 불렸다가 단종의 비극 이후로 영리교(永離橋) 또는 '영이별다리'로 불렸다. 앞으로

청계천 영도교

영영 다시 못 볼 이별을 나눈 다리라는 뜻이다. 다리 이름만 들어도 마음이 절절해진다. 그때의 영리교는 지금 물론 남아있지 않지만, 그래도 옛날 그 자리에 요즘 새로 놓은 다리가 있어서 걸어가 봤다. 청계 8가 성동기계공고 동쪽의 영도교가 바로 단종이 넘던 그 영리교이다. 지금은 밋밋하기만 한 신식 다리이건만 청룡사에서부터 지니고 온 센티멘털리즘으로 인해 서글픈 기분을 주체할 수 없다. 한참을 걸었더니 밤도 깊어졌고 청룡사 나올 무렵 잔뜩 흐렸던 하늘에선 어느새 부슬비까지 내리고 있다. 이제 돌아가야 할 때가 됐나 보다. 발길을 돌리다 말고 멈추어서 돌아다보았다. 나야 돌아갈 길이나 있지만 단종은 과연 돌아올 기약이나 갖고 저 다리를 건넜을까…. 흐릿한 가로등 불빛 아래로 청계천의 졸졸거리는 물소리만 들려온다.

종로 승가사

늦봄의 꽃구경 나들이

여름이나 겨울의 끝자락은 언제나 지루하다. 봄은 항상 빨리 가버려 아쉽게 느끼게 되고, 가을은 할 수만 있다면 가지 못하게 붙들어 매고 싶을 정도로 낙엽 쌓인 거리의 쓸쓸한 분위기가 그리운데, 여름이나 겨울은 날씨가 험해서 그런지 어서 지나갔으면 하는 생각뿐이다.

유달리 길다고 느껴진(실은 매해마다 늘 하는 생각이지만) 겨울도 이젠 거의 다 갔나 보다. 신문이나 방송에서는 남녘에 봄꽃이 만발했다는 소식을 전하기 바쁘다. 이런 때는 어디론가 남쪽으로 훌쩍 떠나야 제격일 텐데. 하지만 벚꽃은 봄비 따라 져버린 지 이미 한참이라고, 김해 사는 친구가 전화로 장탄식을 한 지가 어언 두 주 전이었다. 4월이 다 된 어느 토요일 아침, 오늘 가는 북한산 등산길에서 꽃구경 좀 할 수 있을까 기대를 하며 집 현관을 나섰다. 누구나 하루하루 삶을 보내기 더욱 힘들어 가는 시절, 꽃구경이야 그저 맘속에서나 그려보는 꿈일 뿐 실제 가보는 사람이 얼마나 될까. 그런데 오늘 이렇게 길을 나서게 되었으니 얼마나 다행인가. 비록 혼자 맘먹고 찾아가는 길은 아니고 사람들과 약속이 잡혀져 의무 반 억지 반의 단체 산행이기는 하다. 단체 산행은 '나 홀로 여행'이 익숙한 내겐 '끔찍한' 일이지만, 그래도 오늘만큼은 그저 감지덕지하게 생각하자고 다짐했다.

북한산 승가사 가던 길

바쁠 때일수록 뭔가 잊은 게 있는지 자꾸 주춤거리고 머뭇거리는 게 습관인지라, 오늘도 출발이 그만 꽤 늦어져버렸다. 등산화는 있는지 없는지조차 모르겠고, 운동화라도 신어야 하겠기에 신발장을 한참 뒤져봤지만 좀체 나오질 않는다. 할 수 없이, 낡아버렸지만 버리긴 아까워 그냥 넣어두었던 랜드로버를 꺼내 먼지를 탈탈 털어내 신고서 부리나케 집을 나섰다. 구기동에서 버스를 내린 다음, 이북5도청 앞으로 흘러내리는 실개천을 따라 약속장소인 구기동 매표소까지 잰 걸음으로 가니, 오늘 함께 갈 대원불교문화대학 학생들이 삼삼오오 모여 있는 게 보인다. 등산복이나 등산화는커녕 누구나 다 쓰고 있는 등산모자도 없이 허름한 감색 면바지에 점퍼를 걸쳐 입은 '복장불량' 상태이건만 기다리던 일행이 왔다고 타박 한 번 없이 다들 웃는 얼굴로 맞아주니 외려 쑥스러운 마음이 든다.

10시 조금 넘어 일행들과 함께 출발했다. 오늘의 코스는 먼저 승가사에 간 다음 대남문을 지나 문수사로 내려오는 길, 천천히 걸으면 세 시간 반이면 넉넉할 거라고 누군가 말한다.

맑은 날씨였고 계곡에 물도 제법 흐르는데다가 주위에 갖가지 꽃들이 만발해 있어 기분도 상쾌하고 발놀림도 가볍다. 산에선 산을 못 본다는 말처럼 지금 우리가 오르는 북한산의 위용은 안 보이지만 꽃이며 계곡이며 구경하며 쉬엄쉬엄, 또 함께 오르는 일행들과 이런저런 얘기도 하며 가다보니 어언간 승가사 앞에 다다랐다. 한 시간이 조금 안 걸렸으니 그런대로 수수하게 올라온 편인 것 같다. 가파른 계단을 올라가니 좁은 듯 넓은 듯한 승가사 경내가 나타난다.

북한산에 에워싸인 승가사. 입구에 탑이 서있다.

승가사의 창건과 역사

승가사가 창건된 것은 통일신라 때인 756년의 일이니 이미 천 년이 훨씬 넘었다. 이 절에 승가사라는 이름을 붙인 것은 신라의 수태(秀台) 스님으로, 7세기 중국에서 생불(살아 있는 부처) 소리를 들을 정도로 고명했던 인도 출신의 승가(僧伽)대사를 경모하는 뜻에서 그렇게 지었다는 것이다. 지금 승가사에 승가대사상이 봉안되어 있는 것도 바로 그러한 까닭에서다. 승가대사는 중국 사람들로부터 관음보살의 화신이라고까지 칭송받았으니, 어쩌면 승가사는 관음신앙과 큰 관련을 갖고 출발했는지 모르겠다.

고려시대에는 선종·순종·예종·의종 등 역대 임금들이 자주 참배하고 재를 올렸다. 특히 숙종은 1099년에만도 세 번씩이나 행차하는 등 각별한 관심을 보였다. 이 해 전국은 극심한 가뭄과 잇단 홍수 등 천재지변으로 큰 몸살을 앓던 시기였다. 이러다보니 도처에서 반란까지 일어나 숙종은 지금의 서울인 남경(당시 수도는 개경, 곧 지금의 개성이었다)까지 피난 내려왔고, 이에 임금은 아예 남경으로 도읍을

승가사 내경

옮길 생각까지 했다. 숙종은 남경의 진산인 북한산에 매료되어 자주 올라갔고, 그때마다 북한산의 대표 사찰인 승가사에 참배했던 모양이다. 이때 유명한 대각국사 의천(義天)이 왕과 왕비를 모시고 참배하면서 불상을 개금하고 불당을 중수하였다. 이런즉, 이후로 역대 임금들이 역시 승가사를 귀히 대했으리라 추측되는 건 당연하다.

조선시대에 들어와서는 당대의 고승 함허(涵虛) 스님이나 조선 후기 불교계 최고의 수장이랄 수 있는 팔도도승통 성월(城月) 스님 등이 이곳에서 수행했을 정도로 널리 알려져 있었다. 하지만 숭유억불 정책으로 불교계가 극심한 핍박을 받는 상황에서는 승가사 역시 예외가 될 수 없어 사세가 줄어들었고, 임진왜란 때도 상당수 건물들이 불타 없어져 버렸다. 또 얼마 안 있어 병자호란이 일어나자 경복궁 바로 뒷산인 북한산 일대의 절들이 큰 피해를 입게 되었는데 그로 인해 승가사는 거의 폐사 지경에까지 간 모양이다. 그러다가 1780년 성월 스님이 폐허로 남아 있던 이곳을 재건함으로써 승가사의 법등은 다시 이어져 나갔다. 지금 절 동북쪽의 나지막한 자리에 성월 스님의 부도와 비석이 남아 있다. 이어서 조선시대 말, 고종 때는 명성황후와 엄 상궁의 후원으로 절이 중건되었다.

1950년에 일어난 6·25전쟁은 전국 대부분의 사찰에 막대한 피해를 입혔는데, 승가사 역시 이때 건물이 모두 불타 없어져 버렸다. 그러던 것을 비구니 도명(道明) 스님이 1957년 주지로 부임하여 새로운 기운을 일으켰고, 이렇게 시작한 새로운 기틀 위에 1971년부터 상륜(相侖) 스님이 20여 년 동안 갖은 어려움을 무릅쓰고 사세를 확장시켜 지금의 모습을 일궈냈다. 그러니 조선시대의 성월 스님과 오늘의 상륜 스님은, 절을 창건한 수태 스님과 더불어 승가사의 최대 공덕주인 셈이니 그 공을 아무리 말해도 다 못할 것 같다.

승가사를 읊은 옛 한시

승가사는 그 빼어난 풍경으로 인해 보통 사람들은 물론, 문인들과 학자들도 즐겨 찾는 곳이었다. 오죽하면 1598년 명나라 사신 만세덕(萬世德)이 숙소에서 몰래 빠져나와 승가사에 올라 예불 올린 다음 그 주변을 둘러보며 노닐다가 해가 저물어서야 숙소로 돌아갔다는 기록이 다 보일까(《조선왕조실록》). 말하자면 승가사는 중국에까지 알려진 명소였을 가능성이 많다. 그런즉 조선의 문인들에게야 말할 나위도 없을 것이다. 예를 들어 유원순(兪元淳)·정인지(鄭麟趾)·유방선(柳方善)과 같은 당대의 시인·묵객들이 이곳을 주제로 읊었던 시가 여러 편 전한다. 또한 매월당 김시습(金時習)도 어렸을 때 승가사에서 공부했는데, 이곳에서 지은 시를 세종에게 올려 신동으로 널리 알려지게 되었다고 한다. 그 중 조선 초기의 저명한 문인인 정인지의 시 〈승가사에서(僧伽寺)〉를 소개한다. 이 시는 《대동시선》과 《여지도서》에 실려 있다.

巉巖山路險　높은 바위에 산길마저 험하여
携杖更攀蘿　지팡이 짚고도 등라(藤蘿) 휘어잡네
叔除行雲宿　처맛가엔 가던 구름 머물고
窓前瀉瀑多　창 앞엔 쏟아지는 폭포소리 거세라
煮茶等世頃　차 한 잔 끓일 제 세상사 함께 흘러가
汲水井微波　우물물 길으니 작은 파문 일어라
數箇高僧在　이 절엔 두어 명 높은 스님 있어
觀空惑放歌　공(空)을 보며 노래 부르네

승가사의 문화재

골동품 수집의 진정한 멋은, 연대와는 상관없이 옛사람들의 손때 묻은 물건 하나하나에서 선인들의 숨결을 맡으며 오늘날 우리 자신의 존재감을 느끼려는 것이 아닐까? 미술품을 모으는 것은 경제력만 된다면 고상한 취미가 되지만, 신라시대 불상이나 고려청자, 조선백자 같은 오래된 것만 찾으면 미술품을 돈으로만 바라보는 저급한 수집욕에 다름 아니다. 누구의 권유도 필요 없이 자신의 안목을 가지고서 마음에 드는 작품을 찾아보고 '집에 하나 걸어 두었으면' 하고 생각하는 순수함이 진미감(眞美感)이라고 말하고 싶다. 마찬가지로 불교문화재 역시 그 존재 자체가 중요하지 굳이 오래된 작품을 대할 때 신앙심이 더욱 높아지는 건 아닐 게다. 물론 고작품의 연대를 측정하고 특징을 파악하려는 연구의 마음으로 고작품을 보며 기뻐하는 것은 환금(換金)을 목적으로 한 수집과는 전혀 다른 문제지만.

승가사에도 고찰에 걸맞은 훌륭한 문화재가 많다. 우선 약사전이라고 부르는 자연동굴 안에는 보물 1000호로 지정된 '승가대사상'이 있다. 고려시대인 1024년에 승가대사를 새긴 것인데, 앉은키가 거의 등신대에 가깝고 세부 묘사도 정밀한 편이라 사실감이 아주 높다. 게다가 넓적하면서 광대뼈가 나온 얼굴, 상체가 기다랗고 무릎이 넓은

승가대사상

점 등은 우리나라 사람의 신체적 특성 그대로다. 이런 스타일의 조각은 특히 고려시대 초기에 많이 만들어졌던 것 같다. 그리고 몸 뒤에 있는 큼직한 배 모양의 광배에는 연꽃무늬를 비롯해서 갖가지 꽃무늬를 적절하게 배치해 꽤 아름다운 광배를 만들어냈다. 흔히 이 승가대사상을 약사불이라고 부르는 건 예로부터 병을 낫게 하는데 영험이 있었기 때문이었다.

승가사에 와서 위쪽의 거대한 화강암 벽에 새겨진 보물 제215호 고려시대의 마애불상을 보지 않고 갈 순 없다. 이 불상이 조각사에서 특히 중요하게 여겨지는 것은 불상의 머리 위에 별도의 돌을 팔각형으로 쪼아 관석(冠石)을 얹어 놓았기 때문이다. 흥미로운 것은 그 관석을 불상의 머리에 직접 얹지 않고 바위 면에 끼워 놓은 점인데, 우리나라 불상 중 이런 형식을 한 것은 아마도 이 승가사 마애불상이 처음 아닌가 싶다. 이렇게 머리 위에 관석이 있는 불상은 그다지 흔한 편은 아니다.

승가사 마애불

봄날은 가고

승가사를 두루 배관한 뒤 다시 나머지 등산길을 이어갔다. 대남문 방면으로 가다가 바위 위에 올라서 내려다보니 구기동·평창동 일대가 한눈에 조망된다. 가까이로는 조금 전에 들렀던 승가사 전경도 들어온다. 사람들 모두 확실히 승가사가 좋은 자리에 자리 잡았다고 감탄하기 바쁘다. 풍수를 잘 모르는 사람들이 보기에도 좋은 자리 같다고 느끼는 것, 그게 바로 명당 아니겠는가. 숨은 좀 가빠지기 시작했지만 탁 트인 조망 덕에 그다지 피곤할 줄 모르고 가다가, 갑자기 문제가 생겼다. 신고 있던 랜드로버의 발가락 부분이 드디어 찢어지기 시작한 것이다. 조그만 구멍이 나기는 했어도 뭐 어떠랴 싶어 그냥 신고 갔는데 결국엔 험한 산길을 못 견디고 그만 입을 쫙 벌리고 말았다. 대남문을 지나서는 오른쪽 발등 부분이 거의 10cm나 찢어진 채

가죽이 아래위로 심하게 벌렁거리고 있었다. 이래서야 발에 온전히 힘을 주며 내디딜 수가 없어 여간 불편하지 않았다. 하지만 그보다 더 난감한 건 체면이었다. 다른 사람들이 내 찢어진 신발을 볼까봐 보통 신경 쓰이는 게 아니어서 똑바로 걷지를 못한 채 거의 게걸음 수준으로 가야 했다. 산을 오르면서 복장도 제대로 갖추지 않고 나왔으니, 자업자득이랄 수밖에.

대남문을 지나 문수사에 참배하고 나오니 본격적인 하산길이다. 산행을 시작했을 때보다 주변이 훨씬 아름다워져 있어 흡사 꽃길을 걷고 있는 듯했다. 일렬로 걷던 일행 중에서 한 중년 여성이 문득 외친다.

"어머, 왼쪽 좀 봐요."

무슨 일인가 싶어 전부 왼쪽을 돌아보니, 계곡물이 졸졸 흐르는 비탈 주위로 복사꽃·벚꽃은 물론 진달래와 개나리, 그리고 철쭉까지 어울려 장관을 연출하고 있다. 여기에다 불어오는 산바람으로 꽃잎들이 그야말로 꽃비가 되어 흩날리고 있었다. 모두들 "아!"하고 감탄만 할 뿐 말을 잊었다. 역시 인생이나 자연의 진미를 아는 때는 중년이 되어서인가 보다. 도원경에서 느끼는 황홀감이란 바로 이런 것일까. 제대로 못 갖춘 행장 탓에 남들보다 곱절로 힘들기는 했어도 즐거운 산행을 했다는 보람이 한순간 솟아나온다. 하지만 저 떨어지는 꽃잎마냥 이 기억도 얼마 안 있으면 흐려질 테지. 그러면 연분홍 치마가 봄바람에 흩날리듯이, 그렇게 봄날은 가겠지….

성북 개운사

근대 불교교육의 산실, 개운사

5월의 첫 번째 주는 햇살이 아주 따사로워 어디든 탐방하기 좋은 날이었다. 이날 나는 5월의 시상과 시정을 한껏 가슴에 담고 성북구 개운사(開運寺)를 찾았다. 사찰을 즐기고 이해하는 방법 중 하나가 시적인 감수성을 갖고 다가가는 것인데, 이는 나만의 습관이기는 하지만 다른 사람들도 이렇게 사찰 탐방 전에 그 사찰에 관한 시라든지 아니면 계절에 맞는 시를 읽어보고, 혹은 즐겨 읊는 시가 있다면 입으로 또 머리로 외우며 가면 훨씬 많은 것을 느끼고 돌아올 것임에 분명하다. 뒤에서 오월에 관한 시를 여러 편 소개하는 것도 바로 그런 의미이다. 사찰 탐방과 시는 감수성 면에서 일맥상통한다고 생각한다.

개운사는 서울 성북구 안암동에 자리한 고찰이다. 뒤엔 나지막한 안암산이 절을 에워싸고 있어, 서울 한복판에 있으면서도 산사의 맛을 느껴볼 수 있는 희한한 곳이다. 더군다나 해방 후나 근래에 세운 절이 아니라 조선시대 초에 세워진 유서 깊은 절임에랴.

역사와 입지 외에도 개운사는 한국 근·현대 불교사에서 꽤 중요한 비중을 차지하기도 한다. 그래서 '불교개혁의 근원지', '불교 교육의 근본도량'이라는 말도 개운사의 의미를 나타낼 때 늘 따라 나오고 있으니, 조선시대 이래 근대에 이르기까지 개운사가 상당히 중요한 비중을 지니고 발전했음을 미리 짐작해 볼 수 있다. 이런 역사의 인연 탓일까, 1981년부턴 중앙승가대학교의 학사(學舍)로 승가교육에 커

개운사 원경

다란 첫걸음을 여기서 내딛게 되었다. 지금은 중앙승가대학교가 김포의 넓은 터로 이전했지만, 여하튼 개운사는 옛날이나 지금이나 한국불교 인재양성의 산실이었으니, 이를 사찰 탐방의 키포인트로 잡고 둘러봐도 좋을 것 같다.

개운사 터를 둘러보면서 개운사에 수백 년 된 고문화재가 없다는 것은 아니지만, 이처럼 우리 불교 학문연구의 한 장으로써 이어져오고 있다는 정신적인 면을 놓치지 말자는 것이다.

개운사의 창건과 역사

개운사의 창건에 대해서는 조선이 건국한 지 4~5년 지난 1396년에 무학대사(無學大師)가 영도사(永導寺)라는 이름으로 지었는데, 이것이 개운사의 전신이라는 설이 대체적인 시각이다. 즉 무학대사가 도성 동쪽 5리쯤에 영도시를 창건한 이후 400년 뒤인 1779년 정조의 후빈(後嬪)인 홍빈(洪嬪)이 죽자 명인원(明仁園)이라는 능을 관리하는 사찰로 영도사를 선정해 그 곁에 조성했다. 그런데 능묘가 절과 너무 가

개운사 대웅전

깝게 붙어 있으면 곤란하니까 영도사를 산등성이 몇 리쯤으로 옮기게 되었으며, 이때 절 이름도 지금처럼 개운사로 고쳤다는 것이다.

사실 개운사 창건을 전후한 이러한 내용은 문헌에 기록된 것은 아니고 '사전(寺傳)' 또는 '사기(寺記)'에 의한 이른바 구전으로 내려온 일이다. 그렇지만 일제강점기에 안진호(安震湖)가 쓴 《봉은본말사지(奉恩本末寺誌)》에도 위에서 본 무학대사의 창건, 개운사로의 이건이 기록되어 있어 구전의 내용이 허구는 아닌 것 같다. 단지 구전과 《봉은본말사지》에는 약간의 차이가 있는데, 영도사가 이건한 시기를 책에서는 구전보다 약 50년 앞선 1730년이라고 하고, 이건을 주도한 스님이 인파 축홍(仁坡竺洪) 스님이라고 기록했다. 그런데 인파 축홍 스님은 1870년에 조성된 신중탱화와 지장탱화에 '증명(證明)'으로 이름이 올라 있어, 이래저래 시기적으로 정확히

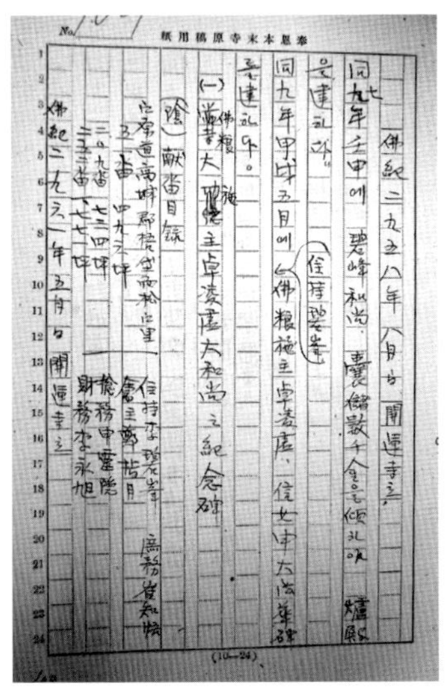
奉恩本末寺原稿用紙

(10—24)

안진호가 쓴 《봉은본말사지》 원고의 개운사 부분

맞지 않기는 하다. 어느 쪽이 정확한지는 여기서 금세 확정할 수는 없겠지만, 아무래도 구전보다는 기록이 좀 더 정확하다는 선입견(?)을 작동시켜서 《봉은본말사지》의 내용을 따르는 게 무난한 것 같다. 연대는 50년 또는 100년의 차이가 있지만, 창건주나 창건 당시의 사찰이 능원을 관리하기 위해 자리를 약간 옮기고 이름을 바꿨다는 내용은 서로 일치하므로 그렇게 큰 문제는 아닌 것 같다.

한편 19세기에 지은 《동사열전(東師列傳)》에는 이와 관련해서 재밌는 내용이 실려 있다.

> 이 무렵 어린 나이의 이재황(李載晃, 흥선대원군의 둘째 아들로 훗날 고종 임금이 됨)은 한양 영도사의 벽담 도문(碧潭道文) 스님에게서 양육되고 있었다. 그러던 중 언젠가 절의 벽 한 모퉁이에 '영도사'라고 절 이름을 썼다. 그런데 훗날 그가 왕위에 오른 다음, 절 이름을 개운사로 고치도록 했다. 이는 자기가 이 절에서 노닐었던 인연이 왕위에 오르는 데 도움이 되었고, 나아가 나라의 운명을 새롭게 열겠다는 뜻이라고 느꼈기 때문이다.

물론 설화 같은 이야기이기는 하다. 그래도 어떤 형식으로든 절 이름이 바뀐 연유가 있어야 하는데, 이 이야기로 '개운사'로 바뀌게 된 까닭을 멋지고 재밌게 풀어냈으니, 나름대로 의미가 있어 보인다.

물론 이 이야기와, 앞에서 말한 《봉은본말사지》에 나오는 창건시기 및 창건주(인파 축홍 스님)를 비교하면 서로 다르다. 하지만 그게 큰 문제는 아니라고 생각한다. 불교사 하는 사람들은 이 두 책에 나오는 내용이 서로 다름을 지적하면서, 따라서 이 이야기의 신빙성 자체를 미더워 하지 않는다. 하지만 꼭 그럴 필요가 있을까? 한 가지 사실이 모든 기록마다 정확히 일치한다면 역사학자는 필요 없는 것 아닌가, 의문 자체가 없어지니까.

그러니 이런 경우엔 지나치게 정확도를 따질 게 아니라, 이런 이야기 속에서 고종이 어린 시절 개운사에 잘 머물렀고, 당연히 불교와 사찰에 호의적인 생각을 갖고 있어 훗날 왕위에 오른 뒤 개운사에 어떤 특별히 도움을 줄 수 있었겠구나 하고 생각하면 될 것 같다.

아무튼 19세기 후반부터 1941년까지의 개운사에 관한 이야기들은 《봉은본말사지》에 잘 나오고 있으니, 개운사 역사를 좀 더 자세히 알고 싶다면 그 책을 참조하면 될 것 같다. 하지만 여기서는 생략하고 근대 이후로 넘어갈까 싶다. 언제 탱화를 그리고 건물을 지었는가 하는 이야기가 중요하지 않아서가 아니라, 그 부분을 뛰어넘어 현대로 넘어가야 지금 개운사의 사격(寺格)과 의미를 설명할 수 있어서다.

근대 및 현대의 개운사의 사격

개운사는 불교사학자들로부터 20세기 이후 불교의 '교육'을 주도해온 현장이라는 평가를 받는다.

우선 한국 근대불교의 대석학인 박한영(朴漢永, 1870~1948) 스님이 1926년부터 이곳에서 강원(講院, 불교 경전을 가르치는 곳)을 열어 후학을 양성함으로써 불교 교육에 큰 이바지를 한 점을 빼놓을 수 없다. 이 일은 단순히 강원을 개운사에 연 데 그치는 게 아니라, 지금 여러 사찰에서 강원이 개설되어 교학(敎學, 선 이외에 경전을 통하여 공부하는 일)의 전통이 이어지게 한 바탕이 되었다는 점에서 중요한 의미를 갖기 때문이다. 박한영 스님이 만해 한용운 스님과 더불어, 일제강점기에 독립운동과 불교발

근대불교의 대석학 박한영 스님

전이라는 두 가지 면에서 가장 괄목할 만한 발자취를 남긴 인물로 꼽히는 이유 가운데 하나이기도 하다.

또 1970년대에 탄허(呑虛) 스님이 개운사 부속암자인 대원암(大圓庵)에 머물며 불교경전을 한글로 번역하는 역경 사업에 매진했던 것은, 개운사가 현실에 안주하지 않고 불교 발전에 끊임없이 노력하는 모습을 보여준 현장이라는 점을 다시 한 번 보여준 일이다.

아울러 여기엔 1981년에 중앙승가대학이 설립되면서 개운사를 학사로 삼았다. 근대부터 불교 교육의 주요 현장이 되어 왔던 개운사의 역사와 전통이 그 바탕이 되었음은 물론이다. 중앙승가대학은 후에 학사를 김포로 옮겨 그 규모가 한층 커지게 되었다. 그리고 중앙승가대학교로 승격되어 4년제 정규 대학이 됨으로써 학인(學人) 스님들을 체계적으로 양성하는 데 지금까지 큰 기여를 하고 있다.

한편 좀 껄끄러운 때도 있었다. 1978년 무렵 불교계는 꽤 어수선한 상태였다. 대한불교조계종은 우리나라 불교계에서 가장 큰 종파인데, 당시 종정(宗正)이던 서옹(西翁) 스님을 불신임하는 재야 불교계에서 벽암(碧庵) 스님을 종정으로, 월하(月下) 스님을 총무원장으로 각각 추대하고 개운사에 임시 총무원을 두었기 때문이다. 개운사가 두 세력 간 다툼의 장이 된 것이다. 하지만 불교계가 두 쪽으로 나뉠 뻔했던 이 일은 곧 원만히 수습됨으로써 불교계가 더욱 발전하게 되는 원동력이 되었으니, 결과적으론 불교계 안정에 개운사의 역할이 컸던 셈이라고 할 만하다.

1948년 런던올림픽과 개운사

갑자기 엉뚱한 이야기 같지만, 1948년에 열렸던 제14회 런던올림픽에서 우리나라 선수단이 성적을 낸 데에 개운사도 한 몫을 했었다.

런던올림픽을 앞두고 국가대표 마라톤 선수단이 개운사에서 합숙훈련을 한 것이다. 요즘 사정으로야 절대 납득이 안 갈 이야기일지 모르지만, 엄연한 사실이었다. 이 일은 1948년 3월 10일자《동아일보》에 실린 〈마라톤 선수단의 개운사 합숙 소식〉을 통해 잘 알 수 있다.

> 마라손 合宿入所式
>
> 朝鮮 마라손 普及會에서는 런던올림픽 大會의 마라손 制覇를 目標 第四期 合宿練習을 七日(1948년 3월 7일)부터 開運寺에서 開始하였는데 이날 正午부터 入所式을 嚴肅히 擧行하였다.
>
> 김원권 씨 사회로 國旗揭揚과 愛國歌 奉唱이 있었고 손기정 씨로부터 합숙 선수 10명에 대한 訓辭가 있고 陸聯會長代理로 정상희 씨를 비롯하여 이길용, 김관우, 송병무 諸氏의 祝辭에 이어 서윤복 선수의 宣誓와 萬歲三唱으로 式을 마치고 午餐이 있었다.
>
> 그리고 來十五日(3월 15일)부터는 올림픽 後援會로부터의 陸聯合宿이 繼續하여 同所에서 行하게 되었다.

運動

마라손合宿入所式

朝鮮마라손 普及會에서는 런던올림픽大會의 마라손制覇를目標로 第四期合宿練習을七日부터 開運寺에서 開始하였는데 이날正午부터入所式을 嚴肅히擧行하였다 金源權氏司會로 國旗揭揚과 愛國歌奉唱이있었고孫基禎氏로부터 合宿選手十名에對한訓辭가있고 陸聯會長代理로 鄭商熙氏를비롯하여 李吉用、金寬羽、宋秉武諸氏의 祝辭에이어 徐潤福選手의宣誓와萬歲三唱으로 式을마치고 午餐이있었다

그리고 來十五日부터는 올림픽後援會로부터의 陸聯合宿이繼續하여 同所에서行하게되었다

金聯野球合宿練習

朝金聯野球部에서는 三月五日부터同二十日까지 釜山東萊野球場에서 合宿練習을行한다고한다

《동아일보》의 런던 올림픽 관련 기사

위의 기사에는 1948년 런던올림픽을 앞두고 마라톤 선수단 10명이 3월 7일 개운사에서 합숙훈련을 했으며, 또 1948년 3월 15일부터는 올림픽후원회에 의해 다른 육상선수단도 개운사에서 합숙을 했다고 나온다. 올림픽 훈련을 사찰에서 했다는 사실 자체가 특기할 만한 일이 아닐 수 없다.

특히 3월 7일의 마라톤 선수단의 개운사 합숙훈련은 '조선 마라손 보급회'가 주도했는데, 조선 마라손 보급회는 광복 이후 마라톤 대중화를 위해 손기정, 권태하, 김은배, 남승룡 등이 창설한 단체였다. 훈련단의 개운사 입소식에는 한국 마라톤의 영웅 손기정을 비롯해 관계 인사들이 참가해 선수들을 격려했다.

당시 대표로 선수 선서를 했던 서윤복은 광복 이후 처음 태극기를 달고 출전한 1947년 4월 19일 제51회 보스턴마라톤 대회에서 2시간 25분 39초로 세계신기록을 세우며 우승했기에 곧 있을 런던올림픽에 거는 기대가 상당했었을 것 같다. 당시 서윤복은 "나는 뛰다가 쓰러질지언정 결코 기권하지는 않겠다"는 각오를 밝혔다. 하지만 아쉽게도 서윤복 선수는 런던올림픽에서 컨디션 난조와 심적 부담, 외국 선수들의 견제 등으로 27위에 그쳤으나, 개운사에서의 훈련을 앞두고 말한 '쓰러질지언정 기권하지는 않겠다'는 약속은 지켰다.

여하튼 지금으로서는 상상하기 힘들 정도로 열악했던 당시 상황에서, 개운사가 선수들을 위한 합숙훈련의 공간이 되었다는 사실을 요즘 사람들로서야 상상이라도 할 수 있을까? 그야말로 해외토픽 감의 이야기 같이 들릴 만하다. 하지만 당시에는 올림픽을 비롯한 국제대회 준비를 위한 훈련시설들이 거의 없을 때였다. 그런 상황에서 사찰은 선수들의 정신집중과 마음의 안정에 최적의 장소라고 여겼고, 그 장소로 개운사가 선택된 점은 재미있는 이야기가 아닐 수 없다.

그런 인연은 2012년 8월 12일 개운사가 성북구육상연합회와 함께 성북구 일대에서 개최한 '성북구민 거북이 마라톤 대회'로 이어졌다. 개운사에서 1948년 런던올림픽 마라톤 선수단의 합숙훈련이 이뤄진 지 64년 뒤인 2012년 올림픽도 런던에서 열린 것을 기념한 것이다. 아닌 게 아니라 참 묘한 인연이기는 하다. 이때 열린 일반인 마라톤 대회는 개운사 경내 마당을 출발해 아리랑 고개와 성가정입양원 일대를 돌아오는 5킬로미터 및 10킬로미터 코스로 마련되었다. 이 일을 계기로 해서 앞으로 개운사와 성북구육상연합회가 공동으로 매년 행사를 추진하겠다는 계획도 세웠다고 한다.

개운사의 문화재

개운사에는 불화가 많은 편이다. 대웅전의 신중탱화는 1870년에 그린 것으로 19세기 후반 신중탱화의 전형적인 모습을 한 수작으로 당시 불화계의 거장인 응석(應釋) 스님의 작품이다. 이 그림 하단에 있는 화기에는 인파 축홍 스님과 혼허 두삼(混虛斗三) 스님이 '증명(證明, 그림이 법식대로 잘 되었음을 인증하는 사람. 주로 원로 스님들이 증명을 맡는다)'으로 나온다. 또 석가부처님의 일대기를 여덟 장면으로 표현한 팔상도와, 불화이면서 한편으로는 시대적 상황을 잘 보여주는 풍속화적인 의미도 아울러 갖는 감로탱화도 1883년에 그린 수준 높은 그림이다. 또 지장탱화는 2점이 있는데 하나는 1870년, 다른 하나는 1899년에 그린 것이다. 그리고 대웅전의 주불화인 영산회상도는 일제강점기인 1937년에 그렸다.

불상 중에서는 단연 대웅전 아미타목조여래좌상이 돋보인다. 2010년 복장에서 발견된 복장물(腹藏物, 불상 내부에 넣는 여러 가지 경전이나 칠보 같은 귀중물)과 더불어 보물 1649호로 지정되었다.

나무로 만든 이 아미타여래좌상은 단엄한 상호, 세련되고 뛰어난 조각기법, 장중하면서도 균형감 있는 조형감각, 긴장감 넘치는 선묘 등이 잘 어우러져 완성도가 매우 높은 작품으로, 고려시대 후기를 대표하는 불상으로 평가되고 있다.

이 불상은 수리 도중 3점의 발원문(發願文, 불상 조성에 참여한 사람들의 축원을 위한 글)과 경전 21종이 발견되어 당시 비상한 관심을 불러일으켰었다. 발원문 3점은 1274년에 지은 중간대사(中幹大師)의 개금(改金, 불사에 새로 금칠이나 금박을 입히는 일) 발원문, 1280년에 복장을 다시 넣을 때를 기록한 최춘(崔椿)의 발원문, 그리고 1322년에 개금할 때 천정 혜흥(天正惠興) 스님의 10대원(十大願)을 적은 발

대웅전 내에는 뛰어난 불상과 탱화 같은 문화재로 가득하다.

원문 등이다.

그런데 1274년에 지은 중간대사의 발원문은 특히 현재까지 알려진 것 가운데 가장 오래된 중수원문이라는 점에서 매우 중요한 자료로 꼽힌다. 중간대사의 복장문에는 이 불상이 본래 충청남도 아산에 있는 축봉사에서 봉안했다는 기록이 보인다. 봉안 뒤 어느 때인가 개운사로 옮겨진 것인데, 아마도 개운사가 고려 말에서 조선 초기에 걸쳐서 사격이 높아지고 이에 따라 사세(寺勢)도 커질 때 개운사로 옮겨진 것 같다. 또 경전 21종도 대부분 현재까지 발견된 적이 없는 책들이어서 그 가치가 아주 높다. 앞으로 이에 대해 많은 연구가 뒤따를 것으로 보인다.

이러한 발원문의 제작 시기로 보아 이 불상은 적어도 13세기 전반에 만들었을 가능성이 높은데, 현재 13세기 전반에 제작된 불상이 매우 드물기 때문에 이 불상의 가치는 더욱 크다고 할 수 있다.

개운사를 나오며 떠나는 봄을 아쉬워하는 5월의 시정

해가 질 무렵 개운사를 나와 안암동 방면으로 터벅터벅 걸었다. 주변에 있는 집들의 담벼락을 장식한 개나리들은 이미 노란색을 다 털어버리고 있는 중이었다. 5월이 되었으니 봄과의 이별은 당연한 일인데, 새삼스레 봄이 가는구나 하는 아쉬움이 느껴졌다.

봄은 어쩌자고 이렇게 빨리 흘러가는지 모르겠다. 이미 개나리, 진달래가 활짝 핀 것은 물론이고 시간이 지나면서 나무들의 줄기도 어느새 녹색이 완연하게 바뀌었다. 계절 중에서 4월과 5월은 한창이던 봄이 여름에 자리를 물려주고 떠나갈 날을 고르고 있을 때다. 그런 면에서 5월은 붙잡아도 또 붙잡아도 기어코 떠나버리고 마는 야속한 연인 같다는 인상도 든다. 그래서 5월엔 특히 이런 감상(感傷)이 시인들이 잘 쓰는 소재가 되는 것 같다. 여하간 봄날을 구경하러 나서는 길이라면, 그에 어울리는 봄 시 몇 수 정도는 먼저 감상하고 떠나는 여행길도 낭만 있어 보인다. 여담이지만, 언젠가 3~5월을 소재로 한 시를 나름대로 찾아본 적이 있었다. 물론 정확한 통계는 못되겠지만, 전체적으로 살펴보니 4월보다는 3월과 5월의 시가 좀 더 많다는 걸 알았다. 3월과 4월 그리고 5월 모두 봄이지만, 3월은 봄이 빨리 오기를 재촉하며 쓰는 시가 많고, 5월은 역시 떠나가는 봄을 아쉬워하며 쓰는 시들이 많았다. 그 가운데 낀 4월은 약간 어중간해서인지, 봄의 시 중에선 가장 적은 것 같다.

5월을 노래한 시 중에 나는 황금찬(黃錦燦, 1918~) 시인의 〈5월의 노래〉가 가장 먼저 떠오른다. 강원 속초 태생으로 주로 토속의 향기가 짙은 시를 많이 발표해 '동해안의 시인'이라고 불리기도 하는 이다. 그는 유독 5월을 못 잊는지 같은 제목의 시 두 편을 발표했는데, 나는 그 중 다음의 시가 더 좋다.

언제부터 창 앞에 새가 와서 / 노래하고 있는 것을 /
나는 모르고 있었다
심산 숲내를 풍기며 / 5월의 바람이 불어오는 것을 /
나도 모르고 있었다
저 산의 꽃이 바람에 지고 있는 것은 / 나도 모르고 /
꽃잎 진 빈 가지에 사랑이 지는 것도 / 나는 모르고 있었다

오늘 날고 있는 제비가 / 작년의 그놈일까? /
저 언덕에 작은 무덤은 / 누구의 무덤일까?

5월은 4월보다 / 정겨운 달 / 병풍에 그려 있던 난초가 / 꽃피는 달

미루나무 잎이 바람에 흔들리듯 / 그렇게 사람을 사랑하고 싶은 달 /
5월이다.

봄의 5월을 그저 따사롭고 한가롭게만 노래한 게 아니라, 생명의 시작일 수도 있는 그 시절에 인생의 마지막을 묻고 있는 그 서정이 맘에 드는 것이다. 그렇지만 그의 또 다른 〈5월의 노래〉 시도, 이젠 세상을 오래 살아 '원숙한'이라는 말이 외려 헛헛하게 들리는 노 시인이 아주 먼 옛날의 기억을 떠올리며 지은 시여서 이 또한 가능하면 가슴 속에 새겨두고픈 시다.

모란이 피었다기에 / 내 추억을 찾아 / 고궁에 왔건만 /
꽃은 이미 간 곳이 없고 / 빈 가지에 / 눈 먼 옛날이 잠들어 있다.

꿈속의 고향을 / 벗하고 앉으면 / 정든 가람가에 /
저녁노을이 눈을 뜬다.

아름드리 포플러가 / 5월 하늘의 구름을 쓸고 /
마을의 전설은 / 언제나 고깃배처럼 / 강에 흘러갔다.
이광수의 '유정'이며 / 셰익스피어의 '햄릿' / 입센의 '인형의 집' /

그리고 톨스토이의 '부활'을 읽던 / 5월이 왔었지.

보랏빛 흰 색으로 / 장다리가 피고 /
호수에 구름이 내리듯 / 나비가 떼 지어 날았다.

추억은 생각 속의 보석 / 이제 작약이 꽃피어 난다. /
녹음 위에 5월이 머물러 있다. /
5월이 가도 추억은 / 긴 노래 속에 남아 있으리라.

끝으로 하나 더, 홍해리(1942~) 시인의 〈오월이 오거든〉을 소개하고 싶다. 어떻게 보면 오월을 증오하는 듯한 시이지만, 이만큼 처절하게 오월의 생명을 노래하는 시는 없어 보이기 때문이다.

날 선 비수 한 자루 가슴에 품어라 / 미쳐 날숨 못 토하는 산것 있거든 /
명줄 틔어 일어나 하늘 밝히게 / 무딘 칼이라도 하나 가슴에 품어라

사실 봄과 오월을 읊은 여러 시 중에서 나의 가슴에 가장 와 닿는 시는 이것이다.

어떻게 하라는 말씀입니까. /
부신 초록으로 두 눈 머는데 / 진한 향기로 숨 막히는데 /
마약처럼 황홀하게 타오르는 / 육신을 붙들고 /
나는 어떻게 하라는 말씀입니까.

아아, 살아 있는 것도 죄스러운 푸르디푸른 이 봄날 /
그리움에 지친 장미는 / 끝내 가시를 품었습니다. /
먼 하늘가에 서서 당신은 / 자꾸만 손짓을 하고

오세영(吳世英, 1942~) 시인의 〈5월〉이라는 시다. 이 시를 떠올린 것은 살아있음이 죄스러울 정도로 사위가 푸르게 변하는 이 아름다

운 계절에 도대체 내가 무얼 어찌해야 되는지 모르겠다고 말하는 시인의 그 마음이, 바로 지금 내가 느끼는 허무함과 어느 정도 닮아 그런가 보다.

이렇게 오월을 노래한 현대시는 생각보다 참 많다. 우리나라 서정시의 선구인 신석정(辛夕汀, 1907~1954)이 1939년에 지은 〈오월이 돌아오면〉을 비롯해, 소설가 김동리(金東里, 1913~1995)의 미발표 유작인 〈5월〉(1998년 《문학사상》 7월호에 발표), 아동문학가 이오덕(李五德, 1925~2003)의 〈감나무 있는 동네〉, 천상병(千祥炳, 1930~1993)의 〈오월의 신록〉, 최금녀(崔今女, 1941~)의 〈오월〉, 김상현(金相鉉, 1947~)의 〈오월〉, 오광수(吳光洙, 1953~)의 〈오월을 드립니다〉, 수녀 시인으로 유명한 이해인(李海仁, 1953~)의 〈오월의 시〉, 부산의 시인 임영준(1956~)의 〈오월의 초대〉, 안재동(安在東, 1958~)의 〈오월〉, 김태인(1962~)의 〈오월〉, 오순화의 〈5월 찬가〉, 이문희의 〈오월의 시〉, 안경애의 〈오월의 시〉 등 아주 많다. 이 외에도 분명 더욱 많은 오월의 시들이 있으리라.

나도 모르게 가슴 깊이 봄이 가는 걸 아쉬워하는 것인가, 아니면 살아가는 일 자체를 힘겨워 하는 것일까. 그러면서 왜 나는 끊임없이 오늘도 또 이리저리 다니고 있는 것일까.

성북 보문사

한양 4대문 밖의 고찰

요즘이야 이른바 '4대문'의 의미를 깊이 있게 따지는 사람은 거의 없다. 4대문으로 출입해야 하거나 성곽이 도심을 두르고 있는 것도 아니니, 교통이 계속 발달해 한강에 다리가 스무 개 넘게 세워지고 서울의 면적도 조금씩 넓어지면서 서울과 경기의 구분이 심정적으로 사라지고 있기 때문이다. 오히려 4대문에서 한참 내려간 한강 너머의 이른바 강남 지역이야말로 서울의 교육과 고급 부동산의 중심이라고 생각하는 사람이 대부분일 테니까. 이들에게 조선시대엔 서울(한양)의 범위가 동서남북의 4대문 안으로 엄격히 규정되어 있었다고 말한다면, 절대 실감하지 못할 것이다. 거기에 이제 와서 웬 고릿적 말을 하느냐고 핀잔이 뒤따를 가능성도 높다. 혹시 그 말을 듣는 사람이 강남 사는 사람이라면 말없는 질책의 따가운 눈초리 때문에 뒤통수가 뜨뜻해질 것이다.

서울의 4대문과 4소문

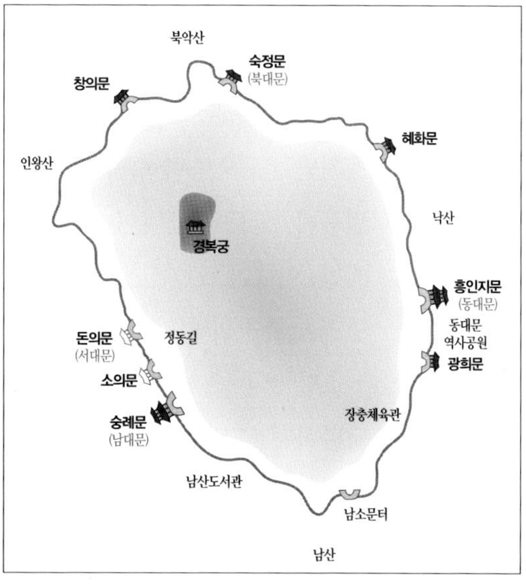

그러니까 지금 나는 4대문이나 도성(都城) 등을 얘기하면서 21세기의 서울을 말하려는 것이 아니라 조선시대의 한양을 말하

고 있는 것이다. 조선 건국 초에는 경복궁을 중심으로 한 도성의 동서남북 네 곳에 대문을 두고, 다시 그 간방(間方)에 작은 소문을 두어 사람들로 하여금 이곳을 통해 출입하게 하였다. 동쪽의 흥인지문(동대문), 서쪽의 돈의문, 남쪽의 숭례문(남대문), 북쪽의 숙정문이 대문이고, 북동의 혜화문(惠化門), 남서의 소의문(昭義門), 남동의 광희문(光熙門), 북서의 창의문(彰義門)이 4소문이다. 그리고 이 4대문과 4소문이 열리는 새벽 4시가 넘어야 한양에서 밖으로 나가거나, 도성 밖 주막에서 기다렸던 사람들이 한양 도성 안으로 들어갈 수 있었다. 《경국대전》이라는 당시의 헌법 책에는 이런 성문 출입 외에 다른 방법으로 도성 오가는 일을 엄히 금지했다. 그러니까 만일 도성 문이 닫혀 있을 때 몰래 담을 넘으면 큰 죄가 되는 것이다. 문이 열려 있는 낮에라도 담 넘는 것은 물론 금지되었지만.

4대문 및 4소문과 성곽으로 이어지는 공간이 한양, 곧 서울이고 그 밖은 경기(京畿)이다. 이렇게 공간을 구획한 것은 왕실과 도성 안 백성의 안위를 위한 것이기도 하고, 서울과 경기의 행정지리적 구분을 하는 역할이기도 했다. 1970년대까지만 해도 '서울'에 사는 것이 큰 자랑이자 특권으로 여겨졌던 적이 있었다(지금도 그런지는 잘 모르겠지만). 오죽하면 서울에 사는 게 아니면 무조건 '시골사람'으로 불렀을까. 국토의 개발이 서울에만 집중적으로 이어진 탓이 물론 컸겠지만, 이렇게 600년이나 오랫동안 도성의 역할을 해낸 서울에 대한 당연한 존경의 의미로도 볼 수 있다면 지나친 억지일까?

조선 건국 초기만 해도 한양을 빙 두르며 완전히 이어져 안과 밖을 명확하게 구분했던 성곽과 문은, 근대 특히 일제강점기 이후 서서히 무너져 나갔고 그렇게 무너진 성곽을 수축(修築)하는 일은 어느 누구의 소관도 아니었다. 그래서 지금은 4대문 중에서 숭례문, 흥인지문, 숙정문은 건재하지만 돈의문은 남아 있지 않고, 4소문은 광희문과 창의문, 혜화문이 남아 있을 뿐이다.

어쨌든 이런 저런 상황으로 볼 때, 도성 내에 살 수 있었던 사람은 제한되었고(예전에는 성곽이 있어 사람들이 살 수 있는 면적이 제한되어 있었을 테니까), 숭유억불의 시대에 4대문 도성 안에 자리한 사찰도 전국적 비율로 본다면 앞에서 보았던 종로 청룡사 등 아주 적은 숫자에 불과했다.

보문종의 본산, 비구니들의 수행처

봄볕이 따사롭게 내리쬐던 어느 봄날, 보문사를 찾아 길을 나섰다. 서울 시내 동대문에서 멀지 않기에 버스를 타도, 지하철을 타도 되는 그런 부담 없는 거리다.

물론 지금의 성북구 보문동은 조선시대 도성의 관문 중 하나로 북대문인 숙정문 바로 바깥에 자리해 있다. 보문사는 비록 조선시대에 '4대문 내 사찰'은 아니었지만, 도성 바로 바깥에 있으면서 성 밖에 사는 많은 서민들의 고달픈 삶의 애환을 수백 년 동안 어루만지고 보듬어 왔던 사찰이었을 것이다. 그런 의미에서 도성 안 사찰보다 도성 바깥 사찰이 좀 더 서민과 가까이 했던 미덕은 결코 낮춰 보아선 안 될 부분이다.

보문사는 현재 약 만여 평의 널찍한 규모를 이루고 그 안에서 150명이 넘는 비구니 스님들이 수행에 전념하고 있다. 이전에는 조계종 사찰이었으나 1972년 세계 유일의 비구니종단 보문종(普門宗)이 창종(創宗)되면서 보문종의 본산이 되었다.

보문사의 역사

한국 근현대의 유명한 불교학자인 퇴경(退耕) 권상로(權相老, 1879~

보문사 내경

1965)는 〈보문사 일신 건축기(普門寺一新建築記)〉라는 기록에 의거해 보문사가 1115년 담진국사(曇眞國師)에 의해 창건되었다고 주장했다. 사찰의 역사와 한학에 일가를 이룬 그가 한 말이니 특별히 이 의견을 받아들이지 않을 이유가 없어 학계에서는 그대로 인정하고 있다. 그러나 그 밖의 다른 문헌이 전하지 않는 건 커다란 아쉬움이 아닐 수 없다. 왜냐하면 위에서 본 〈보문사 일신 건축기〉가 그렇게 오래된 기록이 아니고, 내용도 당시까지 전승되어 오던 창건담을 별다른 분석 없이 그대로 기록한 것으로 보이기 때문이다. 담진국사는 고려 선종사에 있어 대단히 중요한 인물로, 혜조국사(慧照國師)라는 스님과 동일인이다. 1107년에 왕사(王師)가 되고 1114년에 국사로 책봉된 당대 최고의 승려였다. 그는 특히 고려 초 이래로 침체에 빠져있던 선종을 중흥시키는 데 큰 역할을 했다. 그래서 이후 보조국사 지눌(知訥) 스님이 선종을 크게 떨칠 수 있는 바탕을 마련했다는 평가를 받기도 한

보문사 전경

다.

따라서 그러한 고승이 보문사를 창건했다면 상당한 인연이 있었음이 분명할 테니 그에 관한 확실한 문헌이 찾아진다면 보문사의 위상도 그만큼 올라가는 확실한 근거가 될 수 있다. 그런데 보문사와 담진국사와의 특별한 관계는 다른 문헌이나 유물 및 유적에서는 찾아볼 수 없다는 면이 아쉽다는 것이다.

아무튼 보문사의 역사를 기록으로만 살핀다면 〈보문사 일신 건축기〉가 유일한 문헌인 셈이니, 창건 이후 역사도 여기에 의거해 볼 수밖에 없다. 이 기록에는 여러 가지 건축 중수와 중건, 신건의 내용이 담겨져 있는데, 그 중에서 특히 의미 있는 부분만 뽑아 보면 다음과 같다.

우선 조선시대에서는 1692년 비구니 묘첨(妙僉) 스님이 대웅전을 중수했고, 후기에 와서 1826년에 수봉 법총(秀峰法聰) 스님이 만세루를 세웠고, 1837년 비구니 정운(正雲) 스님이 좌·우 승당을 고쳐지은 점이 돋보인다.

근대에 와서는 1928년에 비구니 긍탄(亘坦) 스님이 대웅전 삼존불을 개금했고, 1942년에 긍탄 스님이 다시 주지로 취임했던 점이 주목된다. 긍탄 스님은 세계 유일의 비구니 종단인 보문종을 창설한 분으로, 1980년 입적할 때까지 보문사를 발전시키는 데 큰 공을 세웠다. 긍탄 스님에 대해서는 뒤에서 따로 언급하겠다.

현대에 와서는 1945년 해방과 함께 비구니 송은영(宋恩榮) 스님이 주지로 취임한 이래 30여 년 동안 현재의 사찰규모를 이룩해 내는 불사를 진행하는데 큰 역할을 했다. 근대에 긍탄 스님이 있다면 현대에 은영 스님이 있었던 것이다. 그는 1971년에 '재단법인 대한불교보문원'을 설립했고, 이듬해 1972년 대한불교 보문종이라는 종파를 새로 설립했다. 지금까지 보문종은 국내 유일의 비구니 종단으로 그 의미를 더욱 높여가고 있으니 매우 의미 있는 불사로 보아야 할 것이다. 또 이 해에 경주 석굴암을 그대로 본뜬 석굴암을 지었고, 1987년에 수리했다.

보문사는 비구니다운 자애를 느낄 수 있는 사찰답게 1988년 은영유치원을 지은 이래 지역 아동복지에 힘을 쏟고 있으며, 1994년에는 은영어린이집을 설립했다. 또 이 해부터 월간지 《보문》을 발간해 지역 주민과의 소통에 더욱 힘을 기울이고 있다.

위에서 살펴본 이야기를 간단히 정리해보면, 보문사는 19세기 이후에 와서 새롭게 정비되어 가는 느낌을 준다. 특히 긍탄 스님이 보문사의 사격을 세우고 존숭 받는 사찰로 이끌었다면 이후에는 은영(恩榮) 스님이 사찰의 갖가지 불사를 맡아 이루어내며 사찰로서의 품격을 유지해 나간 공로가 크다고 할 수 있다.

근대 보문사의 중흥조 긍탄 스님

설월 긍탄(雪月亘坦, 1885~1980) 스님은 1885년 4월 15일 서울 왕십리에서 아버지 경주 이씨와 어머니 순흥 안씨 사이에서 태어났다. 어려서 아버지가 일찍 죽은 뒤 어머니는 일곱 살 난 딸을 보문사에 출가시키고 자신도 철원 보개산 석대암으로 출가했다.

사실 스님의 어머니는 긍탄 스님의 수행에 많은 영향을 주었던 이른바 '롤모델'이었다. 입적 때까지 《금강경》과 《관음경》을 매일 한 번씩 독송하고, 문수·지장·관음 주력(呪力)을 천 번씩 외웠다고 하며, 여러 곳의 선방에서 정진했다. 그 정진이 얼마나 대단했는지 당대의 고승 한암(漢巖) 스님도 '정성은 하늘에 닿을 만하고(情緖如長天), 맑은 마음은 강물을 담을 만하구나(思素恰河水)'라고 칭찬할 정도였다고 한다.

이런 어머니의 모습을 어렸을 적부터 보아왔던 긍탄 스님은 불교의식에 관심이 높아 11세에 벌써 범패·바라·나비·도량게(道場揭) 등 모르는 의식절차가 없을 정도였는데, 특히 범패에 밝았다고 한다.

18세에 금강산 장안사에서 벽하 스님을 계사로 사미니계를 받고, 19세에 공주 동학사에서 경학(經學)을 마치고 보문사로 돌아왔다. 그리고 1910년 나이 26세에 만화 스님을 계사로 비구니계를 수지하고, 1912년 보문사의 주지로 취임했다.

그런데 당시의 일화 하나가 있다. 당시 보문사는 사기를 당해 사찰 토지가 거의 다 없어지면서 절 살림이 매우 궁핍해져 운영이 어려울 지경이었다. 그러자 스님은 '관세음보살'을 염(念)하며 그 길로 탁발에 나서 금강산까지 들어가 시주 모으는 데 진력을 쏟아 조금씩 착실하게 불사금을 모아갔다고 한다.

스님의 자상한 성품을 말해주는 이런 일화도 전한다. 한 번은 상좌 은영 스님이 탁발을 나갔는데 그게 안쓰럽고 불안해 돌아올 때까지 공양도 들지 않고 문 밖에서 초조히 기다렸다. 이후로 은영 스님은 "스님께서 저토록 걱정하시니 내가 어떻게 탁발을 나갈까" 하며 탁발은 그만두었다고 한다. 이렇듯 긍탄 스님의 마음은 마치 멀리 있는 자식을 기다리는 어머니의 마음과도 같았다.

스님은 평생 다섯 명의 상좌를 두었는데, 그 중 맏상좌인 은영 스님은 지금의 보문사를 이룩한 장본인이라고 할 만하다. 보문사의 많은 불사는 대중을 이끌어가는 긍탄 노스님의 덕과 은영 스님의 원력이 하나 되어 이뤄낸 결과라고 보문사 대중들은 모두 공감하고 있다.

긍탄 스님은 1980년 7월 17일 세수 96세, 법랍 90세로 입적에 들었다. 수계제자로 은영(恩榮)·은각(恩覺)·명오(明悟)·은득(恩得)·은강(恩岡)·은진(恩眞) 스님 등이 있다.

석굴암

보문사에 가면 사람들이 가장 신기하게 보는 곳이 보문사 뒷산에 있는 석굴암이다. 돌산이라는 산세의 특성을 살려 조성한 석굴암은 1970년에 경주 불국사 석굴암을 본떠 세웠다. 전체 구성은 경주 석굴암을 그대로 따랐으나, 경주 석굴암의 정면이 1문인 데 비해 이곳은 3문으로 구성했고, 경주 석굴암의 전실에 있는 팔부신중상을 생략한 차이가 있다. 비록 오래된 문화재가 아니고 옛것에 대한 모방품이기는 해도 신앙 면으로 본다면 보문사에서 가장 소중한 신앙의 대상이라고 할 만하다.

보문사의 불화들

보문사의 전각 등 건물들은 근대의 화재 등으로 오래된 것이 없다. 대웅전의 경우 처음 1865년에 지었지만 화재로 사라지고, 지금의 모

보문사 석굴암

습은 1982년에 중건한 모습이다. 하지만 다행히 그때의 화재를 피할 수 있었던 불화 등은 잘 남아 있다. 예를 들면 1867년에 그린 지장탱화는 19세기의 손꼽는 금어인 응석(應釋) 스님이 그렸는데, 아래에 있는 화기에 당시 보문사의 사정이 나와 있다. 또 1916년에 그린 신중탱화도 있다.

보문사를 나서며

보문사 도량을 둘러보고 천천히 경내를 나서며 이런저런 생각에 빠졌다. 맨 앞에서 도성 밖의 사찰을 말했는데, 비록 도성 안은 아니더라도 당시 도성 주변에 살고 있던 사람들이 자주 와 마음의 안정을 찾으려 했을 것이다. 또 도성 안에 있던 사람들도 물론 이곳에 들렀다는 이야기가 많이 전한다. 건국 초에는 도성 안과 밖의 구분이 꽤 켰겠지만, 조선 후기 그리고 구한말로 흐르면서 이런 구분은 일상생활에 그렇게 큰 작용을 하지 않았을 것이다. 그런 면에서 보면 보문사는 비구니 사찰이라는 특성 상 도성 내외에 사는 많은 여신도들이 맘 편하게 들러 마음의 시름을 내려놓고 대신에 평안함을 얻고 간 사찰이었을 것이다.

보문사는 일제강점기엔 특히 '탑골 승방'이라는 별칭으로 불리기도 했다. 별칭이 있다는 것은 그만큼 사람들의 관심이 많았기 때문일테니, 이것만 가지고도 보문사가 많은 사람들이 찾아와 둘러보는 명소였을 가능성이 많은 것 같다. 그렇게 생각하는 건 현대의 신문이나 잡지에 보문사 또는 '탑골 승방'에 대한 기사가 여러 번 실려 있기 때문이다. 예를 들면 《동아일보》에는 긍탄 스님의 입적 사실이 1단 기사로 실렸고, 《경향신문》에는 〈탑골 승방 보문사 서울에 재현된 석굴암〉이라는 제목으로 석굴암의 완공을 비교적 자세히 전했다. 모두 다 보문사가 오래 전부터 사람들의 안식처로 존재해 왔기에 그런 기사도 나왔을 것이다.

정릉 경국사

'경산제찰' 사지 편찬의 선구자 안진호

경산(京山)이란 말을 국어사전에서 찾아보면 '서울 부근의 산'이라고 나온다. 그러니 '경산제찰(京山諸刹)'이라고 하면 '서울 주변의 여러 절들'이라는 뜻이 될 것이다. 그런데 이 경산제찰이라는 말을 처음 쓴 것은 안진호(安震湖, 1880~1965)가 1943년 서울 삼성동 봉은사와 그 말사들에 대한 기록을 모아 《봉은본말사지》를 편집할 때였다. 안진호는 한때 승려였다가 퇴속한 뒤 《봉선본말사지》, 《화계사약지》, 《전등본말사지》 등 유명고찰의 역사와 문화를 담는 사지(寺誌)를 짓는데 큰 역할을 했던 이로, 근대 사찰사(寺刹史)의 선구자라고 할 만하다. 조선 초에 봉은사는 선종 사찰 중 가장 으뜸 되는 사찰이라는 뜻의 '선종 수사찰(禪宗首寺刹)'이라는 특별한 지위에 있었다. 그래서 1911년부터 1945년 해방 전까지, 이른바 일제강점기 동안 서울·경기 일대의 말사 82곳을 행정적으로 관할하는 본사(本寺)로 지정되었다(일제는 이런 본사를 전국에 31개를 두어 모든 사찰들을 행정적으로 지배하려 했다). 안진호의 '경산제찰'이란 말은 《봉은본말사지》에 나오는 말사들을 한꺼번에 지칭한 것이다. 봉은사는 해방 후 본사에서 물러나게 되고, 전에 거느리던 말사들은 현재 봉선사와 용주사 말사로 나뉘어 편입되었다. 그런데 지금 와 보면 안진호의 '경산제찰' 편집이 없었더라면 대부분 사찰의 역사가 온전히 전해졌을까 의구심이 인다. 그만큼 우리 사찰의 역사기록은 잘 없어져 왔기 때문이다. 《봉은

경국사 원경

본말사지》는 한글과 한자가 혼용된 필사본만 남아 있어 보통 사람들이 보기엔 어렵지만 아주 방대하고도 상세한 내용을 담고 있어 번역 출판이 꼭 필요한 책이다. 하지만 아직까지 봉은사에서 활자화 시키지 못하고 있는 건 참 아쉬운 노릇이다. 또 꼭 봉은사에서만 이 필사본 원고를 출판해야 되는 것도 아닌, 불교계 전체로서도 중요한 원고들이건만 어느 불교단체에서도 아직 그런 노력이 이뤄지지 않고 있는 것은 사실 좀 부끄러워해야 할 일이다.

안진호는 아마도 어떤 사명감을 갖고 작업을 했을 것 같다. 그렇게 보지 않고서는 그의 사지 편찬 노력이 이해되지 않을 정도로 왕성했다. 나 역시 20여 년 전부터 기회가 닿는 대로 사지를 써오고 있다. 하지만 불교계에서 사지에 그렇게 중요한 의미를 두고 있지 않은 것이 현실이다. 그럼에도 이런 일을 하는 것도 그래도 인연인가 싶다. 물론 안진호 만큼의 노력과 열성을 기울인다고는 감히 말하지 못하겠지만.

아무튼 오늘 찾은 경국사도 바로 그 경산제찰의 하나다. 그리고 오늘의 행선도 어려운 환경을 묵묵히 감내하며 여러 사지를 편찬하려

경국사 들어서는 길

애썼던 안진호 선생을 내 나름대로 기리는 마음 때문이라고 말하고 싶다.

서울 한복판의 산사

경국사(慶國寺)는 삼각산 동쪽에 자리 잡아 서울 성북구 정릉에서 아주 가까운 거리에 있다. 앞에서도 말했다시피, 일제강점기의 31본산제 아래에서는 봉은사에 소속되었다가 지금은 조계사의 말사로 되어 있다. 서울이라고 해도 도심 속 포교당 말고 산자락에 자리한 절들은 대부분 산사의 정취가 그득한데, 하물며 삼각산 바로 아래에 있는 경국사야 말할 나위 없다. 삼각산에서 흘러내린 맑은 물이 여러 계곡을 이루고 흐르다가 그 한 갈래가 정릉천으로 흘러내려 빽빽한 수림과 만나 절경을 이루는 곳이 바로 경국사가 들어앉은 자리다.

시내 쪽, 그러니까 세검정에서 북악터널을 넘든 종로 쪽에서 오든 정릉 입구를 지나 절까지 가는 길은 요즘은 교통체증으로 늘 막히곤

한다. 빽빽한 차량 행렬 속에서 천천히 북한산 방면으로 가서 솔샘네거리를 지나 조금만 더 가면 왼쪽에 경국사를 알리는 표지판이 보인다. 그 맞은편, 그러니까 가던 방향에서 보자면 오른쪽에 새로 지은 커다란 현대아파트 단지 입구가 나온다. 대규모 아파트 바로 맞은편에 고찰이 자리한 형국인 것이다.

이런 길을 처음 오는 사람이라면 이렇게 큰길 주변에 오래된 산사가 있다고 믿을 것 같지 않다. 하지만 큰길에서 표지판을 따라 왼쪽으로 돌아가 금세 나타나는 정릉천을 가로지르는 극락교를 넘으면 곧바로 산사의 풍광이 눈앞에 펼쳐진다. 갑자기 나타난 울창한 삼림과 계곡에 깜짝 놀랄 만도 하다.

곧이어 나오는 높다란 일주문을 얼마 지나지 않아 주차장으로 사용되는 공터가 있고, 그 앞에 '성북구의 아름다운 나무'라는 푯말이 있는 수령 300년의 커다란 소나무가 입구를 떡하니 지키고 서 있다. 고목 주변에는 자운, 보경 등 근대에 경국사를 지켜왔던 여러 스님들의 부도와 비석이 있다. 이른바 부도밭이다. 여기서부터 조금 경사진 언덕길을 오르면 경내가 나오는데, 이 언덕길은 곧게 뻗어있지 않고 조금 꾸불꾸불하게 나 있다. 이렇게 삐딱하게 휘어진 곡선의 길이 곧게 뻗은 도로보다 더 절로 가는 길다워 보이는 건 내 마음이 삐딱해서일까.

길 주변엔 높다란 나무들이 가득한 숲이 있어 몇 걸음 걷지 않은 것 같은데 어느새 산사 속으로 훌쩍 들어선 자신을 발견한다. 서울 한복판에 이런 산사가 있다니, 참 신기하다는 감탄이 절로 흘러나온다. 초여름이 시작되는 5월 하순이라 극락교 앞에 올 때까지도 약간 더운 기운을 느꼈는데 여기부터는 더위는 저 한편으로 멀찍이 물러나 있고 갑자기 딴 세계에라도 와 있는 양 상쾌한 기분을 만끽케 해준다. 여기에다 산과 숲에서 불어오는 시원한 바람과 기운까지 만끽하게 되니 여기까지 오느라 약간 지친 몸도 어느새 가뿐해졌고 내딛는 발길도 힘차다. 이 맛에 사람들이 산도 찾고 산사도 찾는가보다. 토요일 오후의 한가한 시간이어서 그런지 다른 참배객은 보이지 않아 바라지도 않은 산사의 호젓함을 혼자 다 누리는 호사가 외려 미안스럽기까지 하다. 느릿한 발걸음으로도 채 몇 분 되지 않아 경내가 나오고, 정면에 길고도 높게 들어선 새로 지은 건물을 오른쪽으로 지나면 극락보전과 명부전, 종무소가 둘러싼 마당에 닿는다.

정릉과 경국사

이 자리에 절이 들어선 연유는 무얼까? 해답은 아무래도 절의 역사에서 찾아봐야 할 것 같다. 경국사의 창건은 고려시대로 거슬러 올라간다. 1325년 자정(慈淨)율사가 86세 때 청암사(靑巖寺)라는 이름으로 지었는데, 위치한 곳이 삼각산 중에서도 청봉(靑峰) 아래였으므로 이렇게 이름 붙였다고 한다. 자정율사는 고려 후기의 고승인데 기록에는 그가 주로 법주사에 머물렀었다고 나오지만, 지금의 종로구 신영초등학교 자리에 있었던 장의사(藏義寺)에서도 오래 머물고 있었으므로, 아마도 만년에는 삼각산 일대에서 지냈던 게 아닌가 싶다. 그런 인연으로 경국사는 이후 천태종의 교풍을 크게 떨쳤고, 1331년에 고관인 채홍철의 지원으로 절의 규모가 더욱 커졌다. 이어서 1352년 지공(指空) 스님이 여기서 머문 사실을 끝으로 청암사의 고려시대 이야기는 마감된다.

조선시대에 들어서는 억불의 시대적 분위기로 점차 퇴락의 길로 접어들어 급기야 16세기 초반 무렵에는 전각이 허물어지는 등 황폐한 모습이 되었다. 그러다가 1545년 왕실의 도움으로 중건되었고, 이듬해 1546년 중종의 비이자 명종의 어머니인 문정왕후가 적극적으로 지원하여 대대적 중창불사가 이루어졌다. 사실 억불숭유의 조선시대에 왕실이나 고위관료로서 문정왕후만큼 불교를 지키려 했던 사람도 드물다. 그는 보우(普雨) 스님을 앞에 내세워 힘닿는 껏 불교도를 옹호하려 애썼으니 불교계로서는 아주 고마운 분이다. 경국사의 사적기를 보면 바로 이 무렵 절 이름이 청암사에서 지금처럼 경국사로 바뀌었다고 나온다. 문정왕후의 중창 이후 '부처님의 가호로 나라에 경사스러운 일이 항상 있기를 기원하는 뜻에서'라고 고쳤다는 것이다. 물론 연구자에 따라서는 절 이름이 바뀐 때는 이보다 훨씬 뒤인 1669년 태조의 둘째 왕비 신덕왕후 강씨의 묘소인 정릉(貞陵)이 복원되면서 원찰로 지정되고 이름도 경국사로 바뀌었다고 보기도 한다. 어쨌든 중요한 것은 경국사가 정릉과의 관계로 인해 발전되었다는 사실이다. 조선시대에는 이처럼 왕실의 능묘와 인근 사찰이 밀접한 연계를 지니는 경우가 제법 있었다. 봉은사를 비롯해서 봉선사, 용주사도 그렇다. 왕실에서는 죽은 이의 명복을 빌기 위해 사찰이 필요했고, 사찰에서도 왕실의 비호가 든든한 방패막이가 되어 권문세가의 횡포를 막아냈을 것이다.

조선 후기 왕실의 원찰이었던 경국사, 그리고 보경 스님

1693년 독성을 모신 천태성전을 세우고 이때 지은 〈천태성전상량문〉이 지금도 남아 있다든지, 1793년 천봉 태흘(天峰泰屹) 스님이 입적한 해에 이곳에 머물며 크게 중수했다든지 하는 이야기가 중요치 않은 건 물론 아니다. 그래도 경국사의 역사를 말하면서 조선 후기에 왕실과 밀접한 연관을 맺으며 발전하게 된 이야기를 빼놓을 순 없다. 오늘날 우리가 느끼는 경국사의 사격은 바로 여기서 출발하기 때문이다.

경국사가 왕실의 원찰이 된 직접적 계기는 1842년 대은 낭오(大隱

경국사 내경

朗旿) 스님이 나라의 안녕과 발전을 기원하는 국재(國齋)를 연 것에서 부터 시작한다. 낭오 스님은 '한국불교 계율의 중흥주'라는 찬사를 받는데 그만큼 승려의 본분을 중시하고 계율을 엄격하게 따를 것을 강조한 분이다. 그런데 경국사의 발전도 이 국재를 여기서 연 것을 계기로 왕실과 밀접한 관련을 맺으며 시작했다. 이어서 1864년 고종의 등극을 축하하는 재를 연 것도 같은 맥락으로 보인다. 1868년에도 호국대법회를 열었고, 왕실에서는 범종을 보시했다. 1878년에는 고종의 시주로 요사를 중수하고, 철종 비의 49재를 지냈다. 이런 일련의 역사를 보면 이곳이 바로 대표적 왕실 원찰이었음을 잘 알 수 있다.

근대의 경국사 역사 중에는 보경(寶鏡, 1890~1979) 스님의 이야기가 아주 의미 깊게 다가온다. 그는 주지이면서 한편으로는 불화를 그리는 이른바 금어(金魚)이기도 했는데, 그래서 경국사에는 지금도 그의 작품이 곳곳에 남아 있다. 13세에 경국사에서 출가하고 1921년부터 주지가 된 후 입적할 때까지 약 60년을 여기서 떠나지 않았으니 경국사의 역사 그 자체라고 할 만하다. 선교(禪敎)를 두루 익혔고 계율에도 철저하여 귀감이 되었던 분이다. 일제의 민족문화 말살정책 속에서 민족의 정기를 살릴 수 있는 길은 오로지 민족문화의 전승에 있다고 생각하여 전통 불상조각과 불화화법을 익혀 대가를 이루었다. 사찰뿐만 아니라 보신각과 경회루, 그리고 얼마 전 불에 탔던 숭례문 단청 등에도 스님의 손길이 거쳐 갔다.

1950년대에는 이승만 대통령이 절에 들렀다가 보경 스님에 감화되어 이후 몇 차례나 더 오고 갔다는 이야기가 전설마냥 전한다. 이 대통령은 1953년 11월 닉슨 미국 부통령이 방한했을 때도 그를 경국사로 안내했다. 후일 닉슨은 회고록에서 한국 방문 중 가장 인상적인 일이 경국사에서 참배했던 경험이었다고 썼다고 한다.

경국사의 문화재

언젠가 절에 그다지 가본 적 없는 친구와 함께 여기에 온 적이 있었다. 그는 불교는 많이 몰라도 문화적 소양이 깊은 사람인데, 경내를 둘러보고는 감탄사를 연발했다. 왜 그러냐고 물었더니, 얼핏 봐서는 좁아 보이건만 경내 곳곳에 다양한 전각이 들어선 그 절묘한 배치가 놀랍다는 것이다. 나는 이것이 바로 우리 산사의 매력이자 특징이라고, 마치 내가 그렇게 지은 것 마냥 으스대듯이 얘기해 주었다. 아닌 게 아니라 산자락 여기저기에 자그마한 전각들이 배치되어 있으면서 나무들과 들쭉날쭉한 지형에 가려 한꺼번에 그 모습을 드러내지 않는 절제미가 교묘하기 짝이 없다. 경내에 극락보전을 중심으로 오밀조밀 모여 있는 10여 동의 전각들을 산자락 여기저기를 오르내리며 하나하나 찾아보는 것도 경국사를 찾는 묘미 중 하나가 아닐까 싶다.

금당인 극락보전에는 아미타삼존상이 봉안되었고 그 뒤에는 유명한 보물 748호 목각 후불탱이 걸려 있다. 우리나라에서는 몇 안 되는 목각탱이니 경국사에 왔거든 한번 찬찬히 살펴보는 여유를 가질 필요가 있다.

또 오른쪽 벽면에 걸린 1887년 작의 신중탱화도 볼 만하다. 신중탱화는 신중들의 다양한 배치구도에 따라 다양한 형식으로 나뉘는데, 이 그림은 중앙에 동진보살과 제석·범천이 역삼각형의 형태로 중심을 이루고 좌우에 성군·명왕·신장 등이 묘사되어 있다. 화기에 스님들과 함께 상궁들의 이름이 열거되어 있어, 왕실 원찰로서의 경국사의 위치를 한눈에 보여 주는 자료이기도 하다.

이렇게 불상과 불화를 다 배관했으면 다음은 고개를 들어 불단 위의 닫집과 천정을 살펴볼 차례다. '전각 속의 전각'이라고 일컬어지는 닫집은 3층으로 구성되어 있는데 극락조와 공작과 백학이 하늘을 날고, 여의주를 문 쌍룡의 모습 등 갖가지로 장엄되어 그야말로 극락세계의 모습을 그대로 보는 듯하다.

명부전에는 한 가지 이색적인 불상이 있으니 철조 보살좌상이 바로 그것이다. 보관을 쓰고 있으니 보살상인 줄은 알겠는데, 그 크기나 모습이 절에서 흔히 보는 보살상과는 사뭇 다르다. 어찌 보면 어느 왕비를 이렇게 조각해 놓았나 하는 억측도 하게 한다. 이 보살상은 대세지보살로 알려져 있고, 11세기 중국 요나라에서 만든 것이라고 한다. 다만 전에는 관음전에 봉안되어 관음보살상으로 불리기도 했다고 한다.

목각탱

경국사 목각탱을 감상해 보고 싶어 하는 사람들을 위해 목각탱에 대한 얘기를 해볼까 한다. 불교 그림을 불화라고 하는데, 특히 불상 뒤

왼쪽은 극락보전 아미타삼존상으로 현재는 삼성보전으로 옮겼다. 오른쪽은 극락보전의 닫집

에 걸린 불화를 포함해서 법당의 벽에 거는 그림을 탱화라고 부른다. 탱화는 비단이나 종이 바탕 위에 물감으로 그린 것이니 말할 것도 없이 회화의 한 종류다. 그런데 목각탱(木刻幀)은 나무에 '새긴' 것이기 때문에 엄격한 의미에서는 불화라고 하기 어렵다. 하지만 '탱'이라는 말에는 '거는 그림'이라는 뜻이 있고, 목각탱 역시 벽에 걸리면서 후불탱화 같은 기능을 하므로 목각탱이라고 부른다. 학자에 따라서는 보통의 그림을 '탱화', 목각으로 표현한 것을 '목각탱'으로 구분해 부르자고 말하기도 한다. 어쨌든 목각탱은 조선 후기에 나타나기 시작한 우리나라만의 특이한 양식이라고 봐야겠다. 또 지역적으로는 경상도 북부지역에 많이 남아 있어서 특히 이 지방에서 유행했던 흐름으로 이해된다.

철조 보살좌상

경국사 목각탱은 1887년에 만든 것으로 아미타불을 중심으로 13분의 불·보살을 부조로 표현한 아미타회상(阿彌陀會上) 조각이다. 아홉 송이의 연꽃으

경국사 목각탱

로 이루어진 대좌 위에 결가부좌한 아미타불 위에 커다란 광배를 중심으로 화불과 과거 7불이 있고, 아미타불 좌우에 관음보살과 대세지보살, 아난과 가섭, 다시 그 주위에 문수·보현, 미륵·지장 그리고 금강장·제장애 보살 등이 표현되었다. 네 귀퉁이에 표현되기 마련인 사천왕은 아래만 새기고 위 두 귀퉁이에는 '북방비사문천왕', '서방광목천왕'이라고 쓴 위패로 대신하였다. 전반적 구도와 배치가 여느 불화에 못지않게 정교하고 화려해 목각탱의 진수를 유감없이 보여주는 걸작이다. 고부조(高浮彫)로 새겨진 까닭에 원각상(圓刻像)과도 같은 효과를 낸다. 아마도 이러한 효과가 바로 목각탱의 가장 큰 매력일 것이다.

경국사 목각탱(보물 748호)을 비롯해서 현재 전하는 목각탱은 단

7점에 불과해 희소성이 높아 모두 보물로 지정되어 있다. 989호 예천 용문사 대장전 목각탱(1684년), 923호 상주 남장사 관음전 목각탱(1694년), 421호 남원 실상사 약수암 목각탱(1782년), 575호 문경 대승사 극락전 목각탱(19세기 초), 922호 상주 남장사 보광전 목각탱(19세기) 및 923호 남장사 관음선원 목각탱 등이 그것이다.

경국사를 나오며

어느새 두어 시간이 훌쩍 흘러갔다. 몇 번이나 같은 곳에 와도 그때마다 새롭게 느껴지는 곳이 절이다. 그게 절의 매력이라고 말하고 싶다.

조선 후기엔 왕실과의 직접적 연관을 맺으며 발전해온 경국사인데, 지금까지 그 모습을 잘 간직해오고 있는 게 고맙게도 느껴진다.

경내를 나와 슬슬 내려가고 있는데, 저 앞에서 스님 몇 명이 올라오고 있는 게 보인다. 서로 마주쳐 지나갈 때 길 한편으로 비켜서서 보니 맨 앞에서 지팡이를 짚고 올라가는 이가 지관(智冠, 1932~2012) 스님이었다. 서너 명의 시자들과 함께 절에 온 것이다. 그러고 보니 현대의 경국사는 지관 스님을 빼놓고 말하기 어려울 정도로 절에 오랫동안 머물며 옛 모습을 잘 살려가고 있다는 사실이 떠올려졌다. 지관 스님은 동국대 총장을 지냈고, 가산불교연구원장으로 있으면서 아직 마무리 되지 않았지만 벌

경국사로 올라가는 스님들

써부터 우리나라 교학사상 커다란 업적으로 평가되는《가산불교대사림》 편찬을 오래전부터 이끌어오고 있었다. 그리고 얼마 전에는 조계종총무원장도 맡아 불교행정을 진두지휘도 했었으니 한국 현대불교에서 그가 차지하는 비중은 보통 중요한 게 아닐 것이다. 나는 합장으로 인사했고, 스님은 살짝 미소를 띠며 가볍게 고개를 숙이며 목례를 보냈다. 그런데 나는 그때까지 이 우연한 마주침이 스님을 마지막으로 본 순간이 될 줄은 몰랐다. 스님은 이듬해인 2012년 1월 3일 입적한 것이다.

경국사 얘기가 나올 때마다 그 때가 떠올려진다. 안진호 스님이 진력해 마지않던 사찰사 정리를 나도 지금 하고 있지만 지관 스님 역시 일찍이《해인사 사지》를 낸 적이 있다. 또《역대고승비문총서(전7권)》 같은 불교금석문 집성도 대단한 업적이다. 만년에 이르기까지도 꾸준히 불교 출판물을 통한 포교와 불교사 정리에 노력을 다했다. 지관 스님이 시작한《가산불교대사림》은 아직도 진행 중이며, 앞으로 얼마나 더 걸려야 완간될지 모르는 대작불사인데 이 어려운 일을 스님의 제자인 고옥 스님이 이어나가고 있으니 다행이다.

불교 서적의 집필과 출판이 얼마나 어려운지는 해본 사람만 안다. 나 역시 대단찮은 재능이나마 그 중요한 의미를 잘 알아 이 일을 해오고 있지만 대중의 무관심으로 인한 어려움에 이제 그만 해야지 하고 힘 빠질 때가 부지기수다. 그런데 더욱 힘든 환경에서도 각종 출판을 통해 우리나라 불교역사를 더욱 풍성하게 해 왔던 지관 스님을 하필 경국사에 와서 마주치며 말없이 지나간 것도 작은 인연인가 싶기도 했다.

정릉 흥천사

조선 왕실의 수호천사

흥천사는 우리나라 불교사에 있어서 대단히 중요한 의미를 지닌 사찰이다. 왜냐하면 절의 창건이 숭유억불을 내세운 조선 건국 직후에 이루어졌기에, 비록 공식적인 억불정책에도 불구하고 왕실을 비롯한 민중의 오랜 불교신앙은 면면히 이어져 나갔음을 증명하기 때문이다. 이러한 맥락 속에서 국가적 차원으로 이루어진 흥천사의 창건은 조선시대 국왕 개인과 왕실의 불교신앙이 변함없이 지속된다는 중요한 의미를 담고 있다.

흥천사를 찾아가는 추억의 길

어느 일요일, 느지막이 일어나 흥천사 탐방에 나섰다. 돈암동에 자리

흥천사 가는 길

흥천사 입구

한 흥천사를 찾아가는 길은 여러 가지가 있겠지만, 종로 한복판을 경유한다면 창덕궁을 끼고 옛 서울대학교 문리대 자리인 마로니에길로 가는 길이 있다. 여기를 지나면 돈암동 못미처 아리랑고개길이 나오고, 이 고개를 건너면 정릉으로 쭉 빠지게 된다. 고개를 넘지 말고 그 앞 서쪽으로 돌면 구비길이 열려 있는데, 이 길을 따라 500미터쯤 오르면 흥천사 일주문이 보인다. 조용하고 오래된 길을 원하는 사람이라면 경복궁을 오른쪽으로 두고 지나가서 자하문터널, 북악터널을 지나는 길도 있다. 이 길은 조선시대 이전부터 사용되던 옛길이다. 비록 길이 잘 정돈되지는 않았지만 고풍스런 맛은 있다. 대중교통은 지하철이 편한데, 4호선 성신여대입구역에서 내리면 불과 10여 분 만에 흥천사에 닿을 수 있다.

흥천사는 서울 정도 600년 되는 해인 1994년에 오고는 처음이니, 20년이 다 됐다. 주변이 제법 많이 변했다는 얘기를 들은지라 안전하게 전철을 이용하기로 했다. 서울 사람이 서울에서 길 잃으면 어디서 체면 찾을 데도 없다. 성신여대입구역에 도착해 지상으로 올라와 주변을 둘러보니, 탈 때는 몰랐는데 새삼 역 이름에 붙은 '성신여대'라는 글씨가 눈에 커다랗게 휘감긴다. 아닌 게 아니라 주변은 전혀 못 알아보게 달라졌지만, 30년 전 고교 시절에 자주 와 보던 곳이라 눈에 익은 구석도 있다. 여기서 그다지 멀지 않은 Y고교 학생들은, 나를 포함해, 학교가 파하면 으레 이 주변을 어슬렁거리곤 했었다. 성신여고는 물론이고 성신여대까지 있어 이 주변엔 여학생이 많이 다녔다. 그래서 우리는 딱히 볼일도 없으면서 괜스레 이 부근에서 왔다 갔다 하곤 했다. 교복 입은 여학생에게 눈길 주는 대신에 좀 더 착하게 마음먹고 흥천사에 가서 마음이나 닦았으면 지금쯤 훨씬 훌륭한 사람이 되었을 것을. 그렇지만 동서남북 모르는 철없던 시절, 아쉽게도 당시 내 활동 영역에 흥천사는 자리하지 않았다.

이 생각 저 생각으로 갈피 못 잡던 마음을 추슬러 발걸음을 떼 흥천사 방면으로 걸었다. 10여 분 후 멀찍이서 일주문이 나타난다. 지금은 절 부근엔 아파트들이 가득 들어섰고 일주문 바로 옆도 돈암2동 주민센터(동사무소)가 있어 마치 거대한 시멘트숲속에 갇힌 형국이지만, 50년 전만 해도 삼각산 자락의 울창한 나무들이 하늘을 가리던 산중사찰이었다고 한다. 지금 그런 모습을 간직한 서울의 사찰은 많지 않다. 그래도 흥천사는 바깥에서 보는 것과 안에서 보는 것이 많이 달라서 경내는 산중의 호젓함이 여전히 깃들어 있으니 바깥만 보고서 흥천사를 판단해서는 안 된다.

태조 이성계의 사랑이 깃든 사찰

흥천사는 조선 건국 직후인 1397년 태조의 명으로 창건되었다. 태조의 계비 신덕왕후 강씨가 한 해 전에 죽자 태조가 그녀의 능침사찰로 창건한 것이다. 이에 따라 강씨가 조선왕조 최초의 왕비가 되었던 것이다. 계비란 후궁과는 완전히 다른 것으로, 정비가 죽거나 폐위되었을 때 맞는 부인이니 엄연한 왕비 신분이다. 둘은 금슬이 아주 좋았고, 그런 만큼 신덕왕후가 먼저 세상을 떠나자 태조의 슬픔은 더욱 컸다. 너무 상심하여 10일간이나 조정의 업무를 정지하고 저잣거리 시장을 폐쇄할 정도로 애도했으니, 몇 해 전 치러진 김대중 전 대통령의 국장 6일보다도 더 장엄한 장례였다. 왕릉이라도 성 밖에다 만드는 관례를 깨고 그녀의 무덤을 궁궐에서 아주 가까운 곳에 둔 것도 태조의 아내 사랑과 애통함의 발로였다. 이 무덤이 정릉인데, '정동'이라는 지명은 바로 이 정릉에서 유래한다. 정릉의 위치는 지금의 중구 정동, 좀 더 정확히 말하면 경향신문사 언저리 아니면 지금의 영국대사관 자리로 추정된다.

어쨌든, 정릉을 만든 직후 왕비의 명복을 빌기 위해 흥천사 창건도 시작되어 1397년 능의 동쪽에 모두 170여 칸이나 되는 대가람이 완성되었다. 이 자리가 어딘지 궁금한데, 정릉의 위치 자체가 다소 애매하기는 하지만 대략 지금의 세종문화회관 별관 자리로 보면 무난할 것 같다. 그러니까 지금 서울시민들을 위한 음악과 미술의 축제는 바로 그 옛날 흥천사에서 법회가 열리고 불공드리던 자리에서 열리는 셈이니 역사란 돌고 도는 수레바퀴라는 말이 과연 실감난다. 세종문화회관은 먼 훗날 또 어떤 곳으로 바뀔지 갑자기 궁금해진다.

흥천사 창건이 완료된 후, 1397년 8월 13일 왕비의 일주기를 맞아 성대한 낙성식을 베푼 것은 물론이다. 죽어서까지 잊지 못해 능조차도 가까이 두려했던 태조의 지극한 정성이 담겼으니 흥천사의 가람이 당대의 최고였을 것임은 쉽게 짐작된다. 창건과 함께 흥천사는 조계종의 본산이 되었다. 조선시대 초기까지만 해도 꾸준히 사세를 유지하던 흥천사는 그러나 이후 조선의 통치이념이 유교 지상주의로 흐르면서 왕실의 지원도 줄어들고 점차 쇠락의 길을 걷게 되었다. 이

정릉

때쯤엔 태조와 신덕왕후와의 각별한 사랑도 다 잊힌 이야기가 되었나 보다. 흥천사 쇠락에는 정릉이 태종이 왕위에 오른 뒤 1406년 지금의 성북구 정릉동으로 전격 옮겨진 것에도 원인이 있다. 흥천사 창건 목적이 신덕왕후의 정릉을 관리하는 데 있었지 않은가. 그런데 그 정릉이 멀리 옮겨졌으니 왕실에서 보자면 흥천사 지원의 커다란 이유 하나가 없어진 것이나 마찬가지였다. 사람들은 이를 두고 태종이 자신의 생모가 아니고 이복동생들인 방번과 방석을 낳은 신덕왕후를 평소 미워해 도성 내에 능을 둘 수 없다고 새삼스레 트집을 잡아 옮긴 것이라고 쑤군대었다. 설상가상으로 1504년 흥천사에 화재가 나 전각이 완전히 불타버렸다. 겨우 남은 불상과 기물은 양주의 회암사로 옮겨졌다. 흥천사는 이제 빈터만 남아 사람들의 기억 속에서 잊혀져갔다. 흥천사만 그런 것이 아니라, 정릉 역시 마찬가지였다. 정릉동으로 옮겨지고 나서는 말이 능이었지 돌보는 이 없이 거의 내버려

지다시피 되었다고 한다. 그러다가 1576년 선조가 신덕왕후의 제사를 올리면서 정릉이 다시 복구되는데, 바로 이때가 흥천사가 다시 역사에 등장하는 시기이기도 하다. 확실히 정릉과 흥천사는 불가분의 인연이 었던 모양이다. 이때 새롭게 중흥되었다 해서 절 이름도 신흥사로 바뀌었다. 그러다가 1669년 정릉에서 너무 가깝다 하여 정릉동 함취정 옛터로 이전되었다가, 1794년에 다시 지금의 흥천사 자리로 옮겼다.

(상) 대원군이 쓴 흥천사 편액
(하) 극락보전의 영친왕 글씨

1865년에 흥선대원군의 지원으로 각 도에서 시주를 받아 중창이 마무리된 뒤 대원군이 '흥천사(興天寺)'라는 글을 내려 다시금 처음 이름을 되찾았다. 이 글씨가 지금 대방 처마 아래에 걸려 있는 2점의 '흥천사' 편액 중 하나다.

구한말에 이르면 또 하나 왕실과 관련된 이야기가 전한다. 고종의 후궁 엄비가 이곳에서 백일기도 끝에 영친왕을 낳았다는 것이다. 그런 인연으로 영친왕이 1901년 다섯 살 때 글씨를 써 절에 주었는데, 지금 극락보전 지장탱화 위에 걸린 '왕효천지현황(王孝天地玄黃)…'이라는 편액 글씨가 바로 그것이다. 조선을 건국한 태조와 그의 계비 신덕왕후의 원찰로서 창건된 흥천사가 600년의 세월을 흘러 흘러와 왕조의 마지막 영친왕에 이르기까지 인연을 맺고 있으니 그냥 흘려 듣기엔 너무나 신기한 일 아닌가.

조선시대 사찰의 특징을 보여주는 가람배치

일주문 안에 들어선 다음 종각 옆으로 난 계단을 오르니 바로 대방(승려의 생활공간)이 앞에 자리해 있다. '흥천사'라고 쓴 커다란 편액 두 개가 나란히 걸려 있고, 그 좌우로 번(幡)들이 쭉 둘러가며 걸려 바람에 나부끼는 게 퍽이나 인상적이다. 법당과 생활공간의 기능을 함께 하기 위해 만든 이른바 인법당(법당과 승려의 방인 요사가 한 건물에 붙어 있는 건물)인데, 이 정도 규모는 보기 드물어 조선시대 후기 건축사에 중요한 자료가 될 법하다. 대방 말고도 극락보전과 명부전 모두 조선 후기에 지은 것으로 문화재적 가치가 높다. 명부전 뒤로 난 길을 올라가면 칠성각과 독성각이 나란히 자리한다. 이 부근에 서면 그야말로 깊은 산중의 절에 서 있는 듯한 느낌을 갖게 된다. 계곡이 있고 그 사이로 계곡물도 흐르고, 숲도 울창하다. 찾은 날이 일요일 점심때라, 경내에서 나 말고는 아무도 마주치지 않아서 그런지 더욱 그런 맛이 난다.

흥천사에는 좋은 그림이 특히 많다. 극락보전 아미타후불탱화는 1867년 의운(義雲) 스님 작품이고, 그 오른쪽 신중탱화는 1885년에 그렸다. 왼쪽에는 1885년 작의 극락구품도가 있는데 염불을 통해 서방극락에의 왕생을 기원하는 염불수행의 그림이 아홉 장면으로 나누어 그려져 있다. 또 대방[큰방]에도 현왕탱(1867년), 도량신탱(道場神幀, 1885년), 신중탱(1890년), 천룡탱(1899년) 등이 있다.

이렇게 다양한 그림들은 모두 '신장탱(神將幀)'이라고 불리는 장르의 불화들이다. 신장은 신중(神衆)이라고도 하는데, 부처님을 따르고 불교를 보호하는 여러 호법 선인(善人)의 신장들을 통틀어서 그렇게 부른다. 이중 신중탱이 대표적인 신장탱이니, 잠시 신중탱을 설명해 볼까 한다. 신중을 그림으로 표현하기 시작한 것은 불교의 도입기에서 그다지 멀지 않은 때일 것으로 보인다. 현재 전하는 가장 오래된 불화인 고려불화에도 신중들이 단편적으로 보인다. 다만 아미타도·보살도 등에 비해 그 수가 많은 편은 아니다. 그러다가 조선 후기에 들어와서는 신중탱화가 대중적으로 크게 유행하여 거의 모든 사찰마다 신중탱화를 갖추곤 했다.

신중탱화에 등장하는 주인공은 크게 세 명으로, 범천·제석천·동진보살이 그들이다. 이들이 한 화면에 각각 나오거나 혹은 함께 등장하는 배치조합에 따라 여러 종류로 나뉘게 된다. 그래서 이들의 형태를 알아두면 그 그림이 어떤 종류의 신중탱화인지 이해하기 쉽다. 세 인물 중 범천과 제석천은 보관을 쓴 전형적인 보살의 모습으로 표현되어 알아보기 쉬운데, 화면 오른쪽이 제석이고 왼쪽이 범천이다. 동진보살은 매우 특징적인 모습을 하고 있다. 투구와 갑옷을 입고 합장하거나 창 또는 칼 같은 무기를 들고 있다. 동진(童眞)이라는 이름은 얼굴이 동자마냥 천진난만하다고 해서 붙여졌다. 혹은 '위태천'이라는 이름으로도 불린다. 그 밖에 웃옷을 벗은 채 칼 등을 휘두르는 모습을 한 천룡 또는 예적금강이 위 세 인물과 함께 나온다.

흥천사 신중탱화는 극락보전에 걸린 것이 1885년작, 대방의 것이 1890년작이다. 둘 다 같은 초본을 가지고 그려서 서로 구분하기 어려울 정도로 구도와 채색 그리고 크기 면에서 아주 비슷하다.

한편 같은 불화라도 '○○탱', 또는 '○○탱화' 등으로 다르게 부른다. 그 차이는 뭘까? 정확하게 구분할 수는 없지만, 불화를 신앙으로 대할 때 '탱'이라 하고 그냥 그림으로 얘기하려면 '탱화'라고 해야 한다는 설이 있다(범하스님 설). 또는 나무를 새겨서 그림처럼 표현하는 게 있으니, 이럴 경우 '목각탱'이라 부르고 일반적인 의미의 그림으로 된 불화는 그냥 '탱화'라고 써서 구분하자는 주장도 있다(홍윤식 박사 설). 둘 다 의미 면에선 큰 차이를 느끼지 못해 어떤 게 더 적당한지는 잘 모르

흥천사 내경

흥천사 신중탱화

겠지만, 탱화의 이름은 젖혀 두고, 그 그림의 의미를 잘 이해한다면 앞으로 신장탱을 감상할 때 새로운 감흥이 들 수 있을 것이다.

아리랑고개와 춘사 나운규

한참 만에 흥천사를 나왔다. 이번에는 처음에 이쪽으로 오던 길과는 반대로 아리랑고개로 향했다. 아리랑고개란 돈암사거리를 기점으로

극락보전 아미타삼존상과 후불탱

하여 동소문동과 돈암동을 지나 정릉길과 아리랑시장 앞까지 이르는 길을 말한다. 전에는 정릉고개로 불렀으나, 1926년 이후 아리랑고개라는 이름이 붙었다. 한국 영화의 개척자 춘사(春史) 나운규(羅雲奎, 1902~1937)가 영화 〈아리랑〉을 여기에서 찍었기 때문이다. 1926년 10월 단성사에서 개봉됐던 〈아리랑〉은 조국을 잃은 울분과 설움을 보여주어 민족의 저항의식을 고취, 한국영화의 신화로 남아있는 작품이다.

아리랑고개는 무속인들의 집합소마냥 점 보는 집들이 몰려 있어 대중적으로는 별로 좋은 인상을 주지 못했다. 하지만 한편으론 이 점이 바로 이 거리만의 특징으로 인식되어 삼청동, 인사동처럼 우리만의 독특한 정서가 녹아든 거리라고 말하기도 한다. 정말 세월 앞에 변하지 않는 것은 없는 것 같다. 1935년 일제는 정릉 일대에 청수장 등 고급요정을 꾸며 놓고 손님을 끌기 위해 정릉 가는 길목인 이 고개를 닦고 '아리랑 고개'라는 표목을 고개 마루턱에 세웠다. 그때의 그 표목은 아니지만 지금 고갯마루에는 교통표지판 위에 '아리랑고개' 표지판이 살포시 얹혀 있어 이곳만큼은 세월이 정지된 듯한 느낌을 준다.

은평 수국사

강북의 명소 삼청동 거리

요즘 서울 강북의 명소 중 하나로 꼽히는 곳이 삼청동 일대인 것 같다. 몇 년 전에 비해서 지나다니는 사람들로 길이 훨씬 좁아진 느낌이다. 특히 총리 공관에서 칠보사 입구까지 이르는 길 양쪽에는 규모는 작지만 특색이 있는 박물관과 갤러리가 여럿 있고, 큰길을 걷다가 무시로 나타나는 좁은 골목길로 접어들어도 아기자기하게 꾸민 커피전문점들이 가득해 여간 재밌는 게 아니다. 구경의 별미 중 하나는 먹을거리인데, 삼청동에는 수제비나 떡갈비 혹은 비빔국수나 칼국수 같이 인사동과는 차별화 된 개성 가득한 한식점은 물론이고, 스파게티, 피자, 와인 전문점 같은 바깥에서 봐도 무작정 들어가고 싶을 만큼 분위기가 살아 있는 양식당도 많다. 게다가 옷 가게, 모자 가게, 구두 가게, 액세서리 가게 등을 구경하는 재미 역시 아주 쏠쏠하다.

뿐인가, 조금 힘들여 북동쪽으로 난 꾸불꾸불한 언덕이나 좁다란 계단을 올라가면 전통 한옥의 형태대로 근래 새로 지은 날렵하면서 깔끔한 한옥들이 위로 휘어진 언덕길 따라 자리하고 있는 모습을 볼 수 있다. 또 이 일대의 골목을 좀 더 깊이 찾아 들어가면 백년 쯤 된 낡은 한옥촌들이 모여 있어 고(古)한옥에 서린 옛 멋을 느낄 수 있다. 이 길 한쪽에는 건물이 축대 아래에 자리해 멀리 내려다 볼 수 있는 지점이 있다. 여기서 보면 탁 트인 공간 아래로 청와대나 국립민속박물관이 자리한 북악산 일대가 시원하게 바라다 보인다. 북악산의 힘찬 자락이 자아내는 아스라한 이 풍광은, 장담컨대 안동 하회마을 뒤 부용대에서 보이는 낙동강이 S자를 그리며 흘러내리는 모습이나, 예천의 회룡포 마을을 빙 둘러 감싸며 흘러가는 낙동강의 지류 회룡포를 전망대에서 볼 때만큼의 감탄을 누구나 느낄 거라고 생각한다. 모두 우리나라의 산수가 만들어낸 숱한 도화경 중의 하나다.

이렇게 언제나 삼청동 좁은 거리는 사람들로 북적대곤 한다. 인사동을 찾던 발걸음들 중 상당수가 삼청동으로 향한다는 소리가 과장만은 아닌 것 같다.

이 일대의 조선시대 이름은 '북촌', 청빈한 선비들이 모여 살던 삼청동이 지금은 이국풍의 멋진 거리와 어우러져 묘한 매력을 뿜어내고 있다. 현대와 근대가 조화를 이룬, 우리나라에서 그다지 많지 않은 관광지 중 하나일 것이다.

수국사 가는 길

집이 가까워 봄·가을엔 삼청동에서 시간 보내는 일이 많다. 커피를 좋아해 주로 커피숍을 찾는데, 창가에 앉아 활기차게 오가는 사람들을 보는 게 너무 재미있어 한두 시간은 금세 가버린다.

3월의 날씨로는 89년만의 '더위'가 왔다는 어느 해 토요일, 오전부터 삼청동을 어슬렁거린 적이 있다. 평소보다 조금 멀리 걸어서 칠보사까지 다녀온 다음, 길상사로 향하는 갈림길 앞에서 걸음을 멈추었다. 어떻게 할까 잠시 망설이다가 길상사 행은 다음으로 미루고 수국사에 가보기로 했다.

종로나 광화문 부근에서 수국사 가는 길은 생각보단 가깝다. 자하문터널과 북악터널을 넘어 불광동 방면으로 향하면 금방 은평구이고, 여기서 서오릉 길로 해서 서울시와 고양시의 경계선에 해당하는

법당에서 내려다본 절 마당과 은평구

'벌고개'를 넘으면 이내 수국사가 자리한 갈현동이다. 안국동에서 버스로 한 번에 갈 수도 있고, 지하철로 녹번역까지 간 다음 거기서 버스를 타도 금방이다.

종로에서 7025번 버스를 타고 갈현동에서 내린 다음 수국사까지 걸어갔다. 1994년에 온 적이 있으니, 거의 20년 만에 다시 찾아온 걸음이다. 20년 전 대웅전을 비롯해서 지장전과 칠성각이며 여러 전각들이 아담하게 들어선 모습이 희미하게나마 떠오른다. 왕실과의 특별한 인연도 있고 해서 전부터 서울 서북부 지역의 중심 사찰이라는 평도 들어왔던 것도 기억난다. 특히 종무소 귀처마 아래에 걸어놓은 목탁에 봄이면 어김없이 새 두 마리가 찾아와 둥지를 틀어 '목탁새'라고 불렀던 것도 기억에 떠올랐다. 목탁새는 지금은 어떻게 되었을까.

하지만 지금의 수국사는 20년 전의 그 모습이 아니었다. 최근 시민과 어울리기 위해 새로운 모습으로 탈바꿈하기 시작해 그때완 전혀

황금 대웅전

딴판의 모습이 되어 있었다. 입구 주변부터 나오는 '봉산(烽山) 자연공원'이 눈에 띈다. 절을 중심으로 해서 삼각산 자락의 자연을 꾸며 주민과 함께 하는 공원을 만든 것인데, 요즘 불교계의 화두 중 하나인 생태계 복원의 의미도 있는 것 같다.

말하자면 불교자연공원인데, 공원 안에 대웅전을 비롯하여 지장전, 불교회관, 종무소 등의 건물이 들어선 셈이다. 예전, 높직한 대 위에 대웅전이 자리하고 그 아래 마당에 여러 한옥 전각들이 오밀조밀하게 들어섰던 모습과는 전혀 딴판으로 변했다. 전에는 마당 이곳저곳에 나무와 꽃들이 가득 심어져 있어서 산사의 멋이 물씬했는데 지금은 드넓은 마당이 조금은 휑하다는 느낌을 주는 점이 아쉬웠다. 하지만 근래 대웅전 전체를 황금으로 도금해 '황금사찰'이라는 별명이 따를 만큼 번쩍거리는 모습이 휑해지는 기분을 돌려놓기에 충분했다.

여하튼 근대의 왕실과 어우러진 화려한 역사와, 현대의 생활포교와의 조화를 위해 노력하는 수국사의 모습은 저 휑한 마당이 필시 미래의 '불국토'이겠구나 하고 생각하기에 충분한 것 같다. 지금 대중불교 발전을 위해 다양한 활동을 하고 있어서 어린이 불교, 청년 불교에 특히 정성을 들이고 있으며, 또 서울 외곽지역의 불교포교에도 중요한 역할을 해내고 있는 것도 보기 좋았다. 그 결과 우선 신도회의 활동이 아주 두드러지고 있다. 그 중에서 한 예를 들자면, 수국찬불합창단은 불교방송국 주최의 합창대회에서 대상을 차지할 정도로 수준급의 음악포교를 담당하고 있다고 한다. 목탁에 둥지를 튼 채 듣기 좋은 소리로 재잘거리던 목탁새의 화현이 바로 이들인 또 다른 모습이 아니었을까.

수국사의 역사

주소야 서울 은평구지만, 수국사는 엄연히 삼각산 자락에 자리하는 고찰이다. 수국사의 역사에서 가장 인상적인 부분은 조선왕조 왕실과 오랜 인연을 맺어온 사찰이라는 점일 것이다. 일찍이 조카 단종을 밀어내고 임금의 자리에 오른 세조는 자신의 맏아들 의경세자가 젊은 나이에 세상을 떠나자, 그의 명복을 빌기 위해 이 절을 세웠다.

당시 이름은 정인사(正因寺)인데, 이때부터 능침사찰로서의 기능을 했던 것 같다. 1471년 성종 때 인수대비가 중수를 도왔던 것도 그러한 연유 때문일 것이며, 성종에 이어 즉위한 연산군도 이미 대찰로 널리 알려진 봉선사와 동격으로 이 절을 보호했음이 《조선왕조실록》에 보인다. 이렇게 나라로부터 능침사찰로서의 품격을 존중받았음은, 숙종이 그의 계비인 인현왕후의 명복을 빌기 위해 중수하면서 지금처럼 수국사(守國寺)라고 했던 것에서 더욱 분명히 드러난다. 수국사라면 글자 그대로 '나라를 지키는 절'이라는 뜻이니, 숙종이 왕실의 수호와 번영을 비는 사찰로 점찍었음을 절 이름을 통해 잘 알 수 있다. 사실, 절 이름 중에 '국'자가 들어간 곳은 거의 예외 없이 왕실과 관련 있다. 서울지역에만도 이런 이름을 가진 절들이 여럿 있다. 예컨대 경국사는 '나라에 경사를 비는 절', 봉국사는 '나라를 받드는 절'이라는 뜻을 가지고 있다. 이 절들은 대개 조선시대에 왕실과 직접적인 연관을 맺으면서 이런 이름으로 바뀌거나 창건되었으므로, 이름만 보고서도 그 절의 특징적인 부분을 한눈에 알아볼 수 있다.

수국사를 중건토록 한 숙종은 한때 사극의 단골메뉴였던 장희빈과 관련해서 연상되곤 한다. 숙종은 후비인 장희빈에 푹 빠져 정비인 인현왕후를 서인으로 폐출시켰다가, 종국에는 외려 장희빈에 사약을 내리고 조강지처 인현왕후를 다시 왕비로 맞았다. 여기서 장희빈은 요부의 대명사, 그리고 인현왕후는 착하고 비운의 여주인공의 이미지로 대중에게 낯익다.

어쨌든 인현왕후의 헌신과 사랑을 늦게나마 깨달은 숙종은 그녀를 끔찍이 위하다가 그녀가 죽자 지금의 서오릉 자리에 능을 성대하게 만들게 하였고, 그 자신도 죽어서는 아내의 능 옆에 나란히 눕기를 갈망했다. 이로써 수국사는 다시 숙종과 인현왕후의 능침사찰이 되었고, 이를 계기로 절의 규모가 전보다 훨씬 커지게 됐다. 그 뒤 숙종 부부의 쌍릉과 숙종의 제2 계비 인원왕후 김씨의 단릉의 합칭인 명릉, 숙종의 정비인 인경왕후 김씨의 익릉, 덕종(의경세자)과 소혜왕후(인수대비) 부부의 경릉, 예종과 안순왕후 부부의 창릉, 그리고 영조의 비 정성왕후의 홍릉 등 다섯 개의 능이 모여졌기에 이를 서오릉이라고 불렀다. 그리고 수국사는 이들 다섯 개의 능의 관리를 책임진 사찰이었다.

수국사가 관리를 책임졌던 서오릉

근대의 수국사

세상사에서 그림자처럼 따라붙는 영고성쇠는 절 역시 비켜갈 수 없는 듯, 수국사는 화려했던 시절을 뒤로하고 그 뒤 무척이나 퇴락되었던 것 같다. 그러다가 새로운 인연을 얻어 지금으로부터 100년 전쯤에 새롭게 중창되었는데, 그 얘기가 1930년 《불교》 12월호(제78호)에 실린 안진호의 〈수국사 개산비 제막식을 보고서〉에 자세하게 실려 있다. 설화적인 내용이 가미되어 있지만 다른 사람도 아닌 《봉은본말사지》를 지은 안진호가 적은 것이라 내용의 신빙성에 더욱 믿음이 간다. 일의 전말을 간추려보면 이렇다.

> 1897년, 학식과 수행으로 이름 높던 월초 거연(月初巨淵) 스님이 어느 날 고양 신도면 오산 아래에 있던 선영을 성묘하고 돌아오는 길이었다. 우연히 수국사의 옛터를 둘러보게 되었는데, 비장한 마음이 일어 언젠가 이곳을 중창하리라 하는 서원을 굳게 다졌다. 이듬해 8월, 스님이 진관사를 찾았을 때 거기서 우연히 폐허가 된 수국사에서 모셔온 불상이 있는 것을 보았다. 지난번 수국사 절터에서 했던 중창 발원이 다시금 떠오르면서, 정말 특별한 인연임을 알았다.

당시 고종의 세자(후일 순종)가 병에 걸려 나라의 근심이 이만저만이 아니었다. 백방으로 의원을 구하였으나 효험이 없자, 왕실에서는 월초 스님에게 백일기도를 부탁했다. 스님의 지성으로 석 달이 안 되어 세자는 기운을 회복하여 병석에서 일어났다. 고종이 너무나 기뻐한 것은 당연했고, 스님에게 수많은 재물을 내렸다. 스님은 이것으로써 수국사를 중창할 수 있었다. 이때가 1900년, 옛터에서 조금 벗어난 현재의 위치로 옮겼으며, 당시 규모는 건물 6채에 50여 칸이었다고 한다. 중창 당시는 봉은사 말사였다가 월초 스님이 봉선사 주지를 맡게 된 것을 계기로 하여 봉선사 말사로 편입되었다.

위 이야기의 핵심은 1900년 월초 스님에 의해 수국사가 새로 태어났다는 것인데, 수국사의 근대사에 있어서 매우 중요한 이야기인 것 같다.

수국사의 문화재

수국사엔 볼 만한 문화재가 많다. 먼저 서울시 유형문화재로 지정된 목조아미타불좌상이 있다.

지금 대웅전 불단 위에 봉안된 다섯 분의 불상 앞쪽 유리장 안에 별도로 놓인 불상이 그것이다. 조선 전기 세조의 맏이 의경세자가 요절한 뒤 수국사에서 명복을 빌었을 무렵 만든 것으로 추정되어 당시 불상을 연구하는데 있어서 아주 중요한 의미가 있다. 그 밖에 아미타후불탱화, 십육나한도, 극락구품도, 감로도, 신중도, 현왕도 등 불

(상) 금당의 오존불
(하) 아미타 극락구품도

화 6점도 모두 훌륭한 작품들이다. 1907년 왕실에서 발원해 그린 것이라 같은 시기의 다른 작품에 비해 공이 많이 들어가 있다. 그림을 그린 연유를 적은 화기에 황태자와 황태자비, 의친왕과 의친왕비, 그리고 영친왕 등의 안녕과 천수를 기원하는 내용이 보이는 것도 다른 그림에서는 쉽게 볼 수 없다. 극락구품도는 이런 종류의 그림 자체가 드물다는 점에서도 가치가 높다. 고양 흥국사에도 훌륭한 극락구품도 한 폭이 있는데 수국사의 그것 역시 이와 견줄 만한 품격 높은 작품이다.

참관을 마치고 나와 버스를 기다리다가 종내 목탁새를 못 본 게 조금은 아쉬워서 나도 모르게 옅은 한숨이 새나왔다. 예전 둥지를 틀었던 목탁 걸린 종무소가 불교회관으로 바뀌었으니 다른 곳으로 이사 갔는지, 아니면 여직 경내 어딘가에 있는데 내가 못 찾은 것인지 모르겠다. 아니, 아직 때가 아니라 더 있다가 오려는지? 그도 아니라면 이미 극락조가 되어 서방정토로 날아가 버렸는가? 손에 잡힐 듯 가까이 서 있는 삼각산에 물어봐도 대답이 없다.

은평 진관사

여행과 문학

'여행'이라는 단어를 접할 때의 느낌은 사람마다 다르겠지만, 대체로 푸근한 인상을 갖지 않을까 싶다. 내 기억으론, 30년 전 쯤에 한 신문사에서 이 시대에서 가장 정감 나는 단어가 무언가 설문조사 했을 때 1위가 '나그네'였고, '여행'도 꽤 높은 순위에 있었던 걸로 안다. '나그네'나 '여행'은 어떤 의미에선 서로 통하는 말이니, 우리들의 공통된 감수성을 이 말로 짐작해 볼 수 있을 것 같다. 또 내가 생각하기엔, 나그네와 여행 각각의 단어를 묶으면 '자유'라는 말이 떠올려진다. 한 세대가 지난 지금, 요즘의 인기 단어 1위는 무얼까 궁금하다.

연일 30도를 웃도는 무더위에 허덕대던 어느 날 오후, 오랜만에 연락이 닿은 친구와 찻집에서 만났다. 따끈한 핸드드립 커피를 맛있게 입술에 갖다 대며 내 어깨 너머로 구석 서가에 꽂혀있던 책을 눈으로 훑던 그가 갑자기 혀를 끌끌 찬다. "참 팔자 좋은 친구로군." 나는 뭔가 싶어 고개를 돌려 봤더니 요시다 슈이치의 《도시여행자》라는 책이었다. 책 소개가 '10년에 걸쳐 써내려온 10개의 도시를 둘러싼 10편의 단편'인걸 보니 여행을 소재로 한 소설인가 보았다. P는 "10년 동안 여행이나 다녔으니 얼마나 좋았을까."라고 푸념처럼 말했지만, 나 역시 일삼아서 여행 다니는 그의 처지가 부럽긴 마찬가지다. 사람들이 가장 선호하는 여행을 소재로 한 소설은 그 자체로 사람들의 눈길과 선망을 끈다. 쥘 베른의 《80일 간의 세계일주》를 일종의 모험소설로 보기도 하는 모양이지만, 나는 그 책을 여행문학의 한 분야로 넣어야 한다고 생각한다.

여행 이야기를 꺼낸 건, 여기에서 소개하는 글들이 바로 여행문학의 하나이기 때문이다. 여행가지 않고서 어찌 우리 산하 곳곳에 자리한 사찰을 노래할 수 있겠는가? 사찰을 소재로 한 시에는 목적지에 도착한 뒤 그곳에서 느끼는 시상(詩想)을 우아한 감수성으로 표현해서 그렇지, 사실 자세히 읽어보면 여행지(사찰)에서 보고 느끼는 생생한 모습들이 간직되어 있기 마련이다. 그러니 사찰관련 시와 기문 등을 여행문학의 한 분야로 다루었으면 하는 게 내 바람이다. 그런 의미에서 이화여대 출판부에서 나온 《한국의 여행 문학》(김태준 편, 2006)에 사찰관련 글이 하나도 소개되지 않은 건 유감이었다.

이 글 뒤쪽에 '사찰과 문학' 코너를 두어 문학의 소재가 되었던 진관사의 옛 모습을 그린 시들을 소개한 것도, 바로 이 같은 무관심 탓에 사람들이 사찰에 깃들어 있는 서정성(抒情性)을 잘 모르고 지나치는 것 같아서다. 사찰을 찾아갔을 때 사찰의 문학성을 함께 느껴보려 한다면 신앙과 관계없이 우리나라 사찰에 스민 문학적 아름다움을 깨닫는 새로운 경험이 될 것이라는 생각으로 한번 자세히 다뤄본 것이다.

진관사 가는 길

진관사는 은평구 진관외동 1번지 삼각산에 자리한다. 불광동에서 박석고개를 넘어 구파발에 이르기 조금 못미처 오른쪽으로 길이 뚫려 있는데, 요즈음 이 길은 기자촌으로 가는 길이라 널리 알려졌다. 이 길을 따라 신도초등학교를 지나서 기자촌 입구에 다다르면 버스 종점에 이른다. 오른쪽으로 뻗은 큰 길은 연신내·불광동과 이어지는 '연서로'인데, 왼쪽으로 뚫린 좁은 길이 진관사와 삼천사(三千寺)에 이

진관사 내경

르는 길이다. 좌우에 늘어선 주택가를 빠져나와 나지막한 언덕길을 넘어서면 비교적 너른 들판이 왼쪽에 전개된다. 언덕을 내려서면 바로 샛길이 갈라지는데 이 길은 삼천리 골로 이어진다. 샛길로 빠지지 말고 큰길을 따라가다 다시 한 번 구비길을 돌아서면 가게가 늘어선 유원지에 다다른다. 왼쪽의 개울에서 다리를 건너기 전에 오른쪽 벼랑을 눈여겨보면 바위에 '선유동(仙遊洞, 신선들이 노닐던 곳)'이란 글자가 새겨져 있어 보기만 해도 시원 상쾌한 느낌을 주는 곳이다.

다리를 건너면 높다란 돌기둥을 주춧돌로 삼은 일주문이 서 있는데, 현판에는 '삼각산 진관사'라는 글씨가 선명하다. 오른쪽에 계곡을 두고 약간 경사진 길을 오르면 운치 있게 쌓은 석축이 왼쪽에 보이고, 이어서 홍제루(弘濟樓)가 나타난다. 발걸음을 왼쪽으로 꺾어 홍제루에 들어서면 바로 눈앞에 대웅전과 더불어 사찰의 경내 모습이 펼쳐진다.

진관사의 창건과 역사

일찍이 서울을 중심으로 동서남북 사방의 주요 사찰을 열거하는 말로 '동쪽의 불암사, 서쪽의 진관사, 남쪽의 삼막사, 북쪽의 승가사'라고 했듯이 진관사는 한양 근교의 4대 사찰의 하나로 일컬어질 만큼 이름난 사찰이었다. 특히 조선시대에는 이 절에 수륙사(水陸社)를 설치하고 임금이 여러 번 행차하여 수중의 외로운 넋들과 아귀를 위해 법석을 베푸는 재를 올려 더욱 성가를 높였다. 그러나 언제 어떠한 연유로 창건되었는지는 전해오는 사료가 적어 자세히 알 길이 없다. 다만 조선 중기에 성능(性能) 스님이 지은 《북한지(北漢誌)》에 원효 스님이 진관조사(津寬祖師)와 더불어 삼천사와 이 진관사를 함께 세웠다고 나올 따름이다.

헌애왕후와 김치양의 로맨스

우선 고려시대 건국 초의 일인데, 1011년 현종이 당시 신혈사(神穴寺)라는 자그마한 절을 진관사로 바꾸고 대대적으로 중건하며 왕실의 수륙재도 이곳에서 열도록 했다. 이를 계기로 진관사는 고려와 조선시대에 걸쳐 왕실의 원당사찰로 발전하게 되었다. 진관사로서는 현종에게 큰 은혜를 입은 것인데, 이 일의 전말은 진관사의 전체적인 역사를 이해하는 데 큰 도움이 되기에 그 배경을 살펴보는 게 필요하다.

현종이 진관사를 중창하게 된 결정적인 이유는 고려 7대 임금인 목종의 생모이자 제5대 임금 경종의 왕비 헌애왕후(獻哀王后, 964~1029)와 김치양(金致陽, ?~1009) 사이에 얽힌 이야기부터 시작된다.

헌애왕후는 경종(景宗, 재위 975~981)의 비였는데 남편보다 9살이 적었다. 사실 그녀도 태조의 손녀 중 한 명이니 둘 사이는 고종사촌간이다. 왕실을 굳건히 하기 위해 정략결혼을 한 것인데, 그 때문인지 두 사람 사이에 사랑은 없었던 것 같다. 그런데 경종이 981년 26살의 젊은 나이에 승하하자 왕위는 경종의 처남이자 태조의 손자인 성종(成宗, 재위 981~997)에게 돌아가 6대 임금으로 즉위했다. 성종은 헌애왕후보다 네 살 많은 친오빠로 전왕의 비이면서 친누이이기도 한 헌애왕후와 누이의 어린 아들을 천추궁(千秋宮)에서 살며 잘 지내도록 돌봤다.

당시 헌애왕후는 과부이기는 해도 겨우 17세로 여인으로서 막 젊음을 구가하기 시작할 나이였다. 사랑이 몹시도 그리울 때였을 것이다. 그러다 이 무렵 외가 쪽 친척인 김치양이 승려의 신분으로 그녀의 처소에 드나들기 시작했다. 귀족 신분으로 승려가 되는 일은 이 시대에는 흔한 일이었다. 왕실로서는 아마도 헌애왕후에게 불교에 귀의해 마음의 안정을 찾도록 하기 위한 배려였을 것이다. 둘은 자연스럽게 가까워졌고 바로 서로 사랑하는 연인 사이가 되었다. 하지만 헌애왕후는 태후의 몸이라 궁궐 밖 행차가 자유로울 수 없었고, 좁은 궁중 안의 이 로맨스는 어느새 사람들의 입방아에 올랐다. 지엄해야 할 왕실에서 일어난 스캔들이 성종의 귀에까지 들리지 않을 리 없었다. 성종은 난감했다. 전왕의 왕비면서 또한 자신의 친동생이 승려와 사랑한다는 사실을 그대로 묵과하고 넘어갈 수 없었다. 더군다나 여동생은 전왕과의 사이에 낳은 아들(훗날의 목종)도 이미 둔 상태 아닌가. 왕실의 권위나 질서가 공개적으로 실추되어 자신이 추구하는 호족 억제 정책도 문제가 생길 수 있었을 테니까. 하지만 그렇다고 두 사람을 처단할 수도 없었다. 고민 끝에 성종은 김치양을 곤장치고 유배 보내는 징벌로 한동안 조정을 시끄럽게 했던 이 스캔들을 마무리 하려 했다.

그런데 일단락된 것처럼 보이던 궁실의 스캔들은 새로운 형태로 비약되고 나중에는 결국 정치적으로 커다란 소용돌이를 일으키게 된다. 그 시발은 성종이 승하한 데서 이뤄졌다. 성종은 30세가 될 때까지 자식이 생기지 않아서 990년에 당시 10살이던 경종과 헌애왕후의 아들을 후계로 지명했었다. 그런데 그로부터 7년 뒤 997년에 성종이 승하하자 헌애왕후의 아들이 17세로 왕위에 오르게 되니, 그가 바로 7대 임금 목종(穆宗, 재위 997~1009)이다. 이제 헌애왕후는 아들 목종에 의해 천추태후(千秋太后)로 봉해졌다. 그동안 실추되었던 자신의 명예를 회복한 기회가 된 것은 물론, 아들이 아직 어리다는 이유로 섭정(攝政)까지 하게 되었다. 섭정이란 왕이 어릴 때 어머니나 아버지 등 지근한 관계의 사람이 왕권을 대행하는 것을 말한다. 실질적 왕인 셈이다. 그녀는 이제 모든 권력을 잡았으니 이 정도에서 그치면 온건한 삶이 이어졌을 텐데, 그렇지가 못했다. 헌애왕후는 십여 년이 지났어도 여전히 김치양을 잊지 못하고 있었던 것이다. 그녀는 섭정에 들어서자마자 10여 년 넘게 잊지 못하던 옛 연인 김치양을 유배에서 풀고 아예 자신의 처소로 불러들였다. 더 나아가 아예 그에게 지금의 총리 격의 관직을 내렸다. 그렇게 해서 이 둘은 이후 무엇 하나 못할 게 없는 힘, 이른바 '무소불위'의 권세를 나누어 갖게 되었다. 그들의 사랑을 막을 사람은 이제 없었다.

하지만 이때쯤 목종은 저도 모르게 위기감을 갖게 되었다. 어언 스무 살도 넘어 스스로 통치할 수 있는 나이가 되었어도 어머니는 섭정을 그만두려 하지 않았고, 그 배후에는 김치양이 있어 권세를 휘두르고 있었기 때문이다. 여기에다 1003년에는 그녀와 연인 김치양 사이에 아들도 태어났다. 목종은 아직까지 아들을 두지 못하고 있었다. 고민 끝에 목종은 자신보다 12살이 어리고 당시 11살에 불과하지만 태조의 손자여서 숙부가 되는 대량군(大良君)을 후계로 지정했다. 그러자 이번에는 헌애왕후와 김치양이 긴장하게 됐다. 목종은 평소 심약했는데 자기들의 아들마저 태어나니 몸져눕기까지 해 언제 승하할지 몰랐기 때문이다. 대량군이 왕이 되면 자신들은 지금까지 누린 권세만큼 역으로 처벌받을 것이 뻔했으니까. 그래서 헌애왕후는 대량군을 참소하여 숭경사에 가둔 다음 없앨 기회를 엿보았다. 그런데 숭경사는 개경에서 가까워 사람들의 이목을 끌기 쉬웠다. 그래서 다시 좀 더 멀리 떨어진 삼각산 신혈사에 보내 가두었다. 신혈사는 조그만 암자로 진관(津寬) 스님 혼자만 수도하고 있었으니 사람들의 눈을 피해 그를 없애기 좋은 곳이라고 생각했던 모양이다. 앞에서 말한 것처럼 이 신혈사가 진관사의 전신이다. 그런데 이런 음모를 금세 알아챈 진관 스님은 본존불을 안치한 수미단 밑에 굴을 파서 당시 대량군을 피신시켜 자객의 손길이 미치지 못하게 하였다. 대량군은 여기서 진관 스님의 돌봄을 받고 3년을 숨어 지내면서 목숨을 보전할 수 있었다.

1006년 천추태후와 김치양이 발원한 고려 대보적경 그림

한편 대량군이 사라진 것을 안 헌애왕후와 김치양은 서둘러 목종을 끌어내리고 자신들의 아들을 왕위에 앉히려 했다. 하지만 병석에 있다 하더라도 아직 목종은 왕이니, 그들의 욕심을 채울 방법은 하나밖에 없었다. 바로 반역! 그래서 김치양이 계획해 세력을 모은 다음 1009년에 날을 잡아 밤에 궁궐로 쳐들어가 건물들을 불태우며 반역을 했다. 그렇게 해서 목종을 끌어내리고 자기의 아들을 왕위에 옹립하려는 계획이었다. 일단은 이 반란은 성공한 듯 싶었다. 그런데 그 전에 목종이 자신의 목숨이 위태롭다고 느낄 때 이미 서북면도순검사(西北面都巡檢使)인 강조(康兆)에게 유사시 왕실을 보호하도록 은밀히 밀지를 내린 상태였다. 강조는 반역이 났다는 소식을 듣고 군대를

이끌고 개경으로 쳐들어 와 김치양 부자를 처형해 버리고 그 일파들을 모두 숙청했다. 현애왕후도 귀양 보냈다. 이렇게 해서 그동안 얽히고설킨 왕실의 혼돈은 일단락 된 것 같았다.

아무튼 현종은 임금의 자리에 오른 이듬해인 1011년에 자신의 목숨을 구해준 진관 스님의 은혜에 보답하기 위해 신혈사 자리에 절을 짓고, 이름을 진관사라 바꿨다. 그 뒤 절은 임금을 보살핀 은혜로운 곳이라 여러 임금이 행차하는 등 각별한 보호와 지원을 받았다. 1090년 10월 선종이 절에 행차하여 오백나한재를 베풀었고, 1099년 9월과 1110년 10월에도 왕이 절에 행차하여 참배하고 각종 물품을 보시하였다.

이 전통은 조선시대까지 이어져 내려와 진관사가 줄곧 왕실의 원찰이 됨으로써 법등(法燈)이 이어지는 큰 힘이 되었다고 볼 수 있다. 그래서 지금까지 복잡다기한 이야기였으나마 여기에 자세히 언급해 진관사 발전의 인연을 소개해 보았다.

헌애왕후와 김치양의 사랑은 이렇게 비극으로 끝났다. 연인으로서의 순수한 사랑이 나중에는 권력욕을 떨치지 못해 그와 섞이면서 그들은 행복을 등졌고, 또 많은 사람들에게 큰 피해도 준 채 비참한 죽음만 맛봤다. 해피엔딩이 될 수도 있었던 사랑이 이런 사연(邪戀)으로 마무리된 건 정말 아쉽다. 권력과 사랑은 양립할 수 없음이 이 이야기에서도 그대로 증명되는 것 같다.

조선시대의 진관사

조선시대에 들어와서 진관사는 수륙재(水陸齋)의 근본도량으로 유명해졌다. 수륙재란 물과 육지에서 헤매는 외로운 영혼과 아귀(餓鬼)를 달래며 위로하기 위하여 불법을 강설하고 음식을 베푸는 의식이다. 이 의식은 중국 양나라 무제(武帝)에 의해서 시작되었다. 불교에 대한 신심이 두터웠던 무제는 유주무주(有住無住)의 외로운 영혼들을 널리 구제함이 제일가는 공덕이라 생각하고, 승려들과 상의한 후 스스로 의식문을 지어 505년에 재를 베풀었다. 우리나라에서는 고려시대부터 비롯하여 조선시대에 성행하였는데 이곳 진관사의 수륙재는 그 시초가 된다. 조선 초의 문인인 권근(權近)이 지은 〈수륙사조성기(水陸社造成記)〉에 그 내용이 자세히 전하니 관심 있는 이는 한번 찾아보기 바란다.

고려시대 이래 역대 왕들이 자주 왕래하면서 크게 융성하였던 진관사는 이제 조선왕조의 국가적 수륙재가 개설되는 사찰로서 다시 한 번 전성기를 누렸다. 이때 조영된 수륙재의 시설물은 모두 59칸에 달하였고 상·중·하의 삼단으로 이루어져 중단과 하단에는 행랑이 연이어 있었다.

진관사 수륙재

이제 수륙재는 조선 왕실의 명실상부한 공식행사로서 매년 두 차례씩 열렸고, 진관사는 이와 더불어 국가적 사찰로 자리매김해 나갔다. 물론 어느 절에서나 수륙재를 열 수는 있으나, 아무래도 수백 년간 이어온 곳의 의식이 좀 더 원형에 가깝고 장중하기 마련이다. 수륙재는 겉으로 보면 수륙재 나름의 의식 진행인데, 이는 책으로 공부되는 것이 아니라 스승 또는 선배 수륙재 장인(匠人)으로부터 직접 배우며 몸으로 익히는 것이 중요하다. 따라서 수륙재를 한 사찰에서 수백 년간 진행해 왔다는 것은 그만큼 기술이 끊임없이 대대로 전해졌다는 의미이니, 전형(典形)이 확립이 안 된 다른 사찰에 비해 수륙재의 원형과 전통이 특히 진관사에 잘 전해졌다고 볼 수 있다. 그래서 진관사의 수륙재는 이곳만의 큰 자랑이기도 하다. 그런 특수성이 인정되어, 2013년 4월 문화재청에 의해 진관사 수륙재가 무형문화재로 지정된 건 당연한 인연소기(因緣所起)였다고 주저 없이 말할 수 있다.

진관사의 문화재

진관사의 건물로는 대웅전·명부전·홍제루·동정각(動靜閣, 종각)·나한전·독성전·칠성각·나가원(那迦院, 요사겸 사무실)·객실 등이 있다.

대웅전 안 남쪽 벽에는 1934년 화경(和璟) 스님이 그린 현왕탱화란 오래된 그림이 있다. 중앙에 현왕을 두고 그 아래에 판관과 녹사가 마주하고 있는 단순한 구도의 그림이다.

명부전 옆 독성전은 사방 각 1칸씩의 작은 건물인데 안에 걸린 독성탱화가 미술적 가치가 있다. 1907년에 제작된 것으로 화기(畫記, 맨 아래에 배치한 직사각형 칸)에 시주자 이름이 적혀 있다. 그 중에는 왕실에서 왕과 왕비의 시중을 직접 들며 살림을 맡았던 '상궁(尙宮)'의 이름이 있어 과연 진관사가 왕실과 관련 있는 절임을 그림으로도 보여준다. 문 바로 위에는 이 독성탱화의 내력을 전하는 〈삼각산 진관사 독성전 창건급단확 화탱불사 공덕기(三角山津寬寺獨聖殿創建及丹雘畫幀佛事功德記)〉 현판이 걸려 있다. 1907년 독성전을 중수하고 독성탱화 등을 조성할 때의 과정과 관계자들 이름이 적혀 있는데 여기서도 역시 왕실 상궁들이 시주했음이 나온다.

대웅전 현왕탱화

또 나한전 후불탱화는 19세

기 말에 영산전의 후불탱화로 조성되었던 것임이 화기에 나온다. 화기에 따르면 현재의 16나한상과 나한도 4축 그리고 관음탱화 2축 등이 진철(震徹) 금어스님이 같은 시기에 함께 그린 것이라고 나오고, 시주자 명단에는 역시 왕실 상궁들 이름이 있다.

독성전 창건 공덕기 현판

칠성각은 근대에 지은 건물인데, 현재 문화재청에 의해 등록문화재로 지정되어 있다. 등록문화재란 100년 정도 되는 근대에 만든 건물, 그림, 책 등의 유물을 문화재로 등록해 두어 보존이 잘 이루어질 수 있게 한 것이다. 우리나라에는 워낙 오래된 작품들이 많이 남아 있어 이전까지는 100년 정도 지난 유물은 문화재로 지정되기 어려웠다. 문화재로 지정되지 않으면 관리 및 취급이 소홀하게 되어 몇 백 년 된 유물보다 오히려 손상되고 없어지기 쉬울 수 있다. 이런 현상을 막기 위해 만든 제도다. 칠성각이 등록문화재로 지정된 것은 물론 건물 자체가 이런 요건에 맞기도 하지만, 무엇보다 여기에서 중요한 문서들이 발견되었기 때문이다. 2010년 5월 진관사에서 칠성각을 해체복원 하던 중 불단과 기둥의 해체 과정에서 태극기가 발견됐고, 이후의 연구와 고증을 통해 이 태극기가 일제강점기 독립운동 자료로 매

칠성각 벽에서 나온 근대 태극기

왼쪽 문서는 칠성각 벽에서 나온 근대자료 〈경고문〉, 오른쪽은 《신대한》의 창간호다.

우 소중한 가치가 있는 것으로 평가되었다. 특히 일장기 위에 태극기를 덧그렸는데 이는 일장기를 거부하고 일본에 대한 강한 저항의식을 표현한 것이라는 점에서 큰 관심을 모았다. 또 발견 당시 이 태극기는 《신대한》 3점, 《독립신문》 4점, 《조선독립신문》 5점, 《자유신종보》 6점, 《경고문》 2점 등을 감싸고 있었다. 절에서 이런 종류의 유물이 발견되는 경우는 아주 드문 일일 것이다. 대대로 왕실의 원찰이었던 이 진관사에서 나라를 점령하고 왕실을 해체한 일제에 대한 무언의 항거요 독립운동의 하나로 이렇게 했다고 생각하면, 모든 일은 나름의 인과(因果)가 있다는 말이 새삼스레 머릿속에 떠오른다.

진관사를 노래한 옛 시인들

앞에서 말했듯이 진관사는 북한산 서쪽 자락에 자리하는데 동쪽의 불암사, 남쪽의 삼막사, 북쪽의 승가사와 더불어 서울 근교의 4대 명찰로 불렸다. 그런 만큼 도성의 이름 난 시인묵객치고 진관사에 들러 시 한 수 안 읊었을 리가 없다. 그래서 제법 여러 편의 진관사 시가 전한다.

우선 권근(權近, 1352~1409)의 작품을 소개한다. 그는 고려와 조선의 왕조 교체기에 일세를 풍미하며 문명을 드날렸던 명사였다. 그가 진관사를 찾고 남긴 이 시 역시 명불허전이랄까, 탄탄한 구성과 자유분방한 시상이 돋보이는 수작이다. 자신보다 10살이 많은 선배 삼봉 정도전(鄭道傳)의 〈유진관사시(遊眞觀寺詩)〉의 운(韻)을 빌려 지었다.

〈진관사를 거닐며〉

石逕草深微雨過	돌길 우거진 풀에 가랑비 지나니
林亭地僻好風多	숲속 정자 여기와 어울려 풍경도 좋아라
山靈應笑驅馳客	산신령도 웃겠지, 분주한 객을 보곤
未脫朝衣掛薜蘿	관복 벗어 칡덩굴에 걸지도 않았음을

1행과 2행에서는 진관사의 경치를 노래했다. 진관사 올라가는 길에 마침 가랑비가 내렸지만, 조용하고 그윽한 산중에서 맞는 가랑비는 오히려 나그네의 흥취를 돋워주었던 모양이다. 정자에 올라보니 주변의 풍광이 그렇게 좋을 수가 없다. 그러다가 3행과 4행에서는 이런 고양된 기분이 갑자기 반전된다. 고요한 산사에서 자신을 되돌아보니 어쩔 수 없는 속인임을 확인한 것이다. 3행의 '산신령도 웃겠지, 분주한 객을 보곤'이라는 말에서는 금세 바깥일이 궁금해져 돌아갈 생각에 바삐 서두르는 자신을 책망하고 있다. 4행은 그 같은 시인의 자책감이 극명하게 드러나 있다. 세상사 부질없는 줄 새삼 깨달았으면 의당 세속의 영예 따위는 과감히 벗어던져야 하건만 미련을 떨치지 못하고 있다. 이런 자신의 모습을 '관복 벗어 칡덩굴에 걸지 않고서'라고 표현하며 자조(自嘲)한 것이다. 여기서 관복이란 세속의 명예를 상징한다.

조선 후기 지식인 사회와 문단에서 이름을 날렸던 실학자인 이덕무(李德懋, 1741~1793)의 시도 깔끔한 시격이 눈에 띄는 단아한 시다.

그는 이 시 외에도 〈북한산유람기〉에서 "진관사는 고려의 진관대사가 거처하던 곳이다. 큰 돌기둥 수십 개가 아직도 시냇가 왼쪽에 나란히 서 있다. 숲과 돌의 아름다움은 비록 내산(內山, 북한산성 안)만 못하지만 불화의 영묘하고 기이한 것은 어디에 비해도 못지않았다"고 진관사의 수승한 경치를 찬탄하기도 했다.

〈서교(西郊)의 진관사를 지나며〉

落日亭亭白堞遙	성벽 위로 해는 서산에 기우는 날
淸流尙憶石南橋	흐르는 저 맑은 물은 석남교를 기억할까
明霞翠柏多遐想	명하라 취백이라 세속 떠날 생각 많아
一曲山歌答晩樵	한 가락 산 노래로 나무꾼에 화답하네

이 시는 진관사 경내보다는 진관사 주변의 자연을 스쳐 지나듯 가면서, 진관사를 매개로 하여 자연에 묻혀 은일하는, 혹은 그렇게 지내고 싶은 시인의 마음을 노래했다. 진관사의 풍광을 자세히 묘사하지는 않았지만 전체적으로 산사의 고즈넉함이 잘 표현되어 있다. 1행의 '백첩(白堞)'을 '엉겅퀴'로 해석한 사람도 있는데 그래서는 의미가 통하지 않는다. 성벽 위에 반원형으로 툭 튀어나온 것을 '堞'이라 하는데 정찰용 시설물이다. 그래서 백첩이란 곧 산성을 뜻하는 말로 보인다. 여기서 산성이란 물론 북한산성을 말한다. 2행의 '石南橋'는 진관사 부근의 다리 이름인지 아니면 또 다른 의미가 담겨있는지 잘 모르겠지만 세월의 흐름을 말하는 것으로 이해해도 될 것 같다. 3행의 '명하라 취백이라'에서의 명하와 취백은 각각 도교의 장생불사약을 말한다. 이 시는 전체적으로 진관사에서 세월의 덧없음을 느끼며 세속과 떨어져 사는 감성을 노래했다. 앞에서 든 권근의 시와는 사뭇 대조되는 감수성이다.

진관사를 묘사한 기행문학

끝으로 근대에 쓰인 진관사 관련 글 하나를 더 소개한다. 《삼천리》 1935년 1월호 〈승지행각(勝地行脚)〉에 실린 신림(申琳)의 진관사 기행이다. 조선 후기의 문신 중에 같은 이름을 가진 신림(1812~?)이 있는데, 그와는 동명이인이다. 이 글을 쓴 신림은 주로 《삼천리》를 중심으로 기행문뿐만 아니라 각종 주제의 글을 쓰며 활발히 활동하던 이른바 논객이었던 것 같다. 이 글 말고도 〈구속정월행사〉, 〈녹음창만지〉 등이 《삼천리》에 실려 있다. 그는 또 《대중공론》의 주간을 지냈고, 1935년 독립운동가 이동휘가 급서한 뒤 서울에서 신문사와 사상단체 등에서 추모회를 개최했을 때 김동인·유광렬 등과 이름을 나란히 했으며, 《조선지광》과도 다소간 연관이 있었던 것 같다. 이 〈승지행각〉은 제목으로 볼 때 신림이 전국의 명소를 찾아 소개하는 《삼천리》의 고정 코너였던 것 같다. 75년 전의 글이라 문투가 매우 고식이어서 현대식으로 고쳐보았다. 진관사의 정취가 잘 살아있어 요즘 읽어도 조금도 어색한 느낌이 없다.

> 높은 하늘엔 티 한 점 없이 맑게 갰다. 동녘 하늘로부터 떠오르는 명랑한 태양이 섬광을 사해(四海)에 발사하자 아침 연기가 자욱하던 대지는 그만 암흑의 꿈속에서 깨는 듯하였다. 서울에 10여 년 있으면서 아직도 진관사를 구경 못하였던 나는 ××학교 학생들이 원족 가는 기회에 동행하게 된 것을 기쁘게 생각하였다. 일찍 일어나 종로에 나와 회색의 밤 속에 깊이 잠든 새벽거리를 요란스럽게 달아나는 서대문행의 전차를 잡아타고 고종(高宗) 건양 원년에 세운 독립문 앞까지 다다랐다…. 홍제원을 지나서니 고요한 벌판의 공기는 부드럽기 끝이 없다. 백귀난무(百鬼亂舞)하는 서울바닥에서 몰리고 부대끼는 사람으로서는 한없이 부드러운 이 대자연에 도취하지 않을 수 없었다. 그러나 200여 명의 우리 일행의 웃음소리, 말소리, 노랫소리는 고요히 잠들고 있는 사위의 공기를 흔들어 놓았다. 그림 같은 산야의 경

> 치를 바라보면서 어느 듯 진관사에 닿았다.
> 진관사는 과연 선경(仙境) 같다. 창창히 둘러싼 송림이 있고 이리저리 흩어져 있는 기암괴석이 있고 비단결 같이 맑게 흐르는 물결이 있고 처량하게 우는 새소리가 있는 진관사는 참으로 신비롭다. 성신(聖神)의 그림 같은 무삼 유영이 떠오른다. 모자와 신발을 벗어던지고 땀나는 발을 아름다운 냇물 속에 담그고 우거진 숲 사이로 한가한 햇볕이 고요히 흐르고 있는 것을 바라보면서 널따란 바위에 몸을 얹고 한가히 앉아서 자연의 위력과 신비에 취하여 묵상하였다. 아— 진관사의 이 대자연! 찾아오는 사람으로 하여금 흉리(胸裏)에 고원유현(高遠幽玄)의 명상을 몇 번이나 자아내게 하였든가? 다시금 몸을 움직여 돗자리를 청하여 절 대청에 앉아서 진관사의 내력을 일보는 사람에게 물으니 이러하다…. 지금은 60년간 주지 임왕산(林王山) 대사(75세 된)가 절을 유지하고만 있었을 뿐 해마다 낡아져가고 있다 한다. 이러고 보니 들려오는 새소리조차 닥쳐오는 수심(愁心)을 하소연하는 듯이 들린다. 우리는 오후 5시 반 이 절을 배경으로 기념사진을 찍고 200여 명 여학생의 청아한 목소리로 불러내는 노래로서 수심과 한적에 싸인 진관사를 위안하고 발길을 돌렸다.

이렇게 여행이 문학과 어울리면 더욱 흥취가 돋워진다. 꼭 문학이어야만 그렇다는 건 아니고, 음악이나 그림이 그 자리를 차지해도 역시 여행의 맛이 훨씬 깊어질 수밖에 없을 것이다.

강북 도선사

마음 치유를 위해 떠난 짧은 여행

이상하게 들리겠지만, 나는 우리의 몸 특히 이른바 오장육부는 저마다 감정을 갖고 있다고 생각한다. 지능까지 있다고는 말 못해도 분명 나름대로의 느낌은 갖고 있는 것 같다. 그래서 마음이 아프면 몸속의 장기(臟器)도 같이 아파하기도 한다. 다 그렇다기보다 사람보다 유난히 예민한 장기가 영향을 받는데, 나 같은 경우는 장(腸)이었나 보다. 그래서 4년쯤 어느 기관과 함께 일을 할 때 무척이나 스트레스를 받았는데, 그 아픔이 고스란히 장에 전해졌는지 장이 아주 안 좋아졌다. 그 일을 그만두면서야 요즘 장이 제대로 돌아오고 있는 것 같다. 그러니 오장육부가 감정을 갖고 있다는 생각을 하게 된 것이다. 흔히 몸은 마음에 따라 움직인다고 생각하는 것 같지만, 나는 그렇게 안 본다. 몸은 몸대로 잘 간수해야 마음도 편하게 작동한다. 몸이 아픈데 마음은 정신력만 강조하며 아닌 척 버티려고 해봐야 그렇게 될 리는 없는 일이다. 그러니 마음과 몸은 분명 동등한 개체로 인정하고 평소 이 둘을 잘 관리해나가야 건강한 사람이랄 수 있을 것이다.

그런데 힘든 세상살이에 가장 먼저 노출되는 건 마음부터인 것은 분명하다. 그리고 세상 살아가면서 늘 속편할 수도 없다. 크든 적든 모두 가슴 속에 아픔이나 쉬 풀기 어려운 근심을 갖고 있다. 다만 그걸 홀로 감싸 안고 살던가 아니면 여러 사람과 얘기하고 놀면서 잠시나마 스트레스를 풀어버리느냐의 차이 정도일 것이다. 나도 예외가 아니어서 항상 근심과 염려를 달고 살고 있다. 다만 그런 문제들을 혼자 풀려고 하고 여간해선 다른 이에게 말하지 않는 편일뿐이다. 또 중요한 건 스스로 다스릴 수 있든 없든 모든 어려움은 자신의 마음에 있으니, 이를 잘 다루어야 한다는 생각이었다. 어쨌든 중요한 건 마음이 아니겠느냐고 생각하며, 내가 해야 할 일을 열심히 하는 것으로 어려움을 이겨낼 수 있을 거라고 믿으며 살아왔다.

하지만 요 몇 년 사이 그 '마음'에 문제가 생겨버렸다. 역시 세상사가 다 그렇듯이, 마음먹은 대로 움직여지지 않으며 갖가지 어려움을 느껴왔는데 그러다 보니 결국 내가 믿는 내 마음에 탈이 나고 말았다. 여기서 자세히 말할 필요야 없겠지만, 꽤 심각한 마음의 중압감 때문에 그동안 해오던 일마저 손에 잡기가 힘든 지경까지 되었다. 여행이든 답사든 아니면 몸이 건강해야 어디라도 다닐 맘이라도 생길 것 아닌가. 그렇건만 스트레스 받는 이유와 내용을 남에게 자세히 터놓고 말할 일도 아니어서 한참동안이나 혼자 끙끙 앓았다. 그러다가 산에 가면 마음이 좀 편해지지 않을까 하는 생각이 불현듯 떠올랐다. 그것도 이왕이면 기가 세다는 악산(嶽山)이 좋을 것 같았다. 선승들이 수행하는 장소를 주로 악산에 잡는 것도 바위를 통해 자연의 좋은 기운이 잘 전달된다는 믿음이 있는 것과 같은 이치였다.

이래서 한 번 떠나보자고 마음먹고, 서울에서 가까운 곳 중에서 위의 조건에 맞는 곳을 찾아봤다. 잠시 생각한 끝에 서울 도봉구의 삼각산(三角山) 도선사(道詵寺)가 적지일 것 같았다. 행선지는 정해지고, 그럼 더 망설일 필요가 없다. 간단한 복장에 카메라 둘러메고 곧바로 집을 나섰다.

도봉구 우이동 삼각산에 자리한 도선사는 그 순례의 첫걸음을 서울의 북쪽 끝자락인 우이동에서 시작한다. 우이동 서쪽 버스종점에서 북한산의 최고봉인 백운대를 향하여 계곡을 따라 약 1킬로미터쯤 올라가면 첫 번째 고개에서 도선사의 입구인 산문(山門)이 제일 처음 여행객을 맞는다. 혹 이 고개 오르기가 힘들거든, 고개 아래 절 입구에서 수시로 절까지 왕복 운행하는 셔틀버스를 타고 오가도 된다. 산사를 오를 때 반드시 걸어가야만 좀 더 믿음이 일어난다는 이야기는 언제나 맞는 이야기는 아니다. 그저 자신의 체력에 맞춰 다니는 게 가장 낫다. 그러니 이 버스는 도선사를 오가는 데 아주 유용한 수단이기도 하다.

도선사의 창건

도선국사가 새겼다고 전하는 마애상

도선사의 역사는 오랜 시간에 걸맞은 충분한 사료가 전하지 않는 편이어서 도선사를 말할 때 늘 아쉬운 부분이다. 아무튼 도선사의 역사는 많지 않은 자료나마 도선국사가 절을 창건하는 과정부터 말하면서 이야기를 풀어야 한다.

도선사는 862년에 도선 스님이 창건했다고 전한다. 중국에서 풍수지리를 배우고 돌아온 도선 스님은 우리나라의 산하에 걸맞은 풍수학을 정립하려고 부단히 노력했다. 그래서 전국의 명산

승지를 안 다닌 곳이 없을 정도로 그의 발자취는 전국 곳곳에 이르렀다는 이 이야기는 때론 기록으로 남거나 때론 설화처럼 구전되고 있다. 이렇게 전국을 돌아다니며 좋은 땅과 그렇지 못한 땅을 구별하면서 우리만의 풍수를 정립해 가던 어느 날, 한양을 감싸고 있는 삼각산의 빼어난 산세를 보고는 이곳이야말로 천년 후 다시 한 번 불법이 흥기할 곳임을 예견하고 적당한 자리를 골라 절을 지었다. 그래도 아무래도 바위산이라 평지가 별로 없었으므로 커다란 바위를 손으로 가르고 여기에 지팡이로 관음보살상을 새겼다고 하는데, 이것이 지금 남아 있는 높이 3미터가 넘는 마애관음보살상이다. 물론 이것을 고증할 자료는 없다. 그렇게 구전으로 설화로 전해올 따름이다.

황당한 이야기라고 치부하지만 말고, 이런 구전이 전하게 된 배경을 이해하려고 하는 게 우리 사찰 역사를 연구하는데 필요한 자세다. 요즘 문자로 전하는 기록이 아니면 믿지 않는 풍조가 만연되어 있다. 그러다 보니 지금 말한 도선국사가 마애불을 지팡이로 새겼다는 것도 말도 안 되는 단순한 전설로만 받아들인다. 하지만 이 이야기를 불상을 만들어지는 과정이 설화 형태로 변한 것으로 보고, 도선국사가 불상을 새기는 장인을 불러 만들게 한 것이 그렇게 전해진 것으로 이해한다면 그다지 이상할 것도 없다.

우리나라 사찰 역사를 아주 좁은 시각으로 봐서는 설명이 안 되는 부분이 아주 많다. 그리고 그런 시각이 사찰 역사 연구방법의 전부는 아니다. 좀 더 넓은 시각으로 바라보아야 하고, 상식으로는 이해할 수 없는 이적(異蹟)이 담긴 이야기일지라도 그 핵심 내용을 간파해서 적극적으로 역사화 하려는 자세를 갖는다면 우리 사찰사, 나아가 불교사는 훨씬 풍요로워질 수 있을 것이라고 믿는다.

도선사의 역사

도선 스님의 창건 이후의 역사는 〈법당기문(法堂記文)〉과 〈대방중창기(大房重刱記)〉 등의 기록 정도가 전한다. 이 기문들은 19세기 후반 법당과 대방을 중창하는 불사를 마친 뒤 이를 기념하면서 지은 것이다. 천년 고찰이라는 사격에 비해서는 남아 있는 기록은 아주 적은 편이기는 하다.

그런데 사실 이런 현상은 우리나라에서 상당히 많은 절에 공통으로 보이고 있다. 그 까닭은 고려시대 때 왜구가 빈빈히 침입해 절의 문화재를 반출하거나 불 질렀고, 또 조선시대는 임진왜란과 정유재란, 그리고 병자호란 등의 전쟁이 생길 때마다 사찰이 직접적 피해를 당한 때문이다. 그뿐인가, 근대에 들어와서도 1950년에 일어난 6·25 전쟁으로 많은 사찰들이 불태워지는 등 극심한 피해를 받았다. 그래서 기록이 옳게 전하는 사찰은 아주 드물다고 봐야 한다. 전쟁 때 사찰이 우선순위로 불태워지는 건 사찰의 건물들이 적군(또는 적군에서 볼 때는 우리 아군)의 주둔지가 될 수 있기 때문이다. 또 건물의 재질이 나무라 빈빈한 자연 화재 때문에 거기에 보관된 사적기나 기타 서류 등은 항상 화재의 위험성에 노출되어 있었다. 그러니 사찰에 전하는 기록이 없어 쓸 게 없다고 투덜대는 건 투정이나 다름없다. 이렇게 전설의 형태로 전하는 이야기들을 잘 새겨 읽어서 거기에서 역사의 흔적을 찾아내는 기교가 필요한 것이다.

〈법당기문〉과 〈대방중창기〉에 나오는 도선사의 역사

앞에서 소개한 두 기록, 〈법당기문〉·〈대방중창기〉는 강문환(姜文煥, 1739~?)이 지었다. 그는 1774년 식년시(式年試, 정규 과거시험)로 등과해서 관료로 있던 이른바 공인(公人)이었으므로 그의 글들은 우선

도선사 내경

내용에 있어서 신빙성이 높다고 생각해 볼 수 있다. 이 기록은 우선 작성연도가 뚜렷해서 현재까지 도선사에 남아 있는 문헌기록 가운데 가장 오래된 것이라는 점에서 의의가 있다. 뿐만 아니라 흔히 도선국사가 도선사를 창건한 것을 설화로 여기고 마는 경우가 많은데, 강문환은 이 글에서 도선국사의 창건설을 하나의 역사적 사실로 확신하고 있다. 이것은 비단 작성자 본인의 견해에 그친다기보다 당시 사람들 대부분 그러한 창건담을 아무런 의심 없이 믿고 있었다고 보아도 좋을 듯하다.

강문환이 어떤 인물인지 현재로서는 잘 알 수 없으나, 그가 이 글을 지은 것은, 법당과 대방이 임금의 깊은 관심과 지원 아래 이루어졌으므로 왕실 혹은 조정을 대표해서 기념문의 작성을 맡은 것이 아닐까 한다. 그렇다하더라도 여러 관리 가운데 하필 그가 나선 점에 대해서는 잘 알 수 없다. 아마도 이 불사가 나라의 지원으로 이루어졌으므로 그가 감독관으로 참여하였고, 그런 연유로 낙성 뒤에 이 같은 기념문을 쓰게 된 것이 아닐까 하는 추측은 가능하겠지만, 어쨌든 이에 대해서는 앞으로의 연구가 필요할 것이다.

〈법당기문〉이 도선사의 사적을 중심으로 서술한 것임에 비하여 〈대방중창기〉는 그 이름과는 달리 도선국사의 생애에 대한 이야기가 내용의 대부분을 차지하고 있는 것이 눈에 띈다. 이는 다시 말하면 18~19세기 당시 사람들의 관심사에서 도선국사의 비중이 그만큼 크게 다루어지고 있었다는 반증도 될 듯하다. 〈대방중창기〉를 보면 일반적으로 알려져 있는 도선국사의 행적 외에 특히 국사가 도선사를 창건하는 모습이 보이고 있는데 다른 자료에서는 볼 수 없는 부분이다. 862년에 삼각산에 와서 몇 년 동안 참선과 설법에 진력하였고, 그 뒤 이곳을 의발(衣鉢)을 전할 땅으로 삼고자 절을 창건하고 도선암이라 했다는 것이다. 여기에서 중요한 점은 의발을 전할 땅으로 삼았다는 것과, 절 이름을 도선암이라 했다는 것이다. 의발을 전한다는 것은 곧 자신의 법통을 남긴다는 의미가 있으므로 도선국사가 이곳을 얼마만큼 중요하게 여겼는가 짐작해 볼 수 있기 때문이다. 또한 이때 지은 '도선암'이라는 절 이름은 천여 년이 지난 1904년에 '도선사'로 바뀔 때까지 계속 유지되어 왔다. 도선암과 도선사는 이름 자체에서 다른 것은 아니지만 '암(庵, 또는 菴)'과 '사(寺)'는 규모 면에서 차별을 둘 때 가려서 쓰

지장보살상

는 것이므로, 무심히 볼 게 아니라 여기에서 사격(寺格)의 변화 및 발전을 짐작하는 역사감각의 순발력을 가져야 한다.

그 밖에 이 〈대방중창기〉에는 대방을 중창할 당시의 상황이 제법 자세하게 묘사되어 있어 이 점을 눈여겨볼 필요가 있다. 특히 순조 임금이 도선사에 보인 관심에 관한 대목이 그렇다. 글 가운데 "지금 우리 태황제(순조) 폐하께서 즉위하여 천재일우의 운을 맞은 때로서… 황제께서 도선암에 보시의 은전을 내릴 것을 특별히 명하시어…"라고 묘사한 것은 왕실이 도선사를 특별한 관심 속에 두었다는 암시였다고 볼 수 있다.

위의 두 기문 외의 문헌자료로는 도선사와 삼각산을 노래한 시 다섯 수를 들 수 있다. 시를 어떻게 사료(史料)로 취급할 수 있을까 하는 의문을 갖는 사람도 있을지 모르겠다. 물론 시 자체는 어떤 역사적 목적을 갖고 지어진 것이 아니다. 하지만 결국 이 시에 담겨진 내용을 통해 당시 도선사의 정황을 이해할 수 있다면 문학작품 외에 하나의 사료가 되기도 하는 것이다. 다시 말해서 도선사가 당시 문인들에게 시작(詩作)의 대상이 되었을 정도로 비중 있었다는 의미가 되므로 자료로서의 가치가 충분하다고 할 수 있다.

이 시들은 고려시대의 문인 오순(吳洵)과 이존오(李存吾, 1341~1371), 그리고 조선 후기의 문인 정두경(鄭斗卿, 1597~1673)과 시인 홍세태(洪世泰, 1653~1725)의 작품인데, 내용 상 도선사와 삼각산·백운대 등 도선사 주변의 풍광을 읊은 서정시로 분류할 수 있다.

근대의 도선사

조선 후기에 접어들어 북한산에 산성을 쌓을 때 도선사의 승병들이 방번(防番, 산성 수비)을 서기도 했고, 1864년에 김좌근(金佐根)의 시주로 절을 고쳐지었으며 칠성각을 새로 지었다. 그리고 고종 때인 1880년에 칠성탱화와 신중탱화를 새로 그려 절에 봉안하였다.

1887년에 동호 임준(東湖任準) 스님이 마애관음보살상 앞에 칠층석탑을 조성하였고, 그 안에 석가모니부처님의 진신사리를 봉안했다. 1903년에는 혜명 관수(慧明寬守) 스님이 고종의 명을 받아 산신각을 새로 짓고, 법당 상단불화·팔상도·신중탱화·극락구품도·현왕탱화·감로탱화·지장탱화·산신탱화 등을 봉안하였으며, 불상을 개금하였다. 이듬해인 1904년에는 국가기원도량으로 지정받고, 법당과 큰방을 낙성하였다.

그러나 1912년 6월에는 큰 홍수를 만나 서별당 및 승료(승려들의 거처)가 떠내려가고 주지를 비롯한 7명이 목숨을 잃은 불행한 일이 있었다. 1926년에는 큰방의 후불탱화를 조성하여 봉안하였다. 1961년에 도선사의 근대 중흥주인 청담 순호(青潭淳浩) 스님이 주지로 취임하여 당시 박정희 대통령 및 육영수 여사 등의 시주로 지하 1층, 지상 3층의 호국참회원을 건립하고 도량의 면모를 일신하였다.

1971년 청담 스님이 입적하자 그의 문도 진혜명·최원명·이혜성·박현성·동광 등의 스님과 현 주지 선묵 혜자 스님이 차례로 유지를 받들어 대작불사를 일으켜 청담 스님의 사리탑·탑비명·석상·미소석가불·청동지장보살상 등을 조성하였다. 1977년에는 종합포교센터인 호국참회원을 증축 완공했다.

도선사는 요즘 108산사 순례 행사로 사람들의 주목을 받고 있다. 성지순례는 많은 사찰들이 신도들과 함께 주요 사찰에 가서 2~3일씩 머무르면서 참배하는 행사인데, 특히 도선사에서는 여기서 한걸음 더 나아가 전국의 108개 사찰을 순배한다. 108산사 순례만의 특징은 108대의 버스를 동원해서 간다는 점이다. 지방의 어느 사찰에 갈 때마다 차량 108대가 서로 꼬리를 물며 가는 모습은 장관이다 못해 입

호국참회원

이 딱 벌어지는 모습이다. 이 행사에 참여한 신도들은 특별한 신심으로 이 순례가 진행될수록 더욱 더 열성인 모양이다. 현대 포교활동의 새로운 형태를 제시했다는 평가가 그래서 나온다. 여담이지만, 108대 차량의 손님을 맞는 사찰 주변의 상가들은 그 날 평소엔 생각도 못할 매출이 올라 더불어 즐거워 한다는 이야기도 있다. 그래서 이 108산사 순례는 지역경제에도 큰 힘이 된다고 한다. 이래저래 찾아가는 사람이나 그들을 맞는 사람이나 즐거운 행사가 되고 있다는 의미이기도 하다.

도선사 108산사순례 과정

도선사는 또 대(對) 사회포교가 다양하기로도 전국에서 몇 손 안에 꼽힌다. 부설기구로 구로구 시흥동의 혜명보육원, 혜명양로원, 사회교육기관의 성격을 띤 실달학원, 어린이불교학교, 청담중고등학교가 있으며, 《도선법보》·《여성불교》 등의 정기 간행물도 발간하고 있다. 특히 《여성불교》는 우리나라에서 하나밖에 없는 여성 불자 위주의 월간지로 발간한 지 이미 30년이 다 되었다. 우리나라 출판계에 이런 경우는 유일할 정도로 의미 있는 출판을 하고 있는 것이다. 그러니 이런 법보 보시를 한 번도 거르지 않고 하고 있는 한 도선사의 위상과 사격은 자연 높아질 수밖에 없을 것이다.

도선사의 중흥주 청담 대종사

도선사는 근대불교의 거두인 청담(靑潭, 1902~1971) 스님의 자취가 묻어 있는 절이기도 하다. 청담 스님은 이곳에서 오래 머무르며 여기서 입적했다. 그는 당시 자꾸만 힘이 떨어져 가던 한국 불교를 중흥시키려 대한불교조계종의 종정·총무원장·중앙종회의장·장로원장 등을 맡으며 진력을 다해 불교가 근현대의 사회에 적응하며 발전되는 데 큰 힘을 보탰다. 법명은 순호(淳浩)이며 호가 청담이다.

청담 스님

ⓒ 도선사

경남 진주에서 아버지 이화식(李化植)과 어머니 제주 고(高)씨 사이에서 태어났는데 1919년 3·1독립운동에 앞장섰다가 일본경찰에 체포되어 옥고를 치렀다. 진주고등농림학교를 졸업한 후 일본으로 건너가 불교를 배우고 이듬해 귀국했다. 그리고 1927년 26살 때 고성 옥천사(玉泉寺)에서 규영(圭榮) 스님에게 출가한 뒤 박한영(朴漢永) 스님을 은사로 득도·수재하고 청담이라는 법명을 받았다.

8·15광복 이후에는 교단의 재건과 불법중흥의 신념으로 고성 문수암과 합천 해인사 등지에서 대중들을 교화하고 도제양성에도 진력하였다. 또한 합리적인 종단운영의 필요성을 역설하여 출가와 재가를 구분하고 그들이 하여야 할 5개조의 행동지침을 발표했다. 1968년 도선사에 호국참회원(護國懺悔院)을 세웠고, 1971년 11월에 이곳에서 입적했다. 지금도 도선사는 청담 스님의 정신을 잇기 위해 여러 가지 기념사업을 펼치며 그를 기리고 있다.

도선사에 전하는 설화, '지봉선사의 얼굴' 전설

도선사 서북쪽에 솟아 있는 지봉은 그 밑 부분에 스님의 얼굴이 부각되어 있다는 흥미로운 전설이 있다. 조선 후기 이 절에는 급수(汲水)로 공덕을 쌓은 지봉(智峯)선사라는 분이 있었다. 어느 날 흥선대원군이 도선사를 찾아왔다가 지봉 스님이 떠서 올리는 한 주발의 시원한 생물을 마시고 헐떡거리는 숨결을 돌이킨 뒤에 스님을 보니 범상한 인물이 아니었다. 한참 동안 법담을 청해 듣고 감명을 받게 되었는데, 훗날 아들이 왕위에 오르자 스님에게 판서 직을 내렸다 한다.

스님에 관한 또 다른 이야기도 전한다. 선사가 입적한 뒤 어느 날 사신이 청나라에 갔다가 뜻하지 않은 대신의 초대를 받게 되었다. 그 대신이 말하기를, "부인이 꿈에 조선 스님이 들어오는 것을 보고 잉태를 했는데 태어난 아들의 손바닥에 '지봉(智峯)'이라는 글씨가 있으니 조선 땅에 지봉이라는 승려가 있는가?"라고 묻더라는 것이다. 스님이 열반하면서 조선 땅에 불법이 전성할 때 내 얼굴이 지봉 밑에 나타나리라 했는데 오늘날 이 절이 융성하니 과연 스님의 얼굴이 지봉 밑 부분에 부각된다는 것이다.

도선사의 문화재

앞에서도 말했는데, 도선사의 역사를 얘기할 때 문헌자료의 부족을 메워주는 부분이 바로 유물자료다. 흔히 우리나라의 절에는 사적기나 비문이 남아 전하는 게 드물어 역사 고증이 어렵다고 말하는 경우가 많다. 그 말은 물론 어느 정도는 맞지만, 한편으로는 자료를 바라보는 시각이 좁은 것을 드러내는 말이기도 하다. 역사를 연구하기 위한 자료는 문헌자료만 있는 것이 아니라 실물자료, 불교에서는 성보문화재 역시 문헌자료만큼이나 중요한 자료가 되기 때문이다. 예를 들어서 고려시대의 기록이 전혀 전하지 않는 한 사찰이 있는데 경내에 고려시대로 추정되는 석탑이 있다면–사실 이런 경우, 곧 사적기는 없어도 석탑이나 부도가 있는 경우는 종종 볼 수 있다–그 절은 고려시대에 틀림없이 법등을 밝혔던 것이므로 당시의 연혁을 재구성할 수 있는 것이다.

도선사의 문화재로는 석불전에 마애관음보살상이 있고, 또한 거기에 오르기 바로 앞에 칠층석탑이 있다. 먼저 마애관음보살상은 도선국사가 절을 창건하면서 새긴 것이라는 구전이 전하지만 양식적으로 볼 때 창건년도인 862년 무렵의 조각기법과는 뚜렷한 격차가 보여서 그보다는 시대를 낮추어 보아야한다. 하지만 일부의 주장대로 조선시대의 양식을 하고 있지는 않고, 고려 중기에 조성된 것으로 보아야 할 것이다. 그렇다면 대략 창건 이후 약 300년 정도 지나서 봉안한 것이므로 꾸준히 이어져 왔다는 것을 알 수 있다. 1962년에 청담 스님이 호국참회불교를 제창하면서 이 석불전이 영험 있는 기도도량으로 알려졌으며, 1983년 현성 스님이 기존 시설 50평을 확장 개수하여

도선사 대웅전

200평에 이르는 오늘의 장엄한 야외법당으로 준공하였다. 주위에 담을 둘러 참회와 기도의 공간을 마련하였는데, 영험이 있다고 하여 항상 참배객이 끊일 날이 없다.

그리고 칠층석탑은 이른바 석가여래사리치아보탑으로, 진신사리 4과를 봉안하고 있어 성보문화재로서의 의미뿐만 아니라 신앙적으로도 가치가 높다. 이 석탑에 봉안된 진신사리는 1863년 동호 임준(東湖任準) 스님이 현몽한 뒤 얻은 것이며, 1887년에 칠층석탑을 세웠다. 이러한 인연은 석탑 옆에 세운 탑비에 자세히 나와 있어 저간의 과정을 잘 알 수 있다. 이 탑비의 글을 지은 사람은 분명하지는 않지만 문체로 볼 때 아마도 도선사와 관계있던 스님이 아닐까 한다. 이 비문의 전문은 안진호(安震浩) 스님이 지은 《봉은본말사지》 〈말사(末寺)〉 편에 초록되어 있다. 비록 도선사의 연혁에 대한 세부적인 내용은 담겨져 있지 않지만 도선사의 사격을 말하는 데 있어서 아주 중요한 부분을 담고 있어 자료로서의 가치가 크다.

대웅전은 1863년에 판서 김좌근(金佐根)의 원력으로 중창되었다가,

도선사 법당에 봉안된 삼존상

1903년 황제(고종)의 어명으로 혜명(慧明) 스님이 1년간의 불사 끝에 17평으로 중건한 것이다. 이 대웅전의 현판은 당대의 신동이었던 12세의 강창회(姜昶會)가 쓴 것이다. 그 뒤 1922년 동호 스님이 중수하였고, 1962년 청담 스님이 다시 중수하여 최근에 이르렀는데, 1990년에 현성 스님에 의해 좀 더 규모가 넓게 증축되었다.

법당 안에는 아미타불·관세음보살·대세지보살의 석조 삼존상이 봉안되어 있고 또 목각 아미타후불탱으로 장엄되어 있다. 특히 삼존상은 얼핏 보면 매우 거칠고 조잡해 보이지만, 자세히 보면 조선시대 후기 사람들의 애환과 희망이 범벅된 독특한 표정을 짓고 있어, 당시의 시대상을 잘 보여준다고 생각한다. 그런 면에서 볼 때, 비록 '미감'을 앞세운 미술사학자들치곤 동의하려는 사람은 없을 것 같지만, 나는 이 법당 석조삼존상을 표현력이 뛰어난 조선시대 후기 또는 말기의 수작(手作)으로 손꼽고 싶다. 법당에는 후불탱화 외에 목각의 지장탱과 신중탱 등이 있다.

대웅전 맞은편의 호국참회원은 한국불교의 중흥과 통일조국의 성취를 위하여 참회를 통한 호국을 제창한 청담대종사의 원력으로 박정희 대통령 내외를 비롯한 많은 신도들의 정성을 모아 1968년 11월 20일에 세워진 건물로, 안에는 청담 스님과 박정희 대통령, 육영수 '대덕화 보살'의 영정이 나란히 봉안되어 있다. 그 밖에 삼성각, 명부전과 대웅전 왼쪽 뒤편에 앞에서 말한 마애관음보살상이 있다.

근래 서울에서 제일가는 명찰로 명성이 높아진 도선사는 청담대선사라는 훌륭한 명승이 중흥조로서 크게 불사를 일으켰기 때문이기도 하지만 이 마애불이 영험하여 기도처로 널리 알려진 까닭도 상당히 작용하였다. 수많은 참배객들이 끊이지 않고 이어져 예불 드리는 광경을 보면, 현재 우리나라의 부처님 가운데 가장 참배객이 많은 부처님이라고 하여도 틀리지 않다. 석불 앞에는 석탑과 석등이 있다.

그 밖에 대웅전 옆 뜰에 있는 보리수는 인도에서 온 고승이 심었다고 전해 오는데, 수령은 200여 년이다.

경내를 두루 다니며 참관하자니 도선국사의 창건부터 지금까지의 역사가 마치 파노라마처럼 한꺼번에 빠르게 흘러가는 듯한 기분이다. 그 오랜 역사를 글로 어찌 다 얘기할 수가 있겠는가. 그럼에도 역사에 대한 기다란 장광설(長廣舌)은커녕 어찌 보면 초라하다 싶게 다 전하지 못한 게 아닐까 하는 회의도 없지 않다. 하지만 어쩌랴, 내 능력으로 할 수 있는 것이 이 정도가 전부인 것을.

경내를 하직하고 내려올 때는 막 출발하려는 셔틀버스를 마다하고 천천히 걸어서 내려갔다. 그러면서 올 때 미처 못 본 계곡의 모습이나 절에 오가는 사람들의 모습도 살펴보면서 남은 건 시간밖에 없다는 듯이 유유자적하며 걸어 내려왔다. 한참 내려가려니 주변에 막걸리와 빈대떡 냄새를 풍기는 가게가 여러 곳 문을 열고 있다. 계곡이 있으니 사람들이 잘 찾을 수 있는 입지라서 그럴 것이다. 절 주변에 이런 음식점이 많은 이유가 그렇다. 어쨌거나 한 나절 참배한 터라 조금 피곤한 몸엔 그냥 지나치기는 섭섭하다. 어디가 좋을까 하고 고를 것 없이 그냥 대충 발길 닿는 대로 들어가 막걸리, 빈대떡을 서둘러 시켜 허해진 뱃속을 채웠다. 조금 있으니 취기도 기분 좋게 달아오른다. 세상의 즐거움이 바로 이런 건데, 그동안 뭐 그렇게 힘들어하며 살아 왔는가 싶다. 그간 받았던 마음의 압박감이 단박에 풀어지는 것 같다. 새로 따른 막걸리 잔을 입에 탁 털어 넣고 빈대떡 한 조각을 젓가락으로 집으니, 세상 일이 다 사소해 보이면서 저절로 얼굴이 활짝 펴짐을 느낀다.

시흥 호압사

어느 깊어가는 가을날, 스님들과의 동행

"호압사에 가긴 가야 하는데…."
"아, 그래요. 그럼 저희가 모시고 갈까요, 교수님?"
"좋지요! 그러면, 현장수업삼아 가는 걸로 할까요."

좋은 인연으로 몇 년째 중앙승가대 대학원에 출강하고 있다. 어느 날 수업을 대신해 시내에서 열리는 전시회를 함께 보고 나오다가 혼잣말처럼 한 얘기였는데, 뜻밖에 스님들이 함께 가자고 자원해 준다. 공부하는 학인 입장에선 유적과 유물을 자주 가봐야 좋은 건 물론이지만, 나 역시 망외로 좋은 동행을 얻으니 찌뿌듯했던 몸과 마음이 금세 말끔히 걷히는 듯했다.

호압사 원경

요즘은 차만 타면 잔다. 호압사 가던 날도 향림 스님이 운전하는 붉은색 프라이드 조수석에 올라타자마자 졸기 시작했다. 이태원 지날 무렵 잠든 것 같은데, 눈을 떠보니 어느새 서울대 앞을 달리고 있다. 그새 40분가량 달려왔나 보다. 아직 잠에 겨운 눈을 겨우 치켜뜨고 있는데 향림 스님이 돌아다보며 "교수님, 이제 다 왔습니다." 하며 싱긋 웃는다. 고개를 돌려 보니 뒷좌석에 앉은 보운 스님과 지성 스님은 여전히 경전 얘기에 여념이 없다. 아까 졸기 시작할 무렵 시작된 이야긴데 아직까지 이어지고 있다. 오늘 나와 동행하는 이 세 스님은 공부에 누구보다 열심인 분들이라, 장차 모두 우리 불교계의 동량이 될 거라고 믿고 있다.

한양을 수호했던 호랑이절, 호암산 호압사

호압사가 자리한 호암산은 관악산 줄기의 하나로, 숲보다 바위가 많은 산이다. 호압사 뒤에 있는 커다란 바위는 흡사 호랑이처럼 생겨서 산 이름도 '호암산'이 되었다. 그런데 흔히 호암산은 삼성산의 또 다

호압사 내경

른 이름으로 알고 있다. 하지만 《신증동국여지승람》〈산천〉조를 보면 '삼성산은 금천현의 동쪽 10리, 호암산은 금천현의 5리에 각각 있다'고 나와 있으니 호압산과 삼성산은 서로 다른 산으로 봐야 할 것 같다. 삼성산은 삼막사가 자리한 바로 그 산이다. 이런 혼동이 생긴 건 호암산의 지세가 그만큼 굉걸(宏傑)해서일 것이다.

호암산과 호압사를 얘기하면서 호랑이를 빼놓으면 말이 안 된다. 15세기 중반에 시흥 현감을 지냈고, 나중에 지금의 서울시장 격인 한성 판윤까지 오른 윤자(尹慈)는 호암산과 호압사에 대해 이렇게 말했다.

> 금천의 동쪽에 있는 산의 우뚝한 형세가 마치 범이 걸어가는 것 같아 범바위[虎巖]라 부른다. 술사가 이를 보고 바위 북쪽에다 절을 세워 호갑사(虎岬寺)라 했다. 거기에서 다시 북쪽으로 7리 쯤 되는 곳에 궁교(弓橋)가 있고, 다시 또 북쪽으로 10리쯤에는 사자암(獅子庵)이 있다. 두 절 모두 범의 맹렬한 기세를 누르려는 것이었다.

윤자의 이 말은 《신증동국여지승람》에 인용되어 있다. 그는 풍수지리적 관점에서 호암산이 호랑이 형국을 하고 있고, 그래서 지덕(地德)이 쇠했거나 흉한 곳에 사찰을 세워 기운을 돋운다는 이른바 비보사찰 이론에 따라 호갑사와 사자암이 창건되었다고 본 것이다. 그는 절 이름을 호압사가 아니라 '호갑사'라고 했는데, 1864년 김정호가 만든 《대동지지》에도 그렇게 나온다. 반면에 19세기의 사찰목록인 《범우고》나 《가람고》, 지리서인 《여지도서》에는 '호암사'로 나온다. 호갑사·호암사·호압사 등 시대에 따라 절 이름은 조금씩 달라졌지만 어느 것이나 한결같이 범바위를 강조해서 작명된 것임은 쉽게 알 수 있다. 범바위는 곧 호랑이를 상징한 것이니, 요즘 말로 호랑이는 이 절의 기본 아이템이자 콘셉트였던 셈이다. 호압사에 있어서 호랑이는 떼놓고 생각할 수 없는 확고부동한 이미지임을 다시 한 번 느끼게 된다.

호압사의 창건담 호랑이와 범바위에 얽힌 전설

호압사 창건설화에도 호랑이가 주요 캐릭터로 등장한다.

조선이 건국된 1392년 수도는 여전히 개경이었다. 그렇지만 '새 술은 새 부대에' 하는 식으로 수도를 옮겨야 한다는 주장이 나왔다. 이에 따라 1394년을 전후해 수도를 한양으로 정하고 궁궐을 세우기 위해 전국에서 수많은 목수와 일꾼들을 동원했다. 하지만 일이 계획대로 진행되지 않았다. 기둥을 세우고 지붕에 기와까지 얹었지만 어찌된 일인지 그렇게 튼튼하게 지은 집이 아침이면 늘 무너져 있었기 때문이다. 사람들은 이런 괴이한 현상이 왜 일어나는지 도무지 알 수가 없었다. 태조는 초조해졌다.

궁궐이 늦게 완성되는 건 둘째치고라도, 이런 일이 자꾸 벌어지면 하늘이 새 왕조를 인정하지 않는다는 징조로 여기고서 민심이 동요될 것이 무엇보다 두려워서다. 하루는 태조가 직접 밤을 새워 공사현장을 지키고 섰다. 도대체 어떤 일이 일어나는지 보기 위해서다. 밤이 깊어지자 어둠 속에서 괴물이 나타났다. 모습을 보니 반은 호랑이고 나머지 반은 형체조차 알 수 없는 이상한 동물인데, 눈으로 불길을 내뿜으며 다가와 궁궐을 받아 무너뜨리고 있었다. 궁사들더러 화살을 빗발처럼 쏘게 했지만 소용없었다. 궁궐은 이미 무너졌고 괴물은 유유히 사라져 버렸다. 태조는 침통한 마음으로 처소에 돌아왔다. 그때 한 노인이 홀연 나타나 그 호랑이는 다름 아닌 호암산의 범바위라고 일러주었다. 그리고는, "호랑이란 꼬리를 밟히면 꼼짝 못하니 범바위가 있는 산의 꼬리부분에 절을 지으면 만사가 순조로울 것이외다." 하는 방책도 일러주고 사라졌다. 태조는 곧바로 노인이 일러준 자리에 절을 짓고, 호랑이를 누르는 곳이라고 해서 지금처럼 호압사라 이름 지었다.

뒤집어 보는 호압사 창건의 의미

호압사 경내에서 만난 강아지. 호랑이의 기운이 서린 곳에 작은 강아지가 사람들을 맞고 있었다.

실제로 조선시대에 도성에 호랑이가 출몰해 사람에게 피해를 줬던 기록이 심심찮게 있다. 위 창건설화도 이렇게 한양 사람들을 공포에 떨게 한 호환이 호암산의 범바위 탓이라 생각하고 그 기운을 누르기 위해 호압사(호랑이의 기세를 누르는 절)를 창건했다는 것으로 구성되었다.

그런데 나는 다른 쪽으로 보고 싶다. 앞서 소개한 창건담은 얼핏 들으면 그럴 듯한 말이지만, 자세히 보면 뭔가 허술한 구석이 많다. 우선 사찰 창건이 한낱 호환 때문에 이루어졌대서야 그 동기가 너무 박약하지 않은가? 민간에서 집 한두 채 뚝딱 짓는 것도 아니고, 오랜 숙연과 치밀한 계획이 있은 다음에야 이루어지기 마련인데 이렇게 급작스럽게 창건될 리는 없어서다. 그런데 만일 치밀한 계획이 있었다면 그건 과연 무엇일까? 나는 호국사찰의 면모를 이곳에서 찾을 수 있다고 생각한다. 조선 건국 초기는 아무래도 이것저것 불안한 구석이 아직 많이 남아 있었을 것인데, 이에 대한 방비로써 호압사가 창건된 것으로 보고자 한다.

우선 국방의 문제다. 특히 왜적은 고려 때부터 빈번히 해안가에 출몰하며 약탈을 일삼았고, 고려 말에는 게릴라식으로 내륙까지 침입해 큰 피해를 주었을 정도로 커다란 골칫거리였다. 새로 건국한 조선은 민심을 안심시키기 위해서도 철저한 방비가 필요했다. 호압사 뒤쪽에는 남쪽을 바라보고 있는, 둘레 1,681보의 왜적을 막기 위한 호암산성이 있다. 아마도 호압사는 바로 이 산성의 수축과 관리 역할을 직접 담당하지 않았을까? 다시 말해서 호압사 창건은 국방의 필요에 의해 이루어졌을 가능성이 커 보인다.

또 신생 국가인 조선에는 여러 가지 문제가 해결되지 않은 채 남아 있었을 것이다. 예컨대 아직 고려를 그리워하는 사람들이 많았을 테니 이들은 사회적 불안요소로 작용했을 것이고, 또 정치적으로도 조선에 반기를 든 세력이 아직 완전히 제거되었다고 보기 어렵다. 그런 상황을 염두에 두고 보면, 호암산이 호랑이 형국을 하고 있어 한양에 호환이 많으므로 호랑이의 살기를 누르기 위해 절을 창건했다는 것은, 뒤집어 볼 때 조선을 위협하는 정치적 사회적 요인들을 제거하는 과정을 에둘러 표현한 것이 아닌가 싶은 것이다. 과연 지나친 비약일까….

약사전 내의 석조 약사여래상. 지금은 개금하여 오른쪽과 같은 모습을 하고 있다.

호압사의 조선 초기 석불상

경내에 들어서 둘러보니 중앙에 약사전이 있고 그 오른쪽 언덕 위에 삼성각, 약사전 왼쪽에 이층으로 된 요사 겸 공양간 그리고 약사전 앞쪽으론 범종각이 있다. 약사전에서는 아직 사시예불 중이라 삼성각을 먼저 본 다음 약사전 뒤 언덕으로 올라

가봤다. 북쪽 끝으로 펜스가 있어서 호암산 등산로와 경계를 이루고 있다. 울긋불긋 원색의 등산복을 입은 사람들이 오가는 모습을 잠시 보다가, 다시 언덕을 내려오며 발아래를 유심히 보니 곳곳에 기와며 사금파리 등이 보인다. 이 부근에도 사찰 건물 터가 남아있을지 모르겠다는 생각이 든다.

예불이 끝난 다음 약사전에 들어갔다. 불단에는 약사여래를 중심으로 일광보살과 월광보살이 모셔져 있다. 그런데 석조 약사여래상은 쉽게 볼 수 있는 모습이 아니라 좀 색다른 느낌을 준다. 얼굴이 몸에 비해 크고, 어깨가 좁으며 두 팔이 안쪽으로 좁혀져 있어 조금 경직된 듯한 느낌을 주는 것이, 자세히 살펴봐야 확실히 알겠지만 꽤 고식 같다. 나중에 들어보니 일부 보수되기는 했지만 꽤 오래전부터 전해 내려오는 불상이라 한다. 사진을 찍으려는데 유리상자 안에 있어 자꾸 반사가 되어 한참 애를 먹었다.

경내 배관을 다 마치고 대방으로 들어갔다. 아까 예불 끝나고 예불드리던 스님이 나오자 일행인 보운 스님이 뛰어가 반갑게 인사를 나누었다. 물어보니 이 절의 도감인 진성 스님인데 예전 템플스테이 교육 때 함께 방을 써서 알게 되었다 한다. 인사를 겸해서 몇 마디 말을 나눠보니 과연 아주 진중한 분인 걸 알 수 있었다. 함께 식탁에 앉아 정갈한 음식을 맛보며 이런저런 재미있는 이야기에 시간가는 줄 몰랐다.

대방 안에는 자그마한 불단이 있고 석불 하나가 별도로 모셔져 있다. 조선 초기의 석불상으로, 창건 당시의 유물일 것 같다. 상호가 두텁고 신체도 풍성한 것이 고려 후기의 영향을 간직한 조선 초기의 불상 양식을 잘 간직하고 있어 문화재적 가치가 높아 보인다.

호압사를 나서며

공양(식사)도 끝나고 이제 출발할 시간이 되었다. 진성 스님은 우리를 그냥 보내기 아쉬웠는지 약수나 한 잔 드시고 가라며 산기슭으로 난 길을 안내한다. 길 주변에는 운동기구가 여러 대 설치되어 있어 등산객과 마을 사람들이 맑은 공기를 마시며 운동하고 있었다. 여기서 좀 더 가니 무성한 잣나무들 사이로 약수터가 있다. 진성 스님이 손수 따라주어 맛보니 과연 물맛이 일품이었다. 다른 스님들도 모두 표주박에 그득 따라서 시원하게 약수 한 잔씩을 들이켰다.

호압사가 자리한 시흥을 뜻풀이 하자면 '운세가 뻗어나가기 시작한다'가 된다. 듣기만 해도 기분 좋은 말이다. 약수터 아래로 새롭게 도약하는 시흥과 관악 일대의 경치가 조망된다. 아닌 게 아니라, 호랑이의 기운찬 기운을 담뿍 담은 호압사 정기가 이곳에서만 멈추지 말고 우리나라 전부를 '시흥'시켜주면 오죽 좋을까.

조선시대 불상 보는 법

불상은 불교미술의 여러 분야 중에서 종교적 비중이 가장 높아서 학술적으로도 관심이 집중되는 분야다. 미술은 시대에 따라 다르게 나타나지만, 어느 시대의 것이든 초기의 작품은 그 전 시대의 후기(또는 말기)의 그것과 닮아 있기 마련이다. 왕조, 또는 시대가 바뀐다 해도 옛것과 새것이 갑자기 달라지는 것은 아니기 때문이다. 예컨대 통일신라 후기 불상의 양식은 고려 초기 불상에 직접적 영향을 주었고, 조선 초기 불상에 고려 후기의 흔적이 꽤 남아 있다는 식이다. 이것은 불상 감상의 기본이니, 이런 패턴을 잘 알아두면 불상 공부에 유용한 지식이 된다.

우리나라 불상 중 근현대를 제외하고 가장 많이 전하는 건 조선시

약사전의 삼존상

대다. 조선시대 중에서도 후기가 가장 많고, 그에 비해 초기와 중기는 훨씬 숫자가 적다. 불상의 특징은 주로 상호(相好), 곧 얼굴에서 찾아진다. 부처님의 인자함과 명민함이 가장 특징적으로 나타나는 부분이라 조각가들이 특히 심혈을 기울였을 것이다. 조선시대 불상은 입상보다는 좌상이 압도적으로 많기 때문에 상호야말로 시대양식을 가늠하는 데 있어서 가장 중요한 척도가 된다. 조선시대 초기의 상호는 고려 초·중기의 단아함을 기본으로 유지한 채, 여기에 조선 초기의 입체감이 살아 있는 특징을 보여 준다. 전체적인 얼굴의 모습은 약간 갸름하기도 하다. 볼도 꽤 탄력이 넘친다.

조선 중기에 들어와서는 불교에 대한 정치사회적 압박이 심해진 시대흐름에 의해 다소 위축된 모습을 보인다. 상호에서도 전기보다 작아지고 섬세하지 못하며, 앉아 있는 자세도 뭔가 불안한 모습을 보인다. 그런데 임진왜란과 정유재란의 커다란 전란으로 인해 이 시기,

곧 중기의 불상은 초기에 비해서도 드문 편이다. 그런데 후기에 들어와서 불상은 다시 한 번 양식의 변화를 보여준다. 이 시대 불상은 대체로 상호와 상체가 네모나고 넓적한 모습이 대부분이다. 이는 후덕한 장자(長者) 풍의 인상을 당대 사람들이 선호했기 때문으로 보인다. 또 옆에서 보면 상체를 앞으로 숙이고 있는 것을 볼 수 있는데 이는 다른 시대의 불상과 확연히 구분되는 특징이다.

이것은 수직에 가까운 허리·등의 선(線)을 줄곧 유지하던 삼국시대 이래의 전통에서 확연히 벗어나 있는 모습이다. 이런 자세의 변화에 대해, 조선 후기에 들어오면서 이전까지 불교를 핍박했던 유학자들과도 교류가 많아지면서 변화된 것으로 말하기도 한다. 좀 더 유연하게 대중과 유학도들에게 다가가려는 인간적 모습을 형상화한 것으로 해석하는 것이다. 그리고 이 조선 후기의 불상은 나름대로의 미학을 성취했다고 생각된다. 통일신라 식의 절대 미남은 아니어도 현실 속의 부처님을 대하는 듯한 느낌을 갖게 만드는 것도 그 특징 중의 하나다. 그런 면에서 조선 후기의 호압사 약사전 삼존불상이나 대방에 모셔진 초기의 불상을 각각 조선시대 불상의 대표작으로 꼽을 수 있을 것 같다. 신라의 이상적 불교관(觀)에서 벗어나 현실적 모습을 추구하던 고려의 작풍(作風)이, 건국 초 조선의 건실한 기풍과 만나 꾸밈없으면서도 위엄 있는 새로운 양식을 창조해낸 것이고, 다시 조선시대 후기에 들어와서는 위엄을 보이기보다는 대중에 더 가까이 다가가려는 불교인들의 의식이 투영되었다고 보이는 것이다.

인천 용궁사

왜 떠날까

언제인지 정확히 기억은 안 나는데, 그다지 오래된 얘기는 아니다. 누군가와 한창 대화하고 있었는데, 상대가 문득 내게 "어렸을 적 장래 희망이 뭐였어?"라고 물어왔던 적이 있다. 그리곤 잠시 서로 얼굴만 빤히 쳐다본 채 침묵이 이어졌다. 물은 사람은 대답을 기다리고 있었고, 나는 대답을 못해 눈만 멀뚱멀뚱하고 있었다. 서로 잘 아는 사이였기에 별 '뜻' 없이 충분히 물어볼 수도 있는 상황이기는 했다. 하지만 초등학교 입학식 때 "너는 앞으로 커서 뭐가 되고 싶니?" 하고 물은 교장선생님에게 "대통령이요!" 하고 커다랗게 대답해 칭찬을 받은 적은 있지만(당시는 어렸을 때이니까…), 이후 지금까지 앞으로 뭐가 되어야겠다는 굳은 결심을 해본 적이 한 번도 없었기에 그에게 뭐라고 금방 대답을 할 수가 없었다. 아니, 이른바 '장래 희망'이라는 게 전혀 없지는 않았다. 남에게 자랑스럽게 얘기할 자랑거리도 하나 없고 이력서 몇 줄도 못 채우는 변변치 못한 이력으로 50여 년을 버텨온 나라고서니, 지금껏 살아오면서 그런 희망 한번 안 가져봤겠는가. 다만 그게 남한테 얘기하기에 좀 애매한 것이, 바로 '나그네'였기 때문이다.

나그네를 장래 희망으로 생각한 사람이 있을까? 아마 없을 것 같다. 나그네가 직업이 될 수 없다는 것은 나도 잘 안다. 하지만 이 넓은 우리나라 그리고 지구 곳곳이 어떻게 생겼고 또 거기서 살아가는 사람들은 어떤 모습으로 지내는지 보면서 세상 구경하며 다니는 게 그렇게도 좋았다. 그래서 그럴 수 있다면 나그네가 되고 싶었던 게 사실이다. 이런 생각은 지금도 마찬가지다. 그렇건만 어떻게 이런 생각을 그에게 설명할 수 있겠는가. 제대로 이해시키려 말하려면 장황해지기 십상이고, 그런 상황을 감수하고서라도 열심히 그런 얘기를 한다 해도 상대는 내가 장난으로 말하는 줄 알거나 아니면 '한심한 친구로군!' 하고 속으로 혀를 끌끌 찰 것임에 틀림없기 때문이다. 어려서 뭐가 되고 싶었었냐는 물음을 받자마자 내 머리 속엔 이런 상황이 순식간에 떠올랐기에 아무 말 못하고 상대의 얼굴만 빤히 쳐다볼 수밖에 없었던 것이다. 한 30초쯤 지났을까, 그렇다고 이대로 가만히 있을 수만은 없어서 "참, ○○는 요즘 뭐 하고 지내지?" 하며 대답과는 전혀 엉뚱한 말을 꺼냈다. 상대방도 그 30초 동안 보통 머쓱한 느낌이 아니었는지 "아, 그 친구! 걔는 요즘…" 하면서 선선히 화제를 다른 데로 돌리는데 협조해줬다.

나그네가 꿈인 나는 요즘 바닷가를 주로 다니고 있다. 특별히 목적이 있어서라기보다 한동안 산사는 많이 다녀봤으니 이젠 바다를 바라보는 게 더 즐거워서였다. 하기는 산보다 바다를 찾아다니는 걸음이 더 나그네다워 보이기는 한 것 같다….

'인천'이라는 이름

서울에서 제일 가까운 바닷가는 인천이다. 그래서 인천으로 행선지를 잡고 그곳의 대표적 사찰격인 용궁사(龍宮寺)로 가보기로 했다. 인천행 전철을 탔는데 전철 안에서 갑자기 의문 하나가 생겼다. '인천(仁川)'이라는 이름의 유래가 궁금해졌다. 인천을 글자 그대로 풀면 '인자로운 시내(혹은 냇가)'가 되는데, 왜 이런 이름이 붙었을까 금방 생각나지가 않았다. '천'은 그곳에 강이나 커다란 시내가 흘러서 생긴다. 예를 들면 경기도 포천(布川)은 읍 복판에 시내가 널찍하고 기다랗게 이어진다고 해서 나온 이름이고, 경상남도 사천(泗川)도 시 한 복판에 강물이 흐르고 있으며, 황해도 배천(白川)은 물이 너무도 맑아 속이 투명하게 보인다 해서 그런 이름이 붙은 건 알겠다. 모두 물길의 흐름이나 형태에 따라 지어진 이름인 것이다. 이렇게 강이나 시내뿐만 아니라 우리나라 지명의 상당수가 자연의 모습에서 따오는 경우가 참 많다. 그런데 인천은 '인'이 앞에 달려서 '인자로운 시내'가 된다. 이렇게 풀이하면 분명 색다른 이름이라는 생각이 든다. 인천의 예전 이름이 '제물포(濟物浦)'인 건 알겠다. 이곳이 옛날부터 가장 큰 소비시장인 서울을 향해 전국에서 바다를 통해 들어오는 물산의 집산지였기 때문이다. 그런데 언제 왜 인천으로 바뀌었는지는 나중에 다녀와서 책을 찾아보고 알았다.

지금 인천 지방은 백제가 처음 시작할 때는 미추홀(彌鄒忽)로 불렸다. 그러다가 장수왕 때(475) 고구려가 차지하면서 매소홀현(買召忽縣)으로 고쳤다. 다시 신라가 삼국을 통일한 후 전국의 지명을 한자식으로 바뀔 때 소성현(召城縣)이 되었다. 그 뒤 고려에 와서는 숙종(1095~1105) 때 숙종 어머니의 고향인 이유로 경원군(慶源郡)으로 승격되었다. 또 인종(1122~1146) 때는 순덕왕후 이 씨의 고향이라 인주(仁州)로 한 계단 더 승격되었다. 순덕왕후의 본관이 인주(仁州)여서인데, 이때 처음 '인'자가 등장한 것이다. 그로부터 얼마 뒤 '이자겸(李資謙)의 난'의 여파로 인주 이씨가 몰락하자 1390년에 다시 경원부(慶源府)로 바뀌었다. 부(府)는 고려에서 지금의 도(道)에 준하는 넓고 중요한 지역이라 오히려 더 격이 높아진 셈이다.

그 까닭은 이곳이 이른바 '칠대어향(七代御鄕)'이라 하여 문종에서 인종에 이르는 7대 동안 고려 왕실과 관련 있는 지역이기 때문이었다. 조선왕조가 열리자 경원부는 다시 인주로 환원되었다. 그러나 1413년에 주(州)자가 붙은 도호부 이하의 군·현의 지역명은 산(山), 천(川) 두 글자 중 하나로 개정한다는 법령이 나오면서 오늘날의 인천이라는 이름이 나오게 되었다. 지금 인천에는 '인천시민의 날'이라는 기념일이 있는데, 인천이라는 이름으로 바뀐 10월 15일을 기념하는 날이라고 한다.

이런 저런 생각을 하다 보니 총알처럼 달리던 공항철도가 천천히 속도를 늦추기 시작하더니 어느새 '운서역' 푯말이 보이는 정류장에 스르르 미끄러지듯 섰다.

바다와 사찰

용궁사는 인천광역시 중구 운남동에 자리한다. 인천국제공항이 있는 영종도 안이다. 인천대교 기념관에서 10여 분 더 차로 들어가면 곧바

용궁사 내경

로 운남동이 나오고, 여기서 차를 세워 놓고 10분 남짓 걸으면 용궁사 입구가 나온다. 절 근처에 와서 앞쪽을 멀리 바라보니 백운산(白雲山)이 뒤에 자리한다. 그다지 높다는 생각은 들지 않아도 외려 정다운 느낌이 드는 산이다. 인천에 와선 산보다 바다에 더 눈길이 가는 건 자연스러운 일일 것 같다.

바닷가에는 사찰이 의외로 많다. 바다는 바닷가 사람들의 생업의 터전이지만 동시에 아주 무서운 대상이기도 하다. 한 번 날씨가 변해 사나운 파도가 일고 폭풍우마저 불어와 버리면 아무리 능숙한 뱃사람이라도, 또 아무리 배가 단단하고 크더라도 그야말로 일엽편주에 지나지 않는다. 생업의 현장이자 가장 위험한 곳이라는 이중성을 숙명마냥 견뎌야 하는 바닷가 사람들은 늘 불안한 마음을 달래줄 존재가 필요했다. 신당(神堂)이나 사찰이 바로 그러한 존재였다. 그래서 바다에는 늘 크고 작은 사찰들이 세워졌다. 높은 산자락에 푸근하게 자리한 산사(山寺)와는 다른 역할을 바닷가 사찰들은 해야 했다. 그런 면들이 용궁사에도 고스란히 드러나 있다. 오랜 옛날부터 지금까지 이 지역 사람들의 위안처요 정신적 지주 역할을 해오고 있는 모습들이 절 곳곳에 남아 있는 것이다.

그런 용궁사의 역사가 어떠했는지 꽤 궁금스럽다. 하지만 막상 역사를 들춰보면 아쉽게도 용궁사의 역사가 그다지 많이 알려져 있지 않아 다소 실망스러웠다. 절은 670년에 원효 스님이 창건했다고 전하는데, 조선 후기까지의 기록은 남아 있는 게 거의 없다.

다만 창건 때의 이름은 백운사(白雲寺) 또는 구담사(瞿曇寺)였고, 근세 이후 거의 폐허가 되었다가 1864년에 흥선대원군 이하응(李昰應)이 중건하면서 지금의 용궁사로 이름을 바꾸었다는 정도만 지금까지 알려진 거의 전부다. 여기에 구담사에서 용궁사로 절 이름을 바꾼 이유에 대해서, 한 어부가 작약도 근해에서 그물을 놓고 고기를 잡다 옥

불상(玉佛像)을 건져 올리므로 그것을 이곳에 봉안한 데서 연유되었다는 전설 정도가 추가될 뿐이다.

하지만 이렇게 용궁사의 역사가 빈약하게 된 것은 불교사학자들이 여기에 걸려 있는 현판(懸板)들을 사료로 인용할 줄 몰랐던 게으름 때문이다. 여기에 직접 오면 절의 역사가 깨알처럼 적힌(비록 한문이지만) 현판을 보게 되고, 이런 것들을 사료로 충분히 활용할 수 있건만 그런 수고는 잘 안 하는 게 바로 책상물림 연구인 것이다.

용궁사에는 〈영종백운산구담사시주(永宗白雲山瞿曇寺施主)〉, 〈용궁사현판송문(龍宮寺懸板頌文)〉이라는 현판 둘이 있다. 비록 둘밖에 없고, 또 모두 조선 후기 용궁사의 일을 적은 것이지만 그 안에는 꽤 중요한 내용이 담겨 있어 요긴한 사료로 삼기에는 충분하다.

두 현판 중에 첫 번째 것은 절에 시주한 사람들의 명단을 적은 시주기(施主記)의 일종이다.

그런데 이 글 중의 '대왕대비 전하 무진생 조씨(大王大妃殿下戊辰生趙氏)'라는 말에 큰 의미가 담겨 있다. 대왕대비 전하 조씨란 바로 신정왕후(神貞王后, 1808~1890)를 말한다. 신정왕후가 대왕대비 칭호를 받은 것은 1857년이었고, 또 구담사가 용궁사로 바뀐 때는 앞에서 말한 대로 1864년이므로 1857~1864년 사이에 왕실의 시주에 힘입어 중건했다는 것을 알 수 있다. 또 그 아래로 '왕대비 전하 신묘생 홍씨(王大妃殿下辛卯生洪氏)'와 '경빈 전하 임진생 김씨(慶嬪殿下壬辰生金氏)'라고 쓴 시주자 명단이 더 나온다. 왕대비 전하는 헌종(憲宗)의 비 명헌왕후(明憲王后, 1831~?)이고 경빈 전하는 헌종의 후궁이다. 여기서 우리는 용궁사가 왕실의 지원으로 중건 또는 중수되었다는 사실을 알 수 있다. 오랜 옛날부터 절의 시주자는 남자보다는 여자의 이름이 훨씬 많이 기록된다. 그걸로 본다면 대왕대비, 왕대비, 경빈 등이 참여한 이 불사에는 거의 왕도 함께 참여한 것이나 마찬가지다. 그만큼

바닷가 사찰 용궁사를 상징하는 관음전 해수관음보살 벽화

용궁사가 왕실의 전폭적 지지를 받고 있었다는 얘기가 된다.

두 번째 현판 〈용궁사현판송문〉은 1922년에 작성된 것인데, 여기에는 대원군이 이 절을 중건하면서 구담사에서 용궁사로 이름을 고쳤다는 다음과 같은 내용이 보인다.

> 서해 가운데 작은 섬 하나가 있으니 이름을 영종도(永宗島)라 한다. 또 섬에 산이 있으니 백운산이다…. 산세가 기묘한 가운데 오래된 암자가 있으니 바로 구담사이다. 그 역사는 잘 알 수 없으나 천 년은 지났다고 한다. 뒤에 백운사로 이어지면서 건물을 이전했고, 조선시대 이래 지금까지 500년 동안 부지기수로 중창한 바 있다. 약 60년

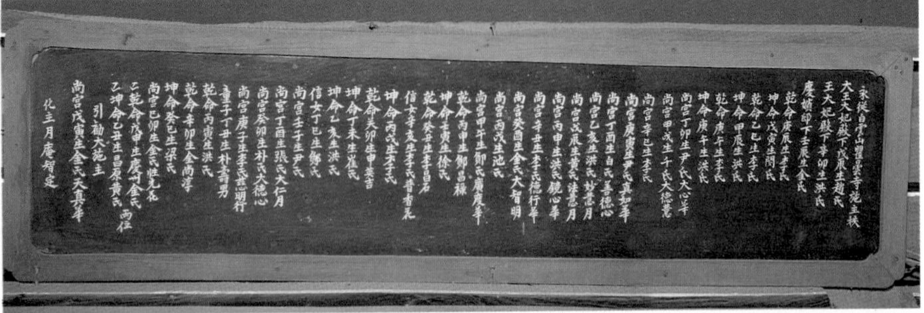

용궁사 시주기 현판

전 대원군이 중건하면서 절 이름을 용궁사로 고쳐 불렀다. 옛날부터의 사찰 소유 삼림 및 토지·전답이 있었으나 몇 년 전에 있었던 측량 때 주지가 대답을 잘 못하는 바람에 국유지가 되고 말았다. 그래서 1920년부터 대금을 완납하면 토지를 불하받게 되었는데 1922년에 여러 시주자의 도움으로 완납하게 되었다….

이 문장 중에는 용궁사의 역사에 있어서 아주 중요한 부분이 담겨 있다. 바로 '대원군이 이 절을 중건했다'는 대목이다. 여기서의 대원군이란 시기로 볼 때 당연히 흥선대원군, 곧 이하응을 가리킨다. 그런데 그가 절의 대시주였다는 것이다. 이것을 또 한 번 확인할 수 있는 것은 요사(스님들의 처소) 앞에 걸려 있는 '용궁사' 편액이다. '용궁사'라고 커다랗게 쓴 글씨 왼쪽 아래에 조그맣게 '갑인 정월일 중건(甲寅正月日重建)', '석파(石破)'라는 글이 적혀 있다. '갑인'은 이 편액을 쓴 시기이고, '석파'는 이 글씨를 쓴 사람의 호(號)임은 말할 나위도 없다. 그런데 이 두 가지가 왜 그렇게 중요한 것일까?

앞서 현판에는 용궁사로 개명된 때가 1864년이라고 되어 있는데, 이 '용궁사' 편액이 쓰인 갑인은 1854년이니 편액만 놓고 보면 용궁사로 바뀐 것은 적어도 1854년 이전이어야 한다. 그래서 혹자는 이 편액을 더 신뢰해 용궁사로 개명된 때를 1864년이 아닌 1854년으로 보

석파 이하응이 쓴 용궁사 편액

기도 한다.

그런데 사실 이것보다 훨씬 중요한 문제가 있다. 그것은 '용궁사' 편액을 쓴 이가 '석파'인 흥선대원군 이하응이라는 점이다. 잘 알려진 대로 이하응은 당시의 세도가문인 안동 김씨의 권세에 눌려 왕가의 핏줄을 갖고 있음에도 살아남기 위해 일부러 때로는 미친 척, 때론 거지처럼 형편없이 부끄러운 생활을 일부러 저지르며 망나니라는 '파락호(擺落豪)'처럼 살았다고 전한다. 이 부분은 여러 번 TV드라마나 소설 등으로도 대중에게 잘 소개되어 있다. 하지만 이 같은 내용은 실제보다 상당히 과장한 측면이 있어 보인다. 역사서를 들춰봐도 그런 말은 사실 나와 있지 않다. 여기에 대해서는 뒤에서 좀 더 자세히 말해야 할 것 같다.

아무튼 왕가의 한 핏줄을 지녔으나마 그다지 주목받지 못한 생활을 하던 이하응이 갑자기 정국을 쥐락펴락하는 실세로 떠오른 것은 둘째 아들이 고종 임금으로 즉위하던 1863년부터다. 앞에서 본 현판에 그가 용궁사를 1864년에 중건했다고 나오는데 이 시기와 정확히 일치한다. 현판의 사료로서의 가치가 이런 데서 증명된다.

그런데 한 가지 문제가 있다. 바로 그가 쓴 '용궁사' 편액 때문이다. 이 편액에는 그가 실권을 잡기 10년이나 이전인 1854년에 해당하는 간지(干支)가 적혀있기 때문이다. TV드라마나 소설로 익힌 우리의 상식으로는 이 당시엔 아직 파락호로 전전하였을 그였을 텐데 용궁사를 중건했다니, 대체 어떻게 된 것인가? '용궁사' 편액에 쓰인 간지가 잘못된 것인가, 아니면 실제 그 해(1854년)에 아직 대원군이 되기 전의 이하응이지만 용궁사 중건을 이룰 수 있는 충분한 힘이 이미 그의 손에 쥐어져 있었다는 것인가?

하지만 이 둘은 아무리 봐도 서로 동전의 양면마냥 전혀 어울릴 수가 없어 보인다. 갑자기 머리가 아파온다. 용궁사의 역사 면에서는 간단하게 생각하고 넘어갈 일이 아니다. 1854년 이후 구담사와 용궁사라는 이름이 혼용되다 보니 훗날 사람들이 혼동해서 생긴 문제일 수 있다. 여하튼 다소 불명확한 일이지만 역사가들이 흥미를 갖기에는 충분한 사료(史料)들이라고 볼 만하다.

복잡해진 머리를 식히고 그냥 쉽게 상식적으로 생각해 보기로 했다. 이럴 때 외려 해답이 보일 때가 많지 않은가. 이하응이 1863년 고종이 즉위하기 전까지 매우 어려운 생활을 했던 것은 사실이고, 그런 생활 중이던 1854년에 '용궁사' 편액을 쓴 것도 사실로 보는 것이다. 그런 일이 가능할까?… 가능한 것 같다.

대원군 이하응

그 이유는 이하응은 당대에 내로라하는 훌륭한 서예가이자 문인화가였던 점을 문제를 푸는 열쇠로 삼을 수 있을 것 같아서다. 누가 글씨가 필요할 때 훌륭한 서예가에게 의뢰하려는 것은 어쩌면 아주 당연한 일일 것이다. 설령 그가 아무리 권세 없고 몰락한 왕가의 사람이라 할지라도 그게 큰 문제가 될 리 있을까? 무엇보다, 이하응은 실권자들의 자신에 대한 견제도 심하고 흥미도 없어 자주 용궁사에 와서 머물렀다고도 한다. 그런즉 이런 일은 아주 자연스러운 일이다. 용궁사에서 평소 인연이 있고 글씨에 관한 한 당대 최고인 이하응에게 부탁해 받은 것이라고 간단히 생각하면 그다지 이상할 것은 없지 않은가? 우리가 너무 이하응에 관한 일이라면 무조건 정치적 색깔을 입히고 보는 습성 때문에 그의 아들이 왕이 되는 1864년을 기준으로 그 이전은 파락호 생활, 그 이후는 권세가로의 등극이라는 무조건적 고정관념을 둔 것 같다는 것이다. 그렇다면 우리가 그동안 역사를 사료에 의존하지 않고 TV드라마나 소설로 이해하고 있는 나쁜 습관을 고쳐야 한다는 반성이 뒤따라야 한다.

실권을 잡기 전까지 권세가들 감시의 눈에서 벗어나기 위해 일부러 '상갓집 개'와 같은 험한 생활을 하면서까지 위장의 삶을 살았다는 드라마와 소설 줄거리를 실제 역사와 좀 떨어뜨려 볼 필요가 있다는 이야기다. 흥선대원군 말고도, 각종 사극(史劇)이나 역사소설들을 보거나 읽는 사람들은 그것이 사실(史實)이라고 쉽게 믿어버리곤 하는데 문제가 있다. 사극이나 역사소설은 일단 아주 기본적인 건 사실을 토대로 하겠지만, 관심촉발을 위해 극적인 면을 강조하느라 작가의 가정과 상상이 더해져 만들어지기 마련이다. 때론 이야기의 기본 토대부터 사실을 변형해 줄거리를 이어나가는 것도 적지 않다. 그런데 그를 보거나 읽는 사람들은 그것을 사실로 생각하는 경우가 의외로 많다. 이런 현상은 마냥 작가만의 잘못만도 아니고, 또 독자의 이해력 부족의 문제로 돌리기도 어렵다. 그렇지만 역사극과 사실을 구분해서 보려는 자세는 분명 필요한 일이다.

그런 반성과 역사적 시각의 확대를 바로 용궁사에서 찾아볼 수 있는 것은 적지 않은 소득인 것 같다. 그리고 아울러 절의 역사를 꼭 책의 기록으로만 찾아보려는 사가(史家)들의 안이한 자세도 고쳐야 할 것이라는 생각도 여기서 새삼 느껴본다.

해강 김규진의 낙관이 있는 법당 주련 글씨

용궁사의 문화재

현판과 편액을 보고 느낀 이런 생각들을 뒤에 남기고 천천히 발걸음을 내딛으며 용궁사 경내를 둘러보았다. 사역(寺域)이 그리 넓은 편은 아니지만 관음전·칠성각·용황각(龍皇閣)·요사 등의 건물들이 알맞게 자리 잡고 있다. 또 1982년에 세운 미륵입상도 있다. 이 중에서 관음전과 요사는 대원군이 중건할 당시의 건물로 추정되어 조선 후기 목조건물 양식의 연구에 좋은 자료가 된다.

법당은 바닷가 사찰답게 역시 관음전이다. 4개의 기둥에 각각 하나씩 주련(柱聯)이 걸려 있고, 그 중 네 번째에 이 글씨가 근대의 명필 김규진(金圭鎭, 1868~1933)의 작품임을 나타내는 해강(海岡)이라는 낙관이 있다.

또 안에는 관음보살좌상 및 관음탱화를 비롯해서 지장탱화·신중탱화 등이 걸려 있다.

관음보살상과 관음탱화 역시 관음전 건립 시기와 같은 때 봉안했을 것이다. 먼저 관음보살상을 자세히 바라보았다. 나무로 만들고 그 위에 칠을 한 이른바 건칠불(乾漆佛)로서 원형대좌 위에 앉아 왼손은

용궁사 관음보살상

내리고 오른손은 올리는 아미타인(阿彌陀印)을 취하고 있으며, 머리에 화려한 보관이 있다. 또 오른손으로는 보병(寶甁)을 늘어뜨리고 있다. 관음상은 대체로 이 같은 모습을 갖는다. 얼굴은 원만하면서도 두 눈은 가늘고 길게 뜨고 있다. 그런데 이 불상은 중국에서 가져온 것이라는 설도 있다. 이 말이 어느 정도 믿을 만한지는 알 수 없으나, 머리 위에 쓴 보관의 형태와 상호(相好, 불보살의 얼굴)에서 조금 이국적 느낌이 드는 것은 사실이다. 1936년에 개금(改金, 겉에 금칠을 칠하거나 금박을 입히는 일)되었다는 기록이 있다.

그리고 요사는 관음전 앞 절의 입구 쪽에 자리하고 있는데 현재 주지실과 대중방(大衆房, 절의 스님이나 신도들이 모이는 방)으로 사용된다. 이 건물 역시 대체로 관음전과 비슷한 무렵인 조선 후기에 지은 것으로 생각된다. 이 요사의 처마 아래엔 앞에서 말한 '용궁사' 편액이 걸려 있다.

그 밖에 용황각은 1966년에 세웠고 또 관음전 오른쪽에 있는 칠성각도 비교적 근래의 건물이다. 칠성각 안에는 치성광여래상을 비롯해서 1961년에 제작된 칠성탱화·독성탱화·산신탱화가 봉안되어 있다.

용궁사 마당의 느티나무

법당 앞마당 요사 앞에는 수령이 1,300년이나 된 느티나무 두 그루가 있는데, 인천광역시 기념물 9호로 지정되어 보호되고 있다. 재밌게도 여기 사람들은 이 두 그루 느티나무 중에서 법당 앞에 있는 나무를 '할배나무', 요사 뒤쪽에 줄기가 둘로 갈라진 나무를 '할매나무'로 부른다. 법당을 사이에 두고 서로 마주하고 있는 모습이라 더 재미있다. 할배나무가 좀 더 큰데, 높이 20미터, 줄기 6미터쯤 된다. 할매나무는 요즘 건강이 썩 좋아 보이지 않는다. 어쨌든 이 두 그루 고목은 오랜 나이만큼이나 오랫동안 마을의 당산나무로 공경을 받아왔다고 한다. 마을 사람들은 용궁사 못지않게 이 느티나무에도 큰 의미를 두며 오갈 때마다 절을 올린다.

> 살아 있는 모든 걸 품어 안는 게 중도(中道)입니다. 산에서야 산이 주인이듯이, 마을에서는 당연히 마을의 수호신인 나무(당산목)가 주인입니다. 삼라만상 모두에 담긴 진리를 찾아가는 것이 불가의 도리입니다. 하나의 테두리 안에 널리 포용해야 하겠지요.

세상의 모든 생명을 품어 하나로 더불어 살아가는 게 불가의 도리라고 말하면서 이 느티나무를 설명한 것은 주지로 봉직했던 능해 스님이었다.

용궁사에 와서 여러 문화재나 현판, 편액을 보며 역사를 보았고, 느티나무를 보며 사람 사는 이치 하나를 또 하나 배웠다.

용궁사를 나오며 인천 시내로 다시 들어섰다. 다른 데 한 곳은 더 둘러볼 만큼은 아직 햇살이 남아 보인다. 그런데 선뜻 어디를 가야할지 방향을 못 잡겠다. 너무 넓어서 그런가…. 인천은 부산·광주·대구·울산과 더불어 우리나라 5대광역시답게 크고 넓으며 둘러보며 구경할 만한 곳도 많다. 나중에 인천의 산업현황을 찾아보니 2012년 12월 말 현재 인구도 280만 명이 넘어 우리나라에서 다섯 손가락 안에 드는 대도시이고, 영종도에 있는 인천국제공항은 세계 1위의 시설과 환경을 갖춘 국제공항이다. 최근에는 송도를 '경제자유지역'으로 지정해 글로벌 외국기업과 대학 등의 유치에 공도 들이는 모양이다.

이런 발전의 모습은 자랑스럽지만, 사실 나그네에게는 대도시의 모습보다는 고즈넉하고 마음 편한 곳에 관심이 더 끌린다. 강화도를 포함해 150개가 넘는 섬을 품에 안은 연안부두를 중심으로 한 바닷가와

항구를 찾아가도 애써 찾은 시간과 노력의 가치는 넉넉히 건질 건 분명하다. 지정문화재 또는 유적의 상당수가 강화도에 밀집되어 있지만, 시내에도 1897년 파리 '외방전교회' 소속의 코스트 신부가 설계해 짓고 1937년에 시잘레 신부의 설계로 300평 규모로 증축된 로마네스크 양식의 벽돌 건물인 답동 성당(한국의 성당 중 가장 오래된 서양식 근대 건축물 중 하나로 꼽힌다), 옹진군 백령도의 선사유적지, 조선시대의 인천향교 및 도호부청사 같은 다양한 문화재도 곳곳에 자리 잡고 있다. 인천 가이드 팸플릿을 보며 어디로 갈까 짚어보다 금방 결정을 못해 어느새 해가 꽤 뉘엿뉘엿 기울어 버렸다. 이럴 때 나그네는 어둠이 깔리기 시작하는 장터 골목이나 맛깔스러운 음식을 찾아 나서는 게 여행의 정석이다. 그 다음은 고단한 몸을 쉴 곳도 찾아봐야 하고. 다른 명소 가보기는 나중으로 미루고, 여행의 정석대로 식당과 허름한 술집의 불빛이 하나둘 켜지는 이름 모를 골목으로 천천히 발걸음을 옮긴다.

김포 문수사

한 해의 끝자락에 떠난 여행

서해로 가기로 한 길, 기왕이면 낙조가 멋있는 곳으로 하면 어떨까 싶었다. 서울과 경기 지방에서 이런 곳은 과천 연주암, 안양 삼막사, 김포 문수사가 괜찮다. 어디로 갈지 잠시 고민에 빠졌다. 등산객이면 모르는 사람이 없는 관악산 연주암은 '연주(戀主)'라는 절 이름에서 무한한 서정적 감수성을 느끼는 곳이고, 원효 스님이 창건한 삼막사에서는 '인생 3막'을 떠올리며 숙연해지곤 했다. 그리고 문수사는 김포의 대표적 사찰. 이 세 절 모두 진즉 소개되었어야 할 곳들인데 막상 이 중 하나를 고르자니 여간 고민되는 게 아니었다. 생각 끝에 쉽고 단순하게 정하기로 했다. 낙조는 아무래도 서해바다에서 보는 모습

문수사 원경

이 더 어울리지 않겠는가, 그렇다면 바다에서 제일 가까운 문수사가 아무래도 제격이지 싶었다.

탁상달력을 보니 여간 지저분한 게 아니다. 대부분 날짜마다 동그라미에 포위된 채 메모와 밑줄들이 난무해 있는데 그래도 딱 하나 남은 금요일만큼은 아직 깨끗하다. 그 날을 며칠 앞둔 어느 날 전화를 하다 우연히 문수사 갈 일이 있다는 말을 했더니, "그럼 우리와 함께 가시지요." 하며 선선히 동행을 자청해준 건 이번에도 중앙승가대 대학원 학인스님들이었다. 서툰 지식 얼마간 전해줄 뿐인데, 그래도 선생이라고 늘 내 편의를 봐주려고 마음써주는 학인스님들의 마음이 고맙다.

문수사 찾아가는 길

전철 5호선으로 김포공항역 바로 앞인 송정역에서 미리 기다리고 있는 스님들을 만나 강화 방면으로 향했다. 언제나 안정감을 주는 해진 스님이 운전하는 차는 널찍한 평야를 휙휙 지나치며 기분 좋게 달린다. 강화대교를 건너기 직전 성동교차로에서 오른쪽으로 접어드니 문수산 자연휴양림이 나오고 이어서 '문수사길' 표지판을 보고 좁은 길로 들어서자마자 문수사 대자원(大慈院)이 보인다. 대자원은 '문수사 아랫절'로 불리는 곳으로 문수사 포교당이다. 그런데 여기서 문수산성은 가깝지만 문수사로 가는 길은 조금 돌아갈 것 같았다. 마침 한 등산객이 지나가기에 물어보니 해병대교육장 옆으로 난 길로 가면 조금 더 가까울 거라고 손가락으로 가리켜준다. 다시 차를 돌려 해병대교육장 앞에 차를 세워 두고 낙엽 수북하게 쌓인 길을 걸었다. 한 10여 분 걸으니 부대 영내가 끝나는 곳에 문수산으로 오르는 길이 나온다. 대자원에서 올라가는 길보다 가파르기는 해도 직선으로 오르는 길이니 빠르기는 했는데, 그만큼 힘이 들기도 했다. 문수사에 닿았을 때는 숨이 턱까지 차서 기진맥진이었다. 거친 숨을 몰아쉬며 땀 닦고 있을 사이에 힘든 기색 하나 없는 향림 스님은 벌써 법당 참배를 마치고 나오고 있다. 잠시 후 유유자적 천천히 올라오는 해진 스님과 지성 스님을 기다렸다가 경내 참관을 시작했다.

강화도 지킴이 문수사

현재 문수사에는 비로전 외에 요사만 한 동 더 있을 뿐이다. 비록 절 자체의 규모는 그다지 크지 않지만, 서해바다를 앞에 두고 뒤에 웅장한 문수산을 두른 문수사의 역사적 의미는 결코 작지 않다. 그렇기는 해도 어쨌든 절의 역사를 전하는 문헌기록이 너무 적은 건 아쉬운 일이다. 창건이 신라 혜공왕(재위 765~780) 때 이루어졌다는 건 전하는데 그 뒤로 800여 년의 시간이 공백이다. 1613년 중건했고, 다시 200년쯤 건너뛰어서 1809년에 중건했다는 이야기가 전할 뿐이다. 근대에 와서는 1936년 중건했으나 1971년 화재로 대웅전이 불타 없어졌다. 그 직후 산자락 아래에다가 앞서 말한 대자원을 지었고, 이듬해 지금의 비로전을 지었다.

기록으로 전하는 문수사의 역사는 여기까지지만, 그렇다고 사격까지 낮춰 볼 수는 없다. 서해의 관문인 강화도 초입에서 외적의 침입을 감지하는 망루의 역할을 한 곳이 문수산성이라면, 문수사는 산성을 지킨 승병과 군사들의 귀의처로서 나라 지킴이 역할을 충실히 해낸 호국사찰이기 때문이다.

문수사의 사격은 문헌이나 문화재로 잘 알 수 있지만, 지금 절에 전하는 풍담 의심(楓潭義諶, 1592~1665) 스님의 부도와 비에서도 그 장중함을 넉넉히 짐작할 수 있다. 기록이 충분치 않으니 과연 어떤 인

문수사 내경. 오른쪽 건물이 비로전

연으로 문수사에 의심 스님이 머물렀었던 걸까 하는 의문도 나지만, 여기서 가까운 통진이 그의 고향이었으니 굳이 어렵게 생각할 건 없어 보인다. 임진왜란이 일어난 해인 1592년에 태어나 14세 때(혹은 16세라고도 한다) 금강산 묘향산의 성순(性淳) 문하에서 구족계를 받고 그 뒤 편양 언기(鞭羊彦機) 스님에게서 법을 전해 받았는데, 언기 스님은 곧 서산대사의 제자이므로 의심 스님 또한 서산대사의 법을 이어받게 되어 그의 적손(嫡孫) 계보에 이름을 올리는 동시에 언기 스님의 법사(法嗣)가 된다. 학자들은 의심 스님의 가장 큰 업적 중 하나로 수많은 제자들을 양성했던 인재불사에 둔다. 문하에 모두 수백 명의 제자가 있었고 그 중 고승 반열에 오른 사람도 48명이나 되었다고 한다. 이렇게 스님의 제자들이 각각의

문수사 비로자나불상

일파를 이룸에 따라 그들을 이른바 '풍담문(楓潭門)'이라고 부르게 되었다. 1665년 금강산 정양사에서 입적했고, 다비해서 얻은 은색 사리 5과를 표훈사 백화암 뒤에 세운 부도에 넣고 1667년에 비를 세웠다. 지금 문수사에 있는 비와 부도는 1668년 스님의 제자들과 문인들이 세운 것이다.

문수사의 사격을 전하는 풍담 의심 스님의 부도와 비

비로전 참배를 마치고 나와 비로전 앞에 있는 석탑부터 보았다. 그런데 이 석탑은 온전한 게 아니고, 언제인가 무너진 것을 그대로 쌓아올렸기 때문에 본래 몇 층이었는지 분명히 알 수는 없다. 현재 탑신 4개와 옥개석 3개 등의 부재가 남아 있어 본래는 적어도 5층 이상이었을 것으로 추정된다. 또 부재로 보건대 고려시대 후기에 만든 것으로 생각된다.

이어서 서쪽 능선 끝에 있는 풍담대사의 부도와 비를 보러 갔다.

풍담대사 부도와 비

부도는 전체적으로 고려시대 부도의 양식을 이어받은 조선시대 것임을 한눈에 알아보겠다. 그 옆에는 의심 스님의 행적이 기록된 비석이 있다. 1668년에 세워진 것인데, 비문은 숭록대부 조경(趙絅, 1586~1669)이 짓고, 통훈대부 이하진(李夏鎭, 1628~1682)이 글을 썼으며, 비석 머릿돌에 새겨진 글씨인 전(篆)은 이서우(李瑞雨, 1633~?)가 썼다. 비문을 쓴 이하진은 당대의 명필로 유명했으며 조선 후기의 실학자 이익(李瀷)의 아버지이기도 하다. 조경과 이서우도 모두 당대의 최고급 문사이자 선비였다.

의심 스님의 부도와 비석을 설명하면서 다음과 같은 나의 야외강의가 이어졌다.

> 이처럼 당대의 명사들이 의심 스님의 비석의 글을 짓고 글씨를 썼다는 것은 다시 말해서 의심 스님의 명성이 그만큼 높았다는 뜻이고 또한 불교에 대한 인식도 전에 비해 훨씬 긍정적으로 바뀌었다는 것을 의미하는 것 아니겠는가. 비석이 소박하고 부도 역시 전체적으로 간결하면서도 당시로서는 보기 드물게 거대하게 조성된 것 역시 당시 불교가 사람들에게 새롭게 인식되던 정황을 말해주는 것이라 할만하다. 스님이 활동했던 시기는 임진왜란이 끝난 지 한 세대 정도 흘렀을 정도, 다시 말해서 전 국토의 생산량을 30퍼센트 이하로 떨어뜨릴 정도로 혹심한 재난을 안겨준 임진왜란의 상흔이 겨우 가시기 시작할 무렵이었다. 임진왜란 때 불교계는 커다란 공헌을 했지만 당시의 경제 상황에서 사찰 중건은 아직 지난한 시기였다. 하지만 의심 스님이 입적하자 나라와 사회에서는 그를 기리고자 명사들의 붓끝으로 만들어낸 비석을 세우고 소박하지만 웅장한 부도도 만들었다. 이것은 곧 불교계가 오랜 침체를 벗어나 사회와 함께 새롭게 일어나기 시작하는 시기를 선언하는 것이나 마찬가지다. 의심 스님의 비석과 부도는 그런 면에서 의미를 찾아볼 수 있을 것이다.

마치 강의실에서처럼 비석과 부도 앞에서 나름 열강을 했는데, 비록 청강생은 동행한 스님 세 분과 아까 대자원에서 만났던 등산객 등 네 사람이 전부였지만 모두들 아주 진지한 얼굴로 경청해주었다. 특히 50대 중반쯤 되어 보이는 이 등산객은 꽤 열심히 듣는다. 설명이 끝나도 한참이나 부도며 석탑 등을 혼자 바라보며 상념에 잠기는 것이 무척 진지한 모습이었다. 산에서 만나면 금세 친해진다. 구태여 통성명 할 필요도 없고 어디서 왔느냐고 물어보지 않아도 다 마음이 통한다. 우리가 올라오기 전 대자원 앞에서 만났었는데, 문수사에는 우리와 비슷한 시간에 만났기로 어느 길로 왔느냐고 물었더니 문수산성 쪽으로 해서 올라왔다 한다.

나라의 관문이었던 문수산과 문수산성

사적 제139호 문수산성은 1694년에 축성되어, 갑곶진과 더불어 강화를 지키는 요새 역할을 했다. 1866년 병인양요 때 프랑스 군과 일대 격전을 벌였는데, 상륙한 프랑스 군인 600여 명이 난입해 성내가 크게 부서졌다. 해안 쪽 성벽은 없어지고 마을이 들어섰으며, 문수산 등성이를 연결한 성곽만 남았으나 서문과 북문이 복원되었다. 최근에는 문루 위에 깃발까지 걸어 그 옛날 서해 관문을 지키던 문수산성의 웅장한 모습이 제법 실감난다.

문수산성을 말없이 떠안고 있는 문수산에 대해서도 소홀히 할 수 없다. 김포에서 가장 높은 산이자 '김포의 금강산'이라 불릴 정도로 경관이 좋은 곳이다. 동쪽으로는 한강과 서울의 삼각산, 서쪽으로는 멀리 인천 앞바다, 북으로는 개풍군이 한눈에 바라다 보인다. 정상은 376미터로 그다지 높지 않지만, 주변이 김포평야처럼 낮고 평평한 곳이라 망루 구실을 톡톡히 했다. 북서방향으로 강화, 남동방향으로 일산, 그리고 남서방향으로 인천 영종도가 바라보인다. 뿐인가, 북으로

문수산성

는 바로 북한 땅, 황해북도 개풍군 해평리가 강 너머로 보인다. 정상엔 '문수제단'이 있고 푯말과 함께 두꺼운 상석도 놓여있다. 누구든 여기 와서 문수보살에게, 그리고 문수산 산신에게 기도 올리는 곳이다.

의심 스님의 부도가 있는 곳에서 내려다보면 멀리 강화대교 한 쌍이 사이좋게 나란히 놓여 있는 게 보인다. 그 위로 어느새 해는 뉘엿뉘엿 저물고 있다. 조금 더 있으면 붉은 노을이 저 강과 김포 너른 들을 아름답게 물들여놓을 것이다. 그때까지 머물다 보고 가면 좋으련만, 초겨울 낮이 부쩍 짧아진 터라 지금 나서지 않으면 내려가는 길 제법 곤혹을 치를지도 모를 일이다. 우리 일행은 법당에 합장하고 길을 돌아 나왔다. 머릿속으로나마 멋진 노을이 아침의 휘황한 햇살로 이어지는 모습을 떠올리면서. 해는 다시 떠오르기에 저무는 모습이 멋진 것 아닐까. 그러고 보면 저 해야말로 연기(緣起)의 결정판인 것 같다는 생각이 문득 머리를 스쳐 지나간다.

해 질 녘의 김포

산성과 산사

산사는 글자 그대로 산에 있는 절이다. 우리나라 대부분 사찰이 크고 작은 산 안에 세워져 있기에 '산사'라는 말은 아주 자연스럽고 친숙하게 우리 귀에 들린다. 속세와 멀리 떨어져 수행에 전념하자는 선종의 특성상, 그리고 국토의 70퍼센트 이상이 산지라는 자연환경의 조건상 산사가 많은 건 당연했다.

산에는 또 산성이 있기 마련이다. 적어도 한 지역을 대표할 만큼 웅장한 산에는 거의 대부분 산성이 있다. 산성은 공격보다는 방어용으로 만들어진다. 외적이 침입했을 때 마을을 버리고 산성에 웅거해서 적들이 물러가기를 기다리는 그런 용도다. 좁게는 한 고을의 안위를 책임지지만 넓게 보면 국가의 명운을 가를 정도로 중요한 것이 산성이다. 예컨대 청의 침입을 1년 가까이 너끈히 막아내 종묘사직을 보존했던 남한산성이 그렇다.

그런데 산성이 실은 사찰과 아주 밀접한 관련이 있다는 점을 아는 사람은 드물다. 산성 자체가 전적으로 스님들만의 힘으로 쌓은 곳도 있으니, 바로 위에서 든 남한산성, 북한산성이 그렇다. 전국 팔도에서 승군으로 징발된 스님들이 설계부터 축성까지 모든 일을 다해냈으니, 호국불교의 한 현장을 이 산성에서 찾아낼 수 있다. 뿐만 아니라 산성의 관리와 유지에도 사찰과 스님들이 큰 역할을 해냈다. 상주하는 것이 아니라 전란 등 필요할 때만 머무는 산성의 유지는 가까운 산사에서 맡을 수밖에 없기도 했다. 이루 헤아릴 수 없이 많은 산성이 근처에 있는 사찰의 보살핌을 받아 유지될 수 있었다. 문수산성 역시 그런 면에서 그 옛날 문수사와의 역사적 관련성을 빼놓고 말할 수는 없을 것이다. 문수산성은 본래는 6킬로미터에 걸쳐 성벽이 쌓여졌는데, 지금은 그중에서 4킬로미터만 남았다. 산성의 축조와 관리를 위해서는 이루 말할 수 없는 노고가 들었겠지만 불교계와 스님들은 묵묵히 그 일을 해내었으니 우리나라 불교의 새로운 면모를 산성에서 찾을 수 있는 것이다. 그런즉 산을 올라 산사를 찾았거든 산성도 함께 살펴보는 것이 산행과 심사(尋寺, 절을 찾아가는 것)에 있어서 아주 중요한 일이다. 산성은 명산마다 있고, 그 명산에는 대찰명찰이 있기 마련이니까.

강화 보문사

바닷가 사찰이라는 것

땅을 밟고 살며 거기에서 나온 곡식을 먹고사는 사람들에게 바다는 늘 동경의 대상이요 두려움의 원천이다. 망망대해 바다에 나서면 뭍에선 경험하지 못한 미지의 세계가 기다리고 있고, 지금과는 전혀 다른 새로운 세상이 눈앞에 펼쳐질 것 같은 환상도 든다. 하지만 막상 저 둥둥 떠 있는 큰 배를 타고 멀리 떠날 엄두는 내지 못한다. 남달리 그런 용기를 낸 사람들도 없지 않건만, 그들은 나와는 다른 운명을 타고난 사람인양 보일 뿐. 그저 먼 바다만 바라보다 한숨짓고 돌아올 따름이다.

하지만 대대로 저 바다를 삶의 터전으로 삼아 살아온 사람들은 어떠한가! 저기에서 고기를 낚고 해초를 건지고 해서 그것으로 살아가는 그들에게 바다는 사치스런 감수성을 느낄 대상이 결코 아니다. 저 깊은 바다에 몸을 빠뜨리고, 섬과 바위에 뼈를 묻은 조상과 동료들. 그들에게 말없는 저 거대한 바다는 무서운 존재요 한편으론 자신과 가족의 생계를 책임져주는 텃밭이었다. 바다에 대한 신앙은 그렇게 해서 태어난 게 아닌가. 우리나라에 용왕에 관련된 전설과 유적이 유독 많은 건 삼면이 바다에서 살아가는 우리로서는 당연한 일이었다. 그리고 그런 토속의 믿음은 다시 '해수관음'으로 상징되는 관음신앙으로 발전하였다.

강화도에 들어서 외포리의 선착장에 차를 댔다. 보문사(普門寺)로

석모도로 가는 강화 선착장. 멀리 석모도가 보인다.

가기 위해서는 여기서 석모도와 강화를 오가는 배를 타고 들어가야 한다. 우리가 탄 배 이름은 '삼보'호(號). 불법승(佛法僧)의 그 삼보(三寶)인지 어떤지는 모르겠지만 왠지 배 이름이 마음에 든다. 승객은 많지 않지만 널찍한 하판엔 각양각생의 차량 수십 대가 함께 승선해 있다. 각종 승용차와 더불어 커다란 쓰레기수거차, 석모도 사람들의 풍성한 저녁식탁을 책임질 반찬 트럭—늦은 저녁 동네를 돌며 두부며 콩나물이며 자반고등어 등의 반찬거리를 파는 그런 작은 트럭—까지 제법 구색을 다 갖췄다. 갑판에 올라 바다를 바라보며 잠시 탁 트이는 해방감을 맛보다, 승객들이 던져주는 과자를 좇아 맹렬하게 달려드는 수백 마리의 갈매기 떼들도 제법 장관이라 연방 카메라 셔터를 눌러댔다.

어느새 10분 남짓한 짧은 항해는 끝나고 삼보호는 석모도에 정박할 준비를 한다. 우리도 차에 올라타 배에서 내린 다음 보문사로 향했다. 해안을 따라 석모도를 일주하는 길은 단 하나. 이 해안도로를 따라 쭉 달리다 오른쪽으로 접어들면 금세 보문사 주차장이 나온다. 일주문을 지나 약간 가파른 길을 몇 분 오르니 곧바로 경내가 시작된다.

보문사는 금강산에서 수행하던 회정대사가 635년에 이곳에 와서

보문사 내경

창건하였다. 그런데 여기에는 바다와 얽힌 재밌는 창건 이야기가 전한다.

> 한 어부가 바다에 그물을 던졌다가 사람 모양의 돌덩이 22개를 한꺼번에 건져 올렸다. 고기가 아닌 돌덩이인 것에 실망한 어부는 바다에 버린 다음 다시 그물을 던져 올렸는데 또 다시 방금 버렸던 그 돌덩이들이 나왔다. 어부는 다시 버리고 새 그물을 던졌으나 똑같은 돌들을 건져내기를 몇 번인가 반복하다 그만 지쳐 집으로 돌아갔다. 그날 밤 어부의 꿈에 한 노승이 나타나서, 낮에 그물에 걸렸던 돌덩이는

보문사의 창건전설을 그린 극락보전 벽화

천축국에서 보내온 귀중한 불상인데, 그것도 모르고 버리느냐고 꾸짖은 다음, 내일 다시 그곳에서 불상을 건져서 명산에 봉안해 줄 것을 당부하였다. 다음 날 어제와 같은 장소에서 석불상들을 건져 올린 어부는 보문사가 자리한 낙가산(洛伽山)으로 불상을 옮겼다(낙가산은 '보타낙가산'이라고도 하며, 관음보살이 머무는 곳으로 인식되고 있다). 그렇게 한참을 가다가 현재의 보문사석굴 앞에 이르렀을 때, 갑자기 불상이 무거워져서 더 이상 옮길 수 없었다. 이 석굴이 바로 불상을 안치할 장소라고 생각한 어부는 굴 안에 단을 만들어 모셨다.

사실 우리나라 사찰이 창건된 과정을 담은 이야기들 중에는 구성과 내용이 엇비슷한 것들이 제법 많은데, 보문사 창건담 만큼은 다른 데서는 볼 수 없는 유일한 내용이라 흥미롭다. 더욱 재미있는 것은, 이 창건담에 나오는 석불상 중 일부가 지금도 보문사 굴법당에 봉안되어 있다는 점이다. 여러 창건담 중에 설화에 등장하는 주인공의 유물이 실제로 지금까지 전하는 경우가 아주 드물다는 점에 비추어 볼 때 매우 흥미로운 유물이 아닐 수 없다.

그 밖에도 보문사 전설 중에 '깨어진 옥등잔 전설'과 '나한님 팥죽 공양'이라는 것도 있다. 옥등잔 전설은, 옛날 보문사의 어린 사미승이 부처님께 등(燈) 공양을 하기 위해 나한전에 전해 내려오는 귀중한 보물인 옥등잔에 기름을 붓다가 실수로 떨어뜨려 두 조각을 내버렸다. 사미승은 너무 놀라 법당을 나와 경내 구석에 주저앉아 훌쩍이고만 있었다. 마침 지나던 노스님이 사미승을 보고는 자초지종을 물었다. 둘은 함께 나한전으로 들어가 보았는데, 분명 두 동강나 있어야 할 옥등잔은 멀쩡한 채 불빛만 환하게 비추고 있었다. 옥등잔을 자세히 살펴보았지만, 깨진 흔적조차 없이 멀쩡했으므로, 사중에서는 분명 나한님의 신통력 때문일 것이라고 생각하며 놀라워했다는 것이다.

사찰에 전하는 전설이나 설화는 여러 가지로 의미가 깊은 무형의 유산이다. 우선 모든 전설 설화는 그 자체로 국문학적인 자료가 된다. 또 이들을 단순한 이야깃거리로만 여기지 않고 거기에서 역사적 자료를 뽑아낼 수도 있다. 예컨대 옥등잔 이야기에서는 '옥등잔'이라는 유물이 보문사에 봉안되어 있었다는 사실을 알 수 있다. 옥은 여느 돌과는 달리 금 이상으로 귀하게 여겼기에 궁중이 아닌 곳에서 이것으로 등잔을 만드는 일은 아주 드물었지만, 전혀 그런 예가 없지는 않다. 예를 들면 보문사에서 멀지 않은 선원사(禪源寺)에 지금도 옥등잔이 전하고 있고, 동국대박물관에도 고려시대에 만든 옥등잔이 하나 보관되어 있다. 또 가평의 고찰 현등사(懸燈寺)라는 절 이름은 바로 '옥등을 걸었던 절'이라는 뜻이니, 옛날 절에서 옥등으로 등 공양을 위한 것이거나 혹은 부처님 법으로 광명을 밝힌다는 의미에서 옥등을 갖고 있었던 사실을 미루어 짐작할 수 있는 것이다. 물론 보통의 절에서 할 수 있는 호사는 아닐 것이고, 적어도 옥등잔 전설이 전하는 사찰은 당시의 대표적인 명찰이었음은 물론이다. '나한님 팥죽 공양' 전설은 동짓날 나한 제위에 팥죽을 공양했는데 나중에 보니 실제로 나한상의 입가에 팥죽이 묻어 있더라는 것인데, 이와 내용이 거의 같은 게 다른 사찰에서도 전하는 경우가 제법 있기는 하다. 하지만 이 전설은 앞서 창건담에서도 보았듯이 보문사에서 나한의 존재가 아주 컸었던 상황을 염두에 두면서 이해하면 좋을 것 같다.

내친 김에 보문사의 역사를 조금 더 알아보면 좋겠는데, 사실 이렇다 하게 말할 만한 게 별로 없다. 창건 이후 고려는 물론이고 조선시대의 역사 한 자락도 제대로 건져내기 힘들다. 다만, 강화에서 태어난, 강화의 자랑인 조선 후기의 명망 높았던 학자이자 최고 문장가로 알려진 명미당(明美堂) 이건창(李建昌, 1852~1898)의 문집《명미당집》을 읽다가 기대 밖의 자료를 하나 건질 수 있다. 〈강화군 보문사 중종공덕판기〉가 그것으로, 1896년 보문사의 경삼·유화 두 스님이 범종

느티나무와 보문사 범종

을 새로 만든 것을 기념하여 현판으로 남기기 위해 지은 글이다. 조선 후기 4대 문장가 중 한 사람인 이건창의 글인지라 그 흐름과 형용이 과연 타의 추종을 불허하는 명문인 데다가, 글의 행간 사이사이로 19세기 후반 보문사 모습의 편린들을 살펴볼 수 있는 좋은 자료다.

가파른 언덕을 올라오느라 제법 가쁜 호흡을 가다듬으려 입구에 있는 종각에 기대어 서서 경내를 둘러보았다. 그러고 보니 보문사에 온 지 그새 한 10년이 다 되어간다. 석굴과 대웅보전은 예나 지금이나 다름없는 모습이다. 거기다가 석굴 앞에 있는 고목 느티나무도 그때 그 모습이라 더욱 반가웠다. 보문사의 머물렀던 고승 중에 만해 한용운의 제자인 춘성(春城, 1891~1977) 스님이 있다. 키도 크고 인물이 아주 훤했던, 첫눈에 보아도 도인 같은 풍모였다고 한다. 전에 이 춘성 스님이 시내에 볼일이 다녀올 때 양복을 입고 있었는데, 저녁 무렵 양복 차림으로 느티나무에 옆에 서서 먼 곳을 바라보고 있었는데 허연 수염이 바람에 휘날리는 그 모습이 너무나 멋이 있어 아, 남자도 저렇게 아름다울 수가 있구나! 하고 감탄한 적이 있었노라고 수십 년

와불전과 그 아래의 석굴전

전의 일을 말해준 분은 평소 좋은 이야기를 많이 들려주시는 이용부 선생이었다. 인자한 얼굴이면서도 감히 범접하기 어려운 선미(禪味)가 가득했다고 한다(이런 정도의 표현으로는 모자란데!).

그런데 왼쪽에 전에 못 보던 전각 하나가 언뜻 눈에 띈다. 대웅보전 못잖은 당당한 크기에 천인대보다 높은 곳에 있어 멀리서 보더라도 꽤 웅장해 보인다. 오른쪽으로 누워 있는 열반 직전의 석가모니의 모습을 표현한 와불상(臥佛像)을 모신 와불전이다.

(좌) 천인대 오백나한상
(우) 굴법당

그 옆의 천인대는 천 명이 앉아 법회를 열었다는 곳. 물론 글자 그대로 해석할 필요는 없다. 그저 그렇게 많은 사람들이 모여 올 정도로 보문사의 규모나 명성이 높았다고 이해하면 될 것 같다. 지금은 천인대 계단에 근래에 새로 조성한 오백나한상이 줄지어 모여 있다, 조각된 솜씨를 보니 거조암 오백나한을 모델로 하여 만들어진 것 같다.

한편 굴법당에는 창건 때 모셨던 나한상들이 있고 지금 또 천인대엔 오백나한상이 옹기종기 모여 둘러앉아 있으니 이래저래 보문사는 나한님과 관련이 깊은 곳인 모양이다.

대웅보전 오른쪽에 있는 기다란 요사는 얼핏 보아 19세기 후반에 지은 건축물 같다. 아마도 이건창이 와서 보았던 보문사의 모습 중 하나가 아닐까 싶다. 만일 그렇다면 물론 수백 년 된 건물은 아닐지라도 근대건축물로서의 가치는 충분할 것 같다.

경내는 대충 돌아보았고, 이제 보문사의 상징이랄 수 있는 눈썹바위에 새겨진 마애관음보살상을 보러 올라갈 차례다. 경내에서 계단으로 한 10여 분 걸어 올라가면 마애관음보살좌상을 만난다. 여기까지 오는 길은 계단이기는 해도 꽤 가팔라 쉬지 않고 올라오니 숨이 턱에 탁탁 와 닿는다. 그렇지만 길게 심호흡 몇 번 하고 나서 마애불과 마애불이 바라보고 있는 서해 바다를 번갈아 쳐다보면 고단함이 단박에 가시고 마음이 그렇게 상쾌할 수가 없다. 잘 모르는 사람들은 이 마애불이 꽤 오래된 것으로 생각하곤 한다. 그렇지만 1928년 배선주 주지가 보문사가 관음성지임을 나타내기 위하여 금강산 표훈사의 이화응 스님과 함께 새긴 것이니 올해로 꼭 85년 되었다. 연조 이상으로 사람들에게 소중하게 여겨지는 작품이다. 흔히 우리나라 3대 관음도량으로 양양 낙산사, 남해 보리암, 그리고 보문사를 치는데 그만큼 관음도량으로 널리 알려져 있다는 얘기다. 세 사찰 모두 바닷가에 면하고 있고 또 사찰의 상징인 관음상이 전부 근대에 모셔진 점이 같다. 하지만 참배의 대상에 세월의 길고 짧음이 큰 의미가 있을 턱없다. 관음보살상을 배관하면서 저 바다의 광대함과 심오함을 느끼고서 우리네 인생을 그렇게 투영시키면 그게 바로 관음보살을 생각하는 마음 아닐까.

어느새 해가 저물어 간다. 보문사를 나서서 한참 가다 문득 돌아보니 보문사를 품은 낙가산이 그야말로 한국화의 한 장면과 구분이 안 갈 정도로 황홀한 모습을 보여준다. 그 자태에 반해서 아무 소리도 못 하겠다. 아, 산이 저렇게 아름다울 수도 있구나! 인생이란 것도 저런 모습을 닮았으면 좋으련만!

강화도 전체가 그렇듯이 보문사가 자리한 석모도에도 근래에 펜션이 제법 많이 늘었다. 이곳에서 하루 묵어가며 장관일 낙조도 즐기면 좋으련만, 아직 해가 지려면 먼 것 같아 그냥 돌아가기로 했다. 가는 길, 길 주변에 '속노랑고구마 팝니다' 하는 표지가 곳곳에 눈에 띈다. 강화도에 올 때마다 한번 먹어보려 했던 터라 선착장에서 배 기다리는 동안 좌판에서 한 무더기를 샀다. 나중에 맛보니 과연 이름 그대로 다른 고구마보다 속이 훨씬 노랗게 생겼고 맛도 좋다. 아직 많이 남아 있어 가을밤 잠안 올 때 군입으로 하면 제격일 것 같다. 그리고 이 속노랑고구마를 볼 때마다 강화의 바다와 보문사가 떠오르겠지.

보문사를 노래한 옛 시들

보문사는 우리나라 3대 관음성지로 꼽힐 정도로 유명하다. 서해에 자리했으니 바다 넘어 해 넘어가는 일몰의 모습이 장관이다. 그 모습을 보면서 인생의 허무와 비교도 한다. 하지만 일몰이 있기에 일출이 있지 않은가, 해지는 노을이야말로 장엄한 일출의 근원인 것 같아 볼 때마다 마음이 울렁거림을 느낀다. 하긴 일몰과 일출을 놓고 본(本)과

보문사 마애관음보살상

말(末)을 따지는 것조차 무의미한 일인 것 같지만….

여하튼 보문사 시 중에는 대부분 바다와 관련된 이미지를 담고 있다. 이미지 표현의 재기(才氣)만을 놓고 본다면 그중에서 고려 말의 선탄(禪坦) 스님이 지은 〈보문사 누각에 올라서(次普門寺閣上詩韻)〉를 가장 윗길에 둘 만한 것 같다.

山石平生犖确行　평생 다닌 울툭불툭한 산길
此軒贏得十年情　10년 정이 스민 저 누각
雨昏鸚鵡洲邊草　앵무주 풀밭엔 비가 촉촉하고
雲卷芙蓉海上城　바다 위 부용성에 가득한 구름들
沙岸漁燈煙外遠　모래톱에 쉬는 어선의 등은 연기 밖에 멀리 뵈고
月樓人語夜深淸　달 비친 다락 사람의 말소리는 밤 깊어 고요하네
若爲長伴江鷗去　어쩌면 노상 갈매기를 짝하고
飽聽蒼波落枕聲　누워서 물결 소리를 싫도록 들어볼까

낙가산의 낙조

14세기에 활동했던 선탄 스님은 예술인으로서 거문고를 잘 타는 것으로도 유명한 음악인이었다. 시와 음악은 운율을 중요시 한다는 점에서 분명 깊은 관계가 있으니 두 방면에 능한 게 충분히 이해가 간다. 아쉬운 것은 그의 시가 이 작품을 포함해 단 5수밖에 전하지 않는다는 점이다.

이 시는 그의 보문사를 향한 각별한 감정이 절제되고 함축된 언어로 잘 표현되어 있어 시인으로서의 그의 능력이 잘 드러난 작품이다. 1행과 2행에 그가 십년간 보문사에 머물렀던 정이 담뿍 우러나 있다. 3~6행에는 안개비 자욱이 깔린 밤바다의 적막한 광경이 수채화처럼 담담히 그려져 있다. 이쯤 되면 시가 자칫 자연의 정취를 감탄하는 데로만 흐르고 '사람 냄새'는 사라질 우려가 있다. 시가 사람을 얘기하지 않으면 의미가 반감되는 것 아닌가. 하지만 6행의 '달 비친 다락 사람의 말소리는 밤 깊어 고요하네'라는 속삼임으로 인해 그런 우려는 한갓 기우였다고 결론지어진다. 아마도 이 부분이 이 시의 절정이 아닌가 한다. 이런 연유로 해서 바다와 사찰을 노래한 시 중에서도 상당한 성취를 이룬 작품이라고 생각한다.

이번에는 '바다'라는 시어를 가장 잘 표현한 시를 들어보라면 앞서 소개한 탄선 스님보다 100년 전 쯤 사람인 이장용(李藏用, 1201~1272)의 〈보문사〉를 빼놓을 수 없다.

一鉢閑蹤屬圓頂	승려의 한가한 생을 머리 위에 올려놓고
三壺逸想寄方瞳	삼호 속 하염없는 생각에 신선을 닮아가리
六鰲海近眞堪釣	바다가 옅으면 자라 낚기 어렵고
隻鶴天遙不可籠	하늘이 높으면 학을 가두기 어려워
淸景也應移畫軸	이 맑은 경치 응당 그림으로 옮기고
勝遊從此入談叢	좋은 놀이는 이제부터 이야기 감에 넣게 되리
退藏正好爭相劣	물러나 숨어 사는 몸 못났다 하기 알맞네
奔走何勞鬪欲雄	어찌해 분주히 날치며 제노라 싸워 영웅을 다투는가

이 시는 전부 40행으로 구성된 장문의 시로, 위에 든 것은 그 중 2연이다. 드넓은 바닷가에 자리한 보문사에서 끝없이 이어지는 수평선을 바라보며 느끼는 오활한 기개가 잘 표현된 시다. 2행의 '방동(方瞳)'이란 눈동자가 모나면 신선이 되어 오래 산다는 데서 나온 말이고, 3행의 '자라[六鰲]'라는 말은 시선(詩仙)으로 불리던 중국 당나라 이백(李白)이 스스로를 가리켜 '바다의 자라 낚시꾼(海上釣鰲客)'이라 부른 데서 따온 말인 것 같다. 자라를 낚으려는 사람은 없으니, 결국 어디에 얽매이지 않고 자유분방한 몸과 마음을 가리키는 것이다. 이것은 4행에 나오는 하늘로 높이 솟은 학도 마찬가지다.

여기서 다 소개하지는 못하지만 이 시에는 이 밖에도 3연 3~4행의 '밤 등불 그림자는 빈 물가에 떨어지고(夜燈影落虛汀外) 새벽 경 소리는 지나는 배에 흔들리네(曉磬聲搖過櫓中)'라는 구절이나, 7~8행의 '향로 앞 원통한 부처님께 고개 숙여(一爐靜稽圓通境) 만상에서 조화의 공을 깊이 찾아보리(萬像冥搜造化功)'라는 구절도 놓치면 아깝다.

조선 후기 이런저런 이유로 해서 중앙의 명유(名儒)들이 강화도에 옮겨와 살았다. 그들은 울적할 때면 보문사를 찾아 마음을 달래곤 했다. 당연히 보문사에 관련된 기문이 제법 많이 전한다. 보문사를 찾은 시인 중 한 사람이 이시원(李是遠, 1790~1866)이다. 그는 1815년 과거 급제 후 화려한 경력을 쌓았는데, 직함을 대충만 열거해도 춘천부사, 개성부 유수, 형조·예조·이조 판서, 함경도 관찰사, 대사헌, 홍문관·예문관 제학 등이다. 그야말로 당대의 명사였던 것이다. 그런데 무엇보다 그는 조선 후기 4대 문장가 중 한 사람으로 꼽히는 이건창(李建昌)의 할아버지였다는 점을 기억해둘 필요가 있다. 이건창의 학문과 문학을 발전시키는데 커다란 훈도를 하고 영향을 주었으니, 이 점은 문학사적으로 특히 중요한 대목이기 때문이다.

이시원이 보문사에 유람 다녀와 지은 〈유보문사(遊普門寺)〉라는 연작시 여덟 편 중 다섯 번째가 다음의 시인데, '길 따라 가면서 보이는 대로 적다(因寄緣路所見)'라는 부제가 달려 있다. 바다의 색깔을 석가부처님의 사찰이었던 기원정사의 빛나는 노을에 비유하고(1·2행), 선(禪)의 맑은 물(바닷물)로 이 땅을 적셨으면(5·6행) 하는 시인의 소박한 바람이 읽혀지는 시이다. 불교라는 법수(法水)를 통해 세상이 촉촉하고 넉넉하게 되기를 기원하는 마음의 한가운데는 바다와 섬 그리고 그 속의 보문사가 있음은 물론이다.

滄海金銀色	푸른 바다를 덮은 금은색은
秖園落照斜	기원정사 마당에 기우는 기다란 노을
穹巖蹲踞虎	활바위 위엔 범이 걸터앉았고
長島蜿蜒蛇	뱀섬은 마냥 꾸불꾸불한 기다랗네
一掬曹溪水	조계의 물 한 바가지 담아
高談法界沙	고담 법계 사막에 부을까
無邊雙眼孔	가없이 이어지는 눈길 따라
直接洞庭巴	동정호 악양루가 비추네

이시원의 묘. 묘 뒤로 보이는 곳이 손자인 이건창의 생가

강화 전등사

절을 찾으면서 얻는 즐거움

절에 갈 때, 만일 신앙활동이 목적이라면 성지순례의 의미로도 물론 좋고, 보통 사람들도 신앙과는 별 엮임 없이 역사공부를 겸해 문화재 보는 즐거움도 얻을 수 있다. 물론 강화까지 가는 여행길 자체가 흥겨울 수 있는 것도 전등사에 가는 미덕 중 하나다.

앞에서 말한 것 외에 무엇보다 일단 절 주변에는 신선한 공기가 가득해 맘껏 가슴 깊이 들이쉬며 편안한 마음을 가질 수 있어 좋을 것 같다. 때문에 요즘 유행하는 '삼림(森林) 힐링'이라는 차원에서도 썩 어울리는 곳이기도 하다.

전등사 전경

산사에서 자연과 하나가 됨을 맛보며 마음이 즐거워지면 깨달음도 그만큼 가까이 와 닿지 않을까? 절을 찾는 목적은 저마다 달라도 그곳에서 즐거움을 느낄 수 있다면 분명 기쁜 일일 것이다, 그리고 이것이야말로 절이 우리에게 주는 진정한 미덕일거라 생각한다. 그래서 절에 가서는 경치부터 맛보라고 권하고 싶다. 더구나 우리 산천은 사계절이 뚜렷해서 철마다 새 옷으로 갈아입기 마련이다. 산 속에 자리한 절 역시 수시로 그 모습을 바꿔가며 우리 눈을 즐겁게 한다. 초봄, 얼음을 깨고 졸졸 흐르는 계곡물 소리의 간지러움, 한 여름 초록으로 웅장하게 뒤덮인 건강한 숲, 가을 선홍빛과 황금빛이 조화를 이루는 뒷산, 겨울 하얗게 내린 흰 눈으로 순결한 은백색을 담뿍 올려놓은 대웅전 앞마당….

이렇게 때마다 다른 느낌을 주니, 정말이지 여행을 사랑하는 사람으로서 산과 산사를 찾아가지 않을 도리가 없다.

전등사 조망 겨울의 전등사

전등사는 여름과 가을이 유독 좋다고 한다. 산사인 만큼 주변에 있는 울창한 나무며, 제법 시원스레 흐르는 계곡물이 그만이라는 뜻일 것이다. 하기야 전등사 경내가 직사각형이든 정사각형이든 통으로 널찍한 것은 아니지만(사찰의 가람배치가 이런 곳은 우리나라에 있을 수 없다), 다른 사찰에 비해 곳곳에 잔디가 있고 벤치며 둥근 탁자 등이 놓여 있어서 시원한 바람을 느끼며 쉬기엔 더없이 좋도록 세심한 배려가 담겨 있어 작은 공원처럼 느끼는 사람도 있을 수 있다.

하지만 겨울의 전등사도 그에 못지않다고 생각한다. 전등사를 둘러싸고 있는 산과 경내 모두 하얀 눈으로 뒤덮인 그림 같은 경치가 된다면 그야 말할 것도 없이 한 폭의 그림이겠지만, 꼭 눈이 아니어도 전등사에서는 겨울의 황량함이나 스산함이 별로 느껴지지 않아서 좋다. 맛있는 차를 마실 수 있는 다원(茶園)이 있고, 또 추운 날이면 칼바람 맞으며 바삐 다닐 필요 없이 대조루(對潮樓) 누각 안에 마련된 서점에 들어가 따뜻한 엽차 한 잔 손에 쥐고서 천천히 진열된 책이나 향 같은 불교용품을 둘러보며 추위를 녹일 수 있는 여유를 가질 수 있는 것도 장점이다.

절 이름의 유래는 산에 신비한 옥등이 걸려 있어서 '전등사(傳燈寺)'라는 이름이 붙은 것이지만, 아무튼 마음속이라도 옥등 곁에서 괴로움과 외로움이라는 인생의 추위를 녹일 수 있다고 생각하면, '전등사' 이름이 괜스레 더 정겹게 느껴진다.

대조루 위에 올라 서해를 굽어보다

뭍에서 강화도로 건너와 '전등사' 이정표를 따라 좁다랗게 왕복 2차선으로 난 순환도로를 달린 다음 삼랑성 남문이나 동문으로 향해야 전등사 경내가 시작된다. 전등사는 바깥에서 보면 산성을 끼고 들어앉아 있기 때문에 대개 이 남문을 지나 들어간다. 하지만 남문뿐 아니라 동문으로도 들어갈 수 있는데, 이 동문은 전등사가 처음이라면 쉽게 눈에 안 띈다. 실은 이 두 문은 예전에는 공식 출입구가 아니라 산성의 비밀통로라고 할 수 있는 암문(暗門)으로 쓰였다. 본래 이쪽으로 오는 길은 황무지 같아 쉽게 오를 수 있는 길이 아니었지만, 근래 관광지가 되면서 자동차가 다니는 길을 넓게 확장해 이쪽으로 길을 냈던 것이다. 그러니까, 이 산성의 정면은 서쪽 문이었던 셈이다. 특히 남문은 사람들이 가장 많이 오가는 문인데, 절 안으로 향하는 야트막한 산길에는 영천 은해사(銀海寺) 일주문 주변에 펼쳐진 아름드리 낙락장송 빼곡한 길이나, 부안 내소사(來蘇寺) 들어가는 길목 600미터

삼랑성 동문

에 이르는 길의 장대한 전나무 숲 같은, 보는 이로 하여금 웅장한 느낌의 자연은 아니다. 그래도 계곡과 산자락 사이엔 수백 년 된 은행나무를 비롯한 갖가지 나무들이 조화롭게 자리해 있어 나름대로 운치가 그득한 소담한 절 숲길이다.

이쯤에서 앞 야트막한 언덕 길 끝에 '종해루(宗海樓)' 편액이 걸린 커다란 남문이 보인다. 꽤 웅장한 모습이라 마치 서울 한복판에서 숭례문(남대문)을 보는 듯하다. 편액의 '종해'란 사방의 모든 강물이 바다를 종주(宗主, 우두머리)로 여겨 이곳으로 흘러든다는 의미로, 《서경(書經)》 〈우공(禹貢)〉편에 나오는 말이다. 비록 중국에 조공하는 처지였던 1793년에 지어졌지만 그 기상(氣相)만큼은 대륙을 굽어보고 있었다고 생각하면 될 것 같다.

역사 속의 전등사, 전등사의 시작 진종사

전등사는 국토의 서해 끝 섬에 자리하지만 역사는 깊어 창건의 시기는 아주 오래 전으로 거슬러 올라간다. 전하기로 381년에 아도화상

전등사 내경

(阿道和尙)이 창건한 '진종사(眞宗寺)'가 바로 전등사의 전신이라고 한다. 아도는 《삼국사기》나 《삼국유사》에 나오는 스님으로 고구려에서 건너온 스님인 묵호자(墨胡子)와 이름은 다르지만 같은 사람으로 보는 게 사학계의 정설이다.

그런데 이 진종사의 창건연대에 대해 많은 학자들이 의문을 품고 있다. 사실 의문 정도가 아니라 그런 전승(傳乘) 자체가 잘못된 것이라고 말한다. 그 이유는, 381년이면 강화가 백제의 영토일 때인데 그때는 백제에 불교가 전하기 전이었으니 이 연대를 믿을 수 없다는 것이다. 앞에서 든 삼국시대를 기록한 책들에는 우리나라에 가장 먼저 불교가 들어온 시기는 고구려 372년, 백제 384년이고, 신라는 그로부터도 한참 지난 527년에야 불교가 공인되었다고 나온다. 그러니 381년에 진종사가 창건될 만한 상황은 아무래도 아니라는 것이다. 다시 말해서, 강화도는 오랫동안 백제의 땅이었다가 475년에 고구려 영토가 되었으니, 전등사가 371년에 세워졌다면 백제에 불교가 전하기 3년 전의 일이므로 앞뒤가 맞지 않고, 후대에 윤색된 미화 또는 과장이 아니겠느냐는 주장이다.

하지만 나는 그렇게 생각하지 않는다. 사람들이 기록상의 연대를 너무 불가침의 영역으로만 여기고 있어서다. 불교의 '공인(公認)'과 불교의 '전래'는 분명 다른 의미다. 공인 이전에 전래는 훨씬 앞서서 될 수 있는 것이다. 공인 3년 전이 얼마나 짧은 시기이기에 그 사이에 사찰이 세워지기 어려웠다는 것인지 도무지 이해할 수가 없는 것이다. 그 무렵은 불교가 단순히 종교의 의미를 넘어서 정치·사회적 의미가 컸기 때문에 백성들이 납득하고 이해하는 절차가 필요했을 테고, 공인이라는 형식을 빌려 비로소 누구나 믿도록 공포하는 순서를 밟는 게 적법한 절차였을 것이다. 그런데도 공인 3년 전 381년에는 창건이 될 수 없다는 단순한 생각이 어떻게 해서 나오는 건지 아무래도 모르겠다. 구전되는 사찰 창건연대는 무조건 부정하고 보는 학계의 고질적 선입관이 작용한 게 아닐까 싶다.

어쨌든 전등사가 381년에 창건되었을 개연성은 충분하다. 처음 이름인 '진종사'는 글자 그대로 본다면 '참된 종교' 혹은 '참된 믿음'을 추구하는 곳이라는 의미로 풀 수 있다. 그리고 고려시대의 향로(香爐)에도 '진종사'가 새겨져 있는 것으로 보아 이 이름은 꽤 오랫동안 사용된 연조 깊은 이름임을 알 수 있다.

고려시대의 전등사

우리나라 사찰이 대부분 그러하듯 전등사에 관한 기본문헌이 많이 부족한 편이다. 기록물을 만들지 않아서가 아니라, 전쟁과 숱한 화란(火亂)으로 없어진 탓이 클 것이다. 그렇다고 이해는 되지만, 유학(儒學)에서는 한 문중의 역사가 족보 또는 세보(世譜)의 형식으로나마 낱낱이 전하고, 여기에 더하여 개인문집마저 허다히 출판된 것에 비하면 사찰의 족보라 할 만한 사적기(事蹟記)가 지나치게 적게 전하는 것은 아쉽기 그지없다.

그래서 전등사의 발자취를 찾아보는 일은 주로 비교적 근대인 1942년에 편찬된 《전등본말사지(傳燈本末寺誌)》에 기댈 수밖에 없다. 그 책에는 고려시대 고종과 원종 때 절을 몇 차례 수리했다는 얘기가 나온다. 먼저 고려 때인 1259년 삼랑성 동쪽에 가궐(假闕)을 지었다는 내용에 눈길이 간다. '가궐'이란 임금이 어떤 사정으로 대궐 밖에서 오래 머물던 임시궁궐이다. 가궐을 전등사에 둔 것은 나름의 사정이 있었을 텐데, 두 가지로 해석해 볼 수 있다. 하나는 고려가 불교국가였음을 떠올리면 이곳을 왕실의 원찰처럼 중요하게 여겼을 것이라는 추정이다. 서울인 개경이나 그 외에도 고찰과 명찰이 즐비했을 텐데 하필 이곳을 원찰로 삼은 것은 그만큼 전등사의 사격이 높아서였다고 보는 게 당연한 순리다. 다른 하나는 당시가 몽골(훗날의 원나라)의 침략이 노골화되기 시작했을 때였으므로 개성이 만일 함락된다면 임금이 이곳에 머물며 최후의 항전을 하겠다는 준비였다고 생각해 볼 수 있다. 바로 뒤가 서해이므로, 이제 여기서 더 물러설 곳도 없다. 그야말로 배수의 진을 이곳에 친 것이다. 물론 몽골이 해전에 아주 미숙하다는 전략적 판단이 뒷받침 되었을 것은 물론이고. 그로부터 5년 뒤인 1264년 5월 5일에는 전등사에서 '대불정오성도량(大佛頂五星道場)'이 4일 동안 열렸다고 한다. 이는 부처님의 가피(加被, 돌봄)를 받아 나라의 온갖 재난을 물리치고자 하는 불교 행사의 일종이다.

이후 전등사는 1282년에 대대적으로 중창되었는데, 이 일은 충렬왕의 부인 정화궁주(貞和宮主)에 의해 이루어졌다.

전등사의 여름. 대조루로 오르는 길이다.

정화궁주의 슬픔

정화궁주는 왜 전등사를 커다란 규모로 중창하였던 것일까? 어떤 인연이나 인과가 있었을 것임에 틀림없다.

정화궁주는 충렬왕의 첫 번째 왕비였지만 왕비로서 일생을 평범하게 마치지 못한 비운의 여인이다. 당시 고려는 몽골이 세운 원나라의 침입을 막지 못하고 항복한 뒤 심각한 내정간섭을 받았다. 그런 간섭의 하나가 고려는 원나라의 공주를 왕비로 맞이해야 하는 조약이었다. 그에 따라 충렬왕은 이미 정화궁주를 왕비로 맞이했음에도 불구하고 왕비의 자리는 원나라에서 온 제국대장공주(齊國大長公主)로 바뀌었다. 일명 장목왕후(莊穆王后)로도 불린 제국공주는 원나라의 공주라는 신분을 앞세워 왕을 무시하고 막강한 정치권력을 행사했다. 충렬왕은 그녀의 강압, 아니 원나라의 원격조정에 지쳐 자포자기의 심리상태가 되었고, 심지어 정화궁주는 제국공주의 미움을 받아 별궁으로 쫓겨나서 왕을 보지도 못하는 상황이 되었다. 사랑하는 사람을 가까이 두고도 못 만나는 심정은 한 나라의 왕비인들 다를 리 있을까. 그녀는 자신의 처지를 두고 “아무리 상감의 사랑을 받아도 고려 여자는 왕비가 될 수 없구나. 오랑캐 여인의 눈치를 살펴야 하다니, 정말 슬프기 한이 없어라" 하며 한탄만 할 뿐이었다. 그녀는 슬픔을 달래기 위해 착실히 불교를 믿었다. 이 무렵 정화궁주는 강화도를 방문했는데 이때 진종사에 들러서 평소 아끼던 옥으로 만든 등잔을 진종사에 시주했다. 또 인기(印奇) 스님에게 부탁해 원나라에 의해 정벌된 송(宋)나라 시대 동선등각원(東禪等覺院)이라는 절에서 펴낸 대장경을 전등사에 비치하도록 했다. 진종사가 지금처럼 전등사로 이름을 고치게 된 것이 바로 정화궁주의 옥등 시주로 인한 것이라 한다. 전등사와 정화궁주의 인연은 후대에도 널리 알려져 고려의 대시인 목은(牧隱) 이색(李穡)은 그를 소재로 시를 남겼는데, 이는 뒤에서 다시 살펴본다.

전등사에서 보관하는 여러 경판들

조선시대의 중창을 알려주는 양간록

조선시대에 들어와서 전등사는 1605년, 1614년 등 여러 차례 화재를 맞아 잿더미가 되었지만, 그때마다 곧바로 중창을 이루곤 했었다. 숭유억불의 조선시대였지만 전등사의 존재가 그만큼 만만찮았기 때문이었을 것이다.

그런데 일제강점기인 1916년 3월 12일 전등사 대웅전을 수리하던 중 〈양간록(樑間錄)〉이 발견되어 화제가 되었다. 〈양간록〉이란 일종의 상량문으로 건물을 지을 때 대들보를 올리면서 건물 신축을 기념하기 위해 쓰는 글이다.

이 〈양간록〉의 대중질(大衆秩, 시주에 참여한 시주자들의 명단)에는 모두 24명의 전등사 스님의 이름이 기록되어 있고, 그 밖에 45인의 일반 시주자 명단도 있다. 더욱 흥미로운 점은 여기에 7언율시로 된 〈전등사사적송(傳燈寺事蹟頌)〉도 함께 적혀 있는 점이다. 중창 불사(佛事)를 마친 뒤 가람의 장엄함을 노래한 일종의 기념 헌시(獻詩)라 할 만하다. 소개해 보면 다음과 같다.

矗立三峰如鼎足	곧게 선 저 세 봉우리 솥의 다리 같고
中藏一刹古今傳	그 가운데 한 고찰이 있어 고금에 전해오네
三郎城屹知多歲	높다란 삼랑성엔 오랜 시간 묻어 있고
羅漢殿高問幾年	높이 솟은 나한전 앞에서 그간의 세월 묻네
密德峴前凝瑞霧	밀덕현 앞에는 상서로운 안개 서리고
國師堂下起青烟	국사당 아래선 푸른 연기 일어나니
依然形勝吟中入	그 의연한 형승 안에 들어가
占得新詩寄老禪	새로 지은 시 노스님께 드려 볼까나

사고(史庫) 관리처로 지정되다

조선 후기엔 서해의 관문으로서의 강화도의 중요성이 더욱 확고히 인정되었다. 그래서 우선 편 정책이 《조선왕조실록》 등 국가의 주요 기록물을 보관하기 위한 사고를 여기에 두고, 이의 관리를 전등사에서 맡도록 했다. 나라의 역사를 담고 있는 사서(史書)는 매우 중요하기 때문에 전란의 피해를 입지 않을 만한 곳에 두게 마련인데, 강화가 그 중 하나로 꼽힌 것이다. 몽골과 청나라의 침입을 방어한 곳이라는 인식이 크게 작용했을 것이다. 아무튼 삼랑성에 사고가 세워지자 전등사가 사고 관리 사찰로 지정되어 나라로부터 일정한 지원을 받게 되었다. 숭유억불로 불교가 탄압받던 시대에 이 같은 지원은 사찰의 입장에서는 커다란 힘이 되었을 것이다. 하지만 나중에 이곳이 미국과 프랑스의 해군이 상륙해 사고를 약탈했으니, 역사는 정말 예상하기 어려운 묘한 존재인 것 같다.

어쨌든 전등사는 나라의 지원을 받음과 동시에 한걸음 더 나아가 경기 서부 일대의 사찰을 관리하는 수사찰(首寺刹)의 지위도 얻었다. 이로 인해 전등사의 사격이 꽤 올랐음은 물론이다. 그리고 그 전인 1726년에 영조 임금이 전등사에 행차해 '취향당(翠香堂)' 편액을 써 주고 가기도 했다. 이처럼 임금이 친히 행차하는 등 나라의 지원을 공식적으로 받았던 사실을 통해 당시 전등사가 어떤 위치에 있었는지 짐작하기 어렵지 않다.

근대의 전등사, 병인양요와 신미양요의 현장

근대, 곧 구한말은 조선이 일본과 서양열강들의 집중표적이 되면서 찾아왔다. 고종 때 병인양요와 신미양요가 일어났는데 그 결과 조선은 더욱 견고한 쇄국정책을 펴 나갔다. 그래서 바다로 쳐들어오는 열국의 첫 기착지(寄着地)가 되는 강화도의 중요성을 절감해 더욱 충실한 방비를 위해 전등사에 포량고(砲糧庫)를 세우기로 했다. 포량고는 포병부대의 군량미를 쌓아두는 곳이다.

병인양요는 프랑스 해군이 쳐들어와 벌어진 전투다. 지금 전등사에서 남문으로 내려가는 길 한 편에 '순무천총양공헌수승전비문(巡撫千摠梁公憲洙勝戰碑文)'이 세워져 있는 것도 병인양요 때의 강화수비대의 전공을 잊지 않기 위한 호국의 자취인 것이다. 병인양요는 결국에

양헌수 승전비문

는 결국 프랑스군의 승리로 끝나고 그들이 강화에 상륙해 사고(史庫) 등에 있는 여러 도서를 약탈해 가기는 했지만, 최초의 전투에서 양헌수 장군이 이끄는 관군이 프랑스군에 맞서 승리한 것을 기념한 것이다.

근대, 본사로의 승격

전등사 대조루

전등사는 일제강점기에 강화와 개성 등 6개 군에 있는 34개 사찰을 관리하는 본사로 승격되었다. 이는 1911년 6월 3일 조선총독부가 발표한 〈조선사찰령(朝鮮寺刹令)〉에 따른 것이다. 고려 이래로 나라로부터 중시되어 온 전통에 따른 자연스런 대우였을 것이다. 본사가 되고 초대 주지로 1911년 지순(之淳) 스님이 부임했다. 이어 1915년 2대 주지로 취임한 국창환(鞠昌煥) 스님은 국고보조금 4,690원 90전으로 대웅전을 중건하고, 이듬해 1916년 강화 일대의 1,200가구에서 낸 기부금으로

전등사 대웅보전

시왕전과 대조루를 중건했다. 가구당 평균 7전쯤 냈다고 하니, 그야말로 십시일반이란 이를 가리킨 말 같다. 당시 물가나 화폐가치가 어떤지 정확히 알 수는 없지만 1905년 13시간 45분 걸렸던 서울과 부산 간 기차 1등석이 12원 45전, 2등석이 8원 30전, 3등석이 4원 15전이었으니, 이것으로 상대적 비교는 할 수 있지 않을까 싶다.

대웅보전 삼존상

전등사를 노래한 시

끝으로 역대의 문사들이 이곳에 와 지은 시를 소개하면서 전등사의 역사를 되짚어 보고자 한다.

역사가 오래되고 주변 경관이 뛰어난 절이라면 누구나 한번쯤 찾고 싶은 마음이 들게 마련이다. 그리고 나서 기념으로 자신의 느낌을 글이나 시로 남기면 개인의 추억으로서는 금상첨화다. 요즘처럼 디지털 카메라가 없던 시대의 사람들은 글이야말로 유일한 기념 수단이었다. 옛날에는 한문이 개인의 기본적 소양이었으므로 그들이 절을 찾고 나서 느낀 소회를 글로 짓고 쓴 것은 아주 자연스런 작업이 되었다고 보아야 한다. 특히 시는 그 사찰의 면모를 가장 핵심적으로 표현한 문학이므로 우리 사찰에서 느낄 수 있는 감수성을 이해하는 데는 그만한 장르가 없다고 감히 얘기할 만하다.

그런데 문제는, 사람들이 한시와 가까이 하려 해도 마음 같지 않게 쉽사리 다가오지 않는다는 점에 있다. 요즘에 와서는 한문이란 것이 별도로 오랜 시간동안 공부해야 이해될 정도로 낯선 학문이 되어 있을 뿐만 아니라, 설령 어지간히 이해하는 수준이라고 해도 막상 읽어보면 우리가 생각하는 시적 감수성이 한시에서는 잘 느껴지지 않는 것이다. 그래서 어떻게 보면 옛날 사람들이 생각하는 시와 지금의 시는 본질 자체가 다른 게 아닐까 하는 심각한 회의를 일으키기도 한다.

같은 시라 해도, 표음문자(한글)를 사용해서 머릿속에 떠오르는 단어를 그대로 써내려가는 현대시와, 표의문자인 한자로 몇 단계 걸러서 표현해야만 하는 한시는 그 이해의 방식이 다를 수밖에 없다. 그러니 한시를 소개하거나 번역하는 사람은 우선 작자의 의도를 충분히 파악한 다음, 그것을 다시 현대시의 운율과 감수성으로 새롭게 바꿔주는 작업을 해내야 한다. 어떻게 보면 재창작에 가깝다. 그만큼 한시의 번역은 어렵지만, 옛사람들의 심성과 마음을 이해하기 위해서라면 이만한 수고야 기꺼이 감수해야 하지 않을까.

전등사는 강화를 대표하는 고찰이라 예로부터 숱한 시인묵객들이 찾았다. 그렇기에 전등사와 전등사 주변의 명소인 정족산성 그리고 강화도를 노래한 시는 이루 헤아릴 수 없을 정도로 많다. 《전등본말사지》 같은 책에는 이런 시들이 아주 많이 실려 있다. 이 중 전등사의 진면목을 이해하는 데 가장 요긴하다고 생각되는 시 3편을 골라보았다.

• 이색의 〈제전등사대조루(題傳燈寺對潮樓)〉

이색(李穡, 1328~1396)은 고려 말의 유명한 문신이자 학자다. 그가 전등사 대조루에 올라 지은 시 〈제전등사대조루(題傳燈寺對潮樓)〉는 그 뒤로 많은 후배 문인들이 찾아와 화답했을 만큼 유명한 명시였다. 앞에서 말했듯이 사랑을 잃고 불우하게 삶을 마친 정화궁주를 소재로 삼아 지은 시다.

2연의 첫 번째 행에 나오는 '오태사(五太士)'는 고래로 우리나라에 있는 다섯 분의 신선을 가리키는 것 같다. 혹은 중국 춘추전국시대 초(楚)나라의 충신 오자서(伍子胥)를 지칭한다고도 하는데, 그렇게 되면 이 시의 내용과는 어울리지 않는다.

蠟履登山興自淸　나막신 고쳐 신고 산 오르니 맑은 흥 절로 나오고
傳燈老釋尊吾行　전등사의 노스님 나와 함께 가시네
窓間遠岫際天列　창밖의 먼 산 하늘 멀리 벌려 있고
樓下長風吹浪生　누 아래 부는 긴 바람에 바닷물결 출렁이네

星曆蒼茫五太士　먼 옛날 오태사가 까마득한 일인데
雲煙飄渺三郎城　구름과 연기 삼랑성에 아득하네

貞和願幢更誰植　정화공주의 원당 누가 다시 고쳐 세울는지
壁記塵昏傷客情　벽기에 쌓인 먼지 나그네 마음 상하게 하네

• 권필의 〈제전등사(題傳燈寺)〉

권필(權韠, 1569~1612)은 조선시대 중기 선조와 광해군 대에 활동했던 유명한 시인이다. 〈어부사시사〉를 지어 국문학상 시조시인으로도 유명한 정철(鄭澈)의 문인인데, 권필 자신도 《주생전(周生傳)》이라는 한문소설을 지었다.

그는 성격이 자유분방하고 구속받기 싫어하여 벼슬하지 않은 채 평생 야인으로 살았다. 그런 만큼 당시의 정치적 혼돈에 염증을 느끼고 자신의 생각 그대로를 표현하게 되어, 광해군의 폭정을 풍자하는 〈궁류시(宮柳詩)〉를 지었다. 결국 권필은 1612년 전라남도 해남으로 귀양 가는 길, 동대문 밖에서 행인들이 주는 술을 폭음하고 이틀날 44세의 나이로 죽었다고 한다.

시 중 2연의 첫 번째 행 마지막에 나오는 '현포(玄圃)'란 신선들이 사는 곳인데, 여기에서는 곧 전등사를 가리킨다. 이 단어 하나만 갖고도 권필이 얼마만큼 전등사의 경치를 아꼈는지 넉넉히 짐작할 만하다.

松蘿直上海上頭　올곧은 소나무 해상 위로 솟으니
坐送江南萬里舟　누에 앉아 강남 만 리 떠나는 배를 전송하네
牧老舊題餘板在　그 옛날 목은 선생 시 적힌 현판은 의구하고
檀君遺蹟古壇留　단군의 자취 남긴 참성단 남아 있네

分明日月臨玄圃　일월은 또렷이 현포에 떠오르고
浩蕩風煙點白鷗　바람 거센 호호탕탕 바다 한 가운데 몇 마리
　　　　　　　　갈매기 떠있네
天地有窮人易老　세상은 끝이 있고 사람은 쉬 늙어버리니

此生能得幾回遊　　이승에서 얼마나 더 노닐까

• 이건창의 〈제전등사(題傳燈寺)〉

이건창(李建昌, 1852~1898)은 조선 후기의 대문호로, 강위(姜瑋)·김택영(金澤榮)·황현(黃玹)과 더불어 후기 4대 문장 가운데 한 사람으로 꼽힌다.

당대의 명망가 이시원(李是遠)의 손자로, 할아버지가 개성 유수로 있을 때 관아에서 태어났으나 어려서 집안이 모두 강화로 이사한 뒤 줄곧 강화에서 자랐다. 강화를 천분(天分, 자연을 닮은 훌륭한 성품)의 바탕으로 삼아 문학과 정서를 길렀으니, 말하자면 강화 토박이라고 해도 과언이 아니다.

다섯 살 때 벌써 문장을 구사할 만큼 재주가 뛰어나 신동이라는 말을 들었으며, 1866년 열다섯 살 때 과거에 급제하였다. 15세 급제는 역사에 드문 일이라 곧바로 벼슬을 내리지 않다가 4년이 지나 19세가 되자 홍문관에 발령을 내었다. 그 뒤 충청도와 경기도의 암행어사를 거쳐 한성부 소윤, 승지 등의 벼슬을 지낸 뒤 31살 때부터 강화에 돌아가 그곳에서 학문과 시작에만 힘을 쏟으며 여생을 마쳤다.

강화에서 자랐고 강화를 사랑했던 그였으므로 여느 시인들처럼 어쩌다 한 번 온 전등사가 아니었을 것이다. 그러니 그가 전등사를 노래한 이 시에는 누구보다 전등사를 자주 찾고 아꼈던 대시인의 응축된 감정이 녹아들어 있다고 해야 하지 않을까.

三郎城外野田平　　삼랑성 밖에는 너른 들과 밭 펼쳐져 있어
不見長風吹浪生　　긴 바람에 일렁이는 파도를 보지 못했네
信有文章堅固力　　참으로 믿을 건 견고한 문장력뿐
韓山詩作海潮聲　　한산시를 지어 바닷물 출렁이는 소리나 들어
볼까나

강화 정수사

여행과 답사의 재미

여행은 늘 즐겁다. 여행의 목적은 다양하지만, 현대인들은 대개 삶의 활력을 느끼기 위해 여행을 한다. 여행은 또 마음을 치유하는 특효약이기도 하다. 그런즉 잠시나마 일상에 매어져 있는 긴장의 끈을 과감히 풀어놓고(혹은 끊어버리고) 떠나는 길에 조금이라도 주저함이나 민망함, 혹은 아쉬운 마음이 묻어 있다면 그건 여행의 원칙에 위배될 터이다.

그러고 보니 십여 년 전의 일이 생각난다. 이 말은 앞서 서울 〈청룡사〉편에서도 말했었는데, 15년이 넘은 예전에 나는 지방의 모 대학에 몇 년 간 출강하던 적이 있었다. 어느 해 봄에 나는 학생들의 3박 4일 답사를 인솔하게 되었다. 아침 일찍 나온 학생들은 대구역 앞에 주차한 버스 3대에 나누어 타고 있었는데, 나는 출발 전 그 한 대 한 대마다 올라가서 학생들에게 이렇게 얘기해 주었다.

"자, 이제부터 우리는 놀러가는 겁니다."

답사를 떠난다고 제법 긴장했던 학생들은 놀라 눈을 크게 떴다.

"답사를 공부로 생각하겠지만, 답사 이전에 여행입니다. 여행길이 재미없으면 공부고 뭐고 필요 없어요. 공부도 먼저 재미있어야 하지요. 그러니 답사라고 긴장하지 말고, 우선 재미있게 보내도록 해요."

한 마디로 어깨에 힘 빼고 여행을 즐겨야 유적도 유물도 보인다는 것이었다. 학생들은 내 말을 이해했는지 고개를 끄덕거리며 곧바로 생글생글 웃는 얼굴로 바뀌었다. 그 뒤로도 몇 번인가 학생들을 인솔하고 떠났는데 난 그때마다 앞서의 그 말들을 들려주곤 했다.

금요일 저녁, 마포 불교방송 주차장에서 출발한 우리들은 이제 막 시작될 여행길이 마냥 기대되었다. 미모에 항상 웃는 얼굴로 사람들을 대하는 인상 좋은 이선희 아나운서, 중후한 목소리에 걸맞은 중후한 체구에 부드러운 매너를 갖춘 이명학 아나운서, 겉으로는 좀 까칠한 듯 보이지만 실상은 누구보다 속마음이 부드러운 백상준 엔지니어, 머리 좋고 재치가 늘 풍성하게 넘치는 복스러운 박민주 작가, 언제나 사람들을 푸근하게 해 주는 밝은 미소만큼이나 성격 좋은 김수정 작가, 그리고 영화 〈별들의 고향〉 속의 여주인공 경아보다 몇 배나 귀여운 오경아 작가 등 불교방송(BBS)의 식구들이 오늘 여행길에 나와 함께 하고 있다. 7년 전 사찰탐방 프로그램의 진행을 맡으면서 이들을 알게 되었고, 지금은 이선희 아나운서가 진행하는 〈붇다의 노래〉라는 프로그램에 고정 출연했던 인연으로 이렇게 함께 1박 2일의 여행을 떠난 것이다. 이들을 조금이라도 아는 사람이라면 누구나 동의하겠지만 모두들 선하고 신실한 사람들이니, 오늘 여행길이 정말 마음 편하고 즐겁지 않을 수가 없다.

우리의 목적지는 푸른 파도가 넘실대는 바다를 바라보고 들어앉은 강화도 정수사(淨水寺). 방송이 있어서 금요일 저녁에 출발하느라 길은 제법 막혔지만, 쉼 없이 터져 나오는 재치 넘치는 이야기들로 차 안에는 폭소가 만발했다. 박민주, 김수정 두 작가는 숙소로 잡은 펜션에 먼저 가서 저녁 준비를 하고 있을 거고, 우리 후발대는 오랜만에 만끽하는 여유로움으로 마치 비단길을 지나는 듯했다. 한강을 왼쪽에 끼고 달릴 때는 서서히 지기 시작하던 해가, 강화대교에 이르러서는 가지가지 수채화 물감을 풀어놓은 듯 붉고 푸른 노을 자락을 강줄

기에 가득 섞은 장관을 연출해 주었다. 자연이 이렇게나 아름답다는 것을 새삼 느끼며 우리는 강화에 들어섰다.

엉뚱한 말인지 모르겠지만, 내가 생각하기에 '강화도(江華島)'라는 말에는 여러 가지 의미가 함축되어 있는 것 같다. 강화도라는 말에서 참성단을 먼저 떠올리는 사람이라면 소싯적에 국민윤리 공부 제대로 했다고 인정해 줘야 한다. 백두산, 묘향산과 함께 단군왕검이 내려온 참성단에서는 매년 전국체육대회의 성화가 채화되며, 개천절에는 제전(祭典)이 거행되니 강화도는 우리 민족의 정신적 뿌리인 셈이다. 그리고 몽골의 질풍노도와 같은 군대에 맞서 수도 개성을 버리고 30여 년간이나 강화에 웅거하던 고려시대의 역사와, 자그마한 조선을 선점하기 위해 다투어 몰려온 프랑스·미국 등 서구열강이 최신형 군함에서 쏟아 붓던 포격을 온몸으로 막아내며 나라를 지키려 항전했던 조선 사람들을 기억하는 사람이라면 국사공부 확실히 한 축에 속할 것이다. 그런데 무엇보다도 강화에는 몽골의 말발굽이 전국을 휩쓸던 그 어려운 시기에 팔만대장경을 봉안했던 호국불교의 역사가 오

정수사에서 바라본 마니산

롯이 간직되어 있으니, 이걸 떠올리는 사람이야말로 그 깊은 문화적 소양에 후한 점수를 주어야 마땅하다. 다시 말해 강화에서 불교와 불교문화를 볼 줄 알아야 강화를 역사·문화적으로 제대로 이해하고 있다고 말할 만하다는 것이다.

사람들은 보통 강화에 오면 많이들 전등사만을 보고 가지만, 정수사까지 들러봐야 강화의 사찰을 좀 더 잘 이해할 수 있다. 물론 강화에는 이 둘 말고도 적석사, 청련사, 청수암 등 많은 절들이 있다. 모두 품격 있고 전통 깊은 사찰들이다. 벽지라면 벽지인 강화에 이러한 절들이 많은 건, 고려시대 후반기에 북쪽에서부터 치고 내려오는 강성한 외적을 피해 왕실이 아예 이곳에 행궁을 짓고 오랫동안 농성한 시기가 많았기 때문이다. 왕실이 있으니 당연히 그 위상에 걸맞은 사찰들이 있어야 했고, 또 거기에는 자연히 왕사며 국사들이 모여들었으므로 이곳의 불교는 그 어느 지역보다 품격이 높을 수밖에 없었을 것이다.

아직 토요일 오전인데도 이미 뭍에서 몰려든 사람들로 강화는 북새통을 이루고 있다. 정수사에 가려면 전등사를 지나서 가는 길이 코스지만, 초지대교를 건너온 차들이 왕복 2차선의 좁은 길에 멈추어 선 채 끝없이 이어져 있어 할 수 없이 반대편 길로 달렸다. 어차피 해변을 따라 일주도로가 빙 둘러서 나 있으므로 어느 쪽으로나 가기만 하면 될 것 같아서였다. 그런대로 잘 뚫리던 길은 함허 스님이 수도했다는 곳인 함허동천(涵虛洞天) 부근 청소년 야영장에서 다시 한 번 멈추어 섰다. 이곳 야영장을 이용하려는 차들이 넘쳐나 길을 막고 있어서였다. 겨우 빠져나오니 곧바로 정수사 입구다. 방금 지나온, 조선 초의 고승 함허선사가 수행하던 함허동천 계곡에서 아주 가깝다. 잠시 한숨을 돌린 우리들이 정수사 가는 계단을 올라가는데 어쩐지 코끝에 뭔가 짠맛이 싸하게 맴도는 게 느껴진다. 그러고 보니 정수사 앞은 서해 바다 파도가 넘실대는 마리만(灣)이다. 마리만의 '마리'는 강화하면 떠오르는 마니산에서 나온 말로 마니산을 한때 마리산이라고 했고, 지금도 그렇게 불러야 맞는다고 주장하는 사람도 많다.

정수사는 삼국시대인 639년에 회정(懷正)선사가 '精修寺'라는 이름으로 창건했다고 전해온다. 낙가산에 머물던 회정선사가 마리산 참성단을 배관한 뒤 그 동쪽 기슭에서 앞이 훤히 트인 땅을 보고는, 저기라면 불제자가 가히 선정삼매를 정수(精修)할 만한 곳이겠구나 싶어 절을 짓고 정수사(精修寺)라 하였다는 것이다.

절 이름의 유래에 관해서는 정수사 안내판에 또 다른 이야기가 소개되어 있는데, 앞서 말한 함허 스님과 관련 있는 것이다. 1426년 함허 기화(涵虛己和) 스님이 정수사를 중창할 때, 법당 서쪽에서 맑고 깨끗한 물이 흘러나오는 것을 발견하곤 절 이름을 '精修'에서 '淨水'로 고쳤다는 이야기다. 그런데 그 안내판을 보다가 문득 이런 생각이 들었다. '淨水'는 글자 그대로 '맑은 물'로, 이 물을 담은 그릇은 정병(淨甁)이 된다. 그런데 정병이란 곧 관음보살이 들고 있는 병이다. 그런즉 정수라고 한 것은 관음보살과 밀접한 관련이 있다고 할 수 있는데, 그렇다면 당시 정수사는 관음신앙과 특별한 연관이 있어서 이렇게 이름을 바꾼 게 아닌가 싶었다. 실제로 우리나라 도처의 바닷가 사찰에는 관음보살과 관련된 부분이 많아 이런 추측이 제법 그럴듯하게 보이는 데 한몫 거든다. 그건 그렇고, 정수사를 중창한 함허 스님에 대해서는 "고려 말, 원나라 승려이자 한림학사였던 함허 득통이 어느 날 이곳에 와서 도를 닦다가…" 하는 전설이 유명하니 굳이 여기서 다시 인용할 필요는 없을 것 같다. 다만 이건 사실이 아니라 말 그대로 전설에 불과하다는 것은 꼭 짚고 넘어가야겠다. 함허 스님은 우리나라의 실존 인물로서 정수사에 머물면서 이름을 널리 남겼는데, 그의 발자취가 사찰과 강화 곳곳에 전하면서 이런 전설도 만들어진 게 아닌가 싶다.

정수사 경내는 결코 넓다고는 할 수 없지만, 대웅전을 중심으로 몇몇 전각들이 아담하게 들어앉아 있는 품이 한눈에도 퍽이나 정겹게 느껴졌다. 전국의 천여 곳 가까운 절들을 다녀봤지만 첫눈에 이런 느낌이 드는 곳은 흔치 않았다. 일행들도 정수사의 푸근함이 퍽이나 마음에 드는 눈치다. 이선희 아나운서가 어느새 대웅전을 한 바퀴 둘러보고는 내게 묻는다.

"박사님, 대웅전 형태가 여느 건물과는 좀 색다르네요?"

뭐가 다르더냐고 되묻자 바로 대답이 돌아온다.

"보통 법당엔 마루가 없잖아요? 그런데 정수사 대웅전에는 작은 마루가 앞에 달려 있네요?"

나는 그녀의 세심한 주의력에 감탄하며, 이 건물은 조선 초기인 1423년에 처음 지었는데 그때는 마루가 없었지만 중후기를 거쳐 여러 차례 보수하는 과정에서 지금처럼 변하게 되었다고 설명했다. 그리고, 물론 법당에 마루가 있는 건 흔한 경우는 아니지만 이런 변용이

정수사 내경

대웅전 툇마루

나타난 것도 하나의 시대상을 반영하는 것이니만큼 있는 그대로 이해하는 게 좋겠다고 말해주었다.

말이 끝나고 보니, 일행들은 어느 새 마루에 올라서서 대웅전 문에 시선을 집중하고 있다. 정수사 대웅전 문은 우리나라에서도 손꼽히는 아름다운 꽃창살을 지니고 있다. 앞면의 네 짝문 모두 특이하게도 아래에 있는 꽃병에서 퍼져나간 가지가지 화려한 꽃들로 장식되어 있다. 정병이 강조된 것은 역시 관음보살을 상징하기 위해서일

대웅전 꽃창살

까? 그나저나 이 꽃창살의 무늬들은 정말 기막히게 정교하고 디자인도 뛰어나다. 몇 년 전 한국의 불교미술에 대해 무지한—우리가 알려주지 않았으니 그럴 수밖에 없지만—외국 학자들에게 이 정수사 꽃창살의 사진을 보여주었더니 보통 감탄하는 게 아니었다. 정수사 대웅전은 보물 161호로 지정되었는데, 이 꽃창살이 한몫 한 게 아닌가 싶을 정도다.

꽃창살에 대해선 할 말이 좀 더 있다. 자세한 것은 따로 설명을 해야 하겠지만, 우선 결론부터 말한다면 우리나라 사찰의 대표적 미학이 보이는 부분이 바로 이 꽃창살이라고 할 수 있다.

대웅전 안에는 아미타삼존불상이 봉안되어 있다. 이 중 지장보살은 개성에 있다가 어느 때인가 이곳으로 이운된 것이라고 하는데, 아닌 게 아니라 양식에서 고려의 흔적이 엿보인다.

정수사 각시바위와 삼층석탑

정수사에는 대웅전 외에 산신각이 있고, 마당 오른쪽으로는 커다란 바위 위에 삼층석탑이 우뚝 세워진 게 인상적이다. 커다란 바위는 또 '각시 바위'라는 별명이 있는데, 이곳에서 수도한 함허 득통 스님을 사모한 한 젊은 여인이 이루지 못한 사랑의 애절함을 간직한 채 바위로 변했다는 전설이 전한다. 조선 후기의 실학자 이규경(李圭景, 1788~?)이 쓴 《오주연문장전산고(五洲衍文長箋散稿)》에 나오는 이야기다. 슬픈 사연이다. 사람이 사랑하는 사람을 드러내 사랑할 수 없는 것만큼 슬픈 일이 또 있을까.

그 위의 삼층석탑은 고려의 양식을 하고 있어, 정수사의 또 다른 역사를 말해주는 문화재라고 할 수 있다.

정수사를 노래한 시

앞서의 각시 바위 전설을 알고 나니 정수사의 이미지가 은근히 깊어진다. 그 옛날 조선시대 선비들이 정수사를 다녀와 지은 시에는 어떤 이미지가 담겨 있을까 궁금해지는데, 그중에서 3편을 소개하겠는데, 이 세 사람의 시인 모두 조선을 대표하는 쟁쟁한 이들이다. 그런만큼 시들도 빼어난 경지를 이루고 있다. 먼저 문장으로 조선에서 다섯 손가락 안에 손꼽혔던 월사(月沙) 이정구(李廷龜, 1564~1635)의 시부터 본다. 〈마니산 정수사〉라는 시로, "이 절의 스님이 부르는 운에 맞춰서 지었다"라는 부제가 달려 있다.

小庵昏磬出諸天	서물녘 작은 암자 종소리는 하늘에 닿고
十島煙霞繞坐禪	어스름 푸른 연기는 스님 주위에 머물며
更待月明山夜靜	밝은 달은 적막한 산사를 비추니
參星臺下會群仙	첨성단 아래엔 신선들이 모여 있겠네
吾家能定亦能安	거처가 조용하니 마음도 평안해
不必楞嚴卷上看	능엄경 펴놓아도 책 볼일 없겠지
要識此心澄澈處	맑은 마음은 어디로든 향할 터
玉潭秋水鏡光寒	가을날 옥같은 물에 떠오르는 한줄기 빛이여

이정구는 시인으로 유명했을 뿐만 아니라 우의정과 좌의정을 지내며 최고 관직에 올랐고, 글씨도 명필로도 이름났던 당대에서 가장 손꼽던 명사였다. 한마디로 유교에서 추구하는 최고의 지성과 복덕을 이룬 이라고 할만하다. 그는 정묘호란 때 왕을 호종해 피난 오면서 강화와의 인연을 맺었는데, 이때 특히 정수사에 대해 깊은 인상을 받았던 것 같다. 이 시에서 1~4행은 정수사에 대한 묘사이고, 5~8행은 불교와 사찰에서 얻는 고요함을 노래한 것인데, 이런 표현들은 유학자의 입장에서 대단한 파격이 아닐 수 없다. 8행의 '옥처럼 깨끗한 물'이란 '정수'(淨水)를 시적으로 풀이한 말일 것이다. 그런데 '정수'란 무슨 뜻일까? 일단 감로수가 먼저 떠오르지만, 바다의 의미로도 충분히 쓸 수 있는 단어인 것 같다.

다음에 소개하는 시는 동악(東岳) 이안눌(李安訥, 1571~1637)의 〈정수사 부도전에서(題淨水寺浮屠殿)〉다. 그는 조선 중기의 큰 존경을 받던 학자 중 한 사람으로, 평생을 학문과 시작에 몰두했었다. 그의 집이자 작업실이 장충동 동국대 자리에 있었기에 지금 캠퍼스 안에 〈동악시비〉가 세워져 있다.

千古浮屠殿　천고에 전하는 부도전
摩尼岳麓東　마니산 동쪽 기슭에 있네
山回人境隔　산은 돌아누워 인간을 벗어나고
天豁海門通　너른 하늘 너머론 바닷문이 열려라

蜀魄啼斜月　촉나라 혼백은 달빛에 기울고
梨花墜暗風　이화는 어둔 바람에 떨어져
蹔爲虎竹累　잠시 들렀던 이 길
一宿別禪翁　하룻밤 지낸 뒤 스님과 작별하네

5, 7행은 중국 당시(唐詩)에서 이미지를 따 왔다. 5행의 '촉나라 혼백'은 당시에서 즐겨 다루던 시상(詩想)으로 처연함의 상징이고, 7행의 호죽(虎竹)이란 이태백(李太白)의 시 〈출자계북문행(出自薊北門行)〉의 '虎竹救邊急'이라는 구절에서 처음 나온 시어로 사신(使臣)의 징표를 뜻한다. 아마도 이 시를 지을 무렵 이안눌이 강화 부사(府使)로 있었음을 말한 것 같다. 고을의 책임자로 정수사에 들러 하룻밤 묵은 그가 다음 날 아침 스님과 작별하는 광경이 아주 서정적으로 묘사되어 있다.

끝으로 석주(石洲) 권필(權韠, 1569~1612)이 지은 〈정수사에서 취하다(淨水寺醉題)〉를 소개한다. 권필은 조선 중기의 대표적 시인이다. 언젠가 명나라 최고의 문인이 사신으로 올 때 당연히 그를 응대할 문사로 뽑힐 만큼 명성이 높았다. 강화에서 제자들을 가르치며 오랫동안 지냈으니 권필만큼 정수사를 잘 아는 시인도 드물 것이다.

海山孤絶隔塵囂　바닷가 산은 외롭고 멀어 속세를 떠났으니
玄圃滄洲不覺遙　현포와 창주가 바로 이곳일까
四海名區唯此地　사해에 이름난 곳은 오직 여기

百年奇事最今朝　　백년의 기이한 일은 오늘 아침일이네

青天樓閣蜃噓氣　　청천 누각은 대합이 뿜은 기운이고
白日雷霆鰌送潮　　한낮의 우레는 고래가 보내온 조수일터
更有一樽無事酒　　다시금 무사주(酒) 한 동이로
醉來豪興薄雲霄　　술 취해 호탕해진 흥 하늘에 닿아라

2행의 현포(玄圃)·창주(滄洲)란 상상 속의 이상향이다. 현포는 신선들이 산다는 곤륜산 정상에 있는데 금대(金臺)와 옥루(玉樓) 그리고 기이한 꽃과 바위가 많다고 한다. 또 창주는 인적이 드문 물가로 속세를 떠나 은거하는 곳이다.

5, 6행은 고문(古文) 형식의 표현이다. 옛날에는 커다란 대합조개가 기운을 뿜어 만든 것이 신기루이고, 밀물과 썰물은 고래가 숨을 쉬어 만들어지는 것이라고 생각했던 것을 빌려 만든 구절이다.

이 시에서 흥취가 가장 고조되는 부분은 7, 8행이다. 시인이 즐거운 마음에 정수사에서 거나하게 취했다는 것인데, 그가 마신 무사주(無事酒)란 근심을 떨쳐버리는 술이다. '무사주'는《사기(史記)》에 나오는, 전국시대 진진(陳軫)이 "일이 없어서[無事]" 술을 마시노라 한 데서 유래한 말이다. 일이 없다는 건 한가하다는 게 아니라 나라가 무사태평하다는 뜻이다. 다시 말해 정수사에서 무사주 한 동이에 흠뻑 취했다는 말은 정수사에서 나라의 평안을 기원했다는 의미에 다름 아니다. 예나 지금이나 국방의 요처인 바다에 자리한 정수사의 역할과 위치가 시적으로 표현된 시라고 할 수 있다.

끝으로 정수사 관련 역사 한 토막을 소개한다. 지금 송광사 성보박물관에《묘법연화경》7권이 있는데 책 말미에 '가정(嘉靖) 25년 마니산 정수사'라고 1543년이라는 출판년도와 발행처가 적혀 있다. 별 일 아닌 것 같지만, 500년 전 정수사가 불교 전법에 애썼던 것을 알 수 있고, 무엇보다 숭유억불의 힘든 시기에 꿋꿋이 법등을 밝히고 있었음을 알게 해준다. 이처럼 메모를 겸해 종이 귀퉁이에 쓴 간략한 한 줄의 글, 흥취에 겨워 시인이 일필휘지로 써 내려간 한 구의 시에서도 사실(史實)의 한 조각을 읽어낼 수 있다는 게 바로 역사의 묘미 아닐까.

정수사를 나오며

정수사 탐방을 마치고 일행은 서울로 향했다. 강화를 떠나면서도, 어제 동화 속에서나 볼 수 있을 것 같은 그림 같은 펜션에서 보낸 하룻밤이 마음속에 여운으로 남아 맴돌고 있다. 펜션은 호숫가에 자리해 있어 더욱 운치가 있었는데 나는 지금까지 그렇게 아름다운 호수는 처음 보았다. 어젯밤이 새삼 그리운 건 단순히 경치 때문만은 아니다. 저녁밥 지어 먹고 나서 흐릿한 불빛 아래 둘러앉아 도란도란 얘기하다, 한 잔 술에 흥취가 돌아 손뼉치며 서로서로 노래도 하다가, 또 노래 부르는 게 지치면 세상 돌아가는 얘기도 하다가… 그렇게 흘러가는 시간에 흥겹게 몸과 마음을 맡기다가 새벽녘 한 둘씩 곯아떨어진 어제의 그 시간들이, 치기 넘쳤지만 행복했던 20대로 되돌아간 듯해서 그렇게 기분 좋을 수 없었다. 이 세상 가장 어리석은 사람이 바로 내가 아닐까 회의에 가득 차 지내는 요즘이지만, 어제 오늘만큼은 행복했었다. '이번 여행도 제법 성공한 축 아닐까' 하고 생각하면서….

정수사 답사를 함께 한불교방송팀과

남양주 봉선사

초겨울의 봉선사

서울과 경기도의 그 많은 좋은 절들을 놔두고 지금까지 나는 왜 주로 먼 곳만 다녔을까. 답사란 모름지기 며칠씩 힘들여 다녀야 한다는 고정관념에 사로 잡혀 있었던 건 아닌지 모르겠다. 그래봐야 오가는 데 적지 않은 시간을 들여야 하고 그로 인해 다녀오면 몸은 피곤하기만 한 경우가 대부분일 텐데. 그래서일까, 요즘은 주로 서울이나 경기도에 자리한 사찰들을 찾아다니고 있다.

물론 전에도 서울과 경기의 사찰을 안 다녀본 건 아니지만, 요즘처럼 집중적으로 다녀보진 않았다. 멀리 가면 분명 여행의 멋과 맛을 느끼고 즐기긴 좋지만, 그만큼 시간과 비용이 든다. 하지만 하루 또는 이틀의 가벼운 여행 역시 나름대로의 즐거움이 많다. 요컨대 여행이란 거리가 멀고 가까운 데 있는 게 아니라, 가서 무엇을 어떻게 느끼고 오는 데 있다는 걸 새삼스레 느끼고 있는 중이다.

사실 이렇게 느꼈던 건 오래 전부터인데, 오늘 그야말로 우연히 그 말 그대로 상황이 생겼다. 늘 가르침을 많이 받는 이용부 선생 그리고 평소 잘 알고 지내는 한성룡 사장과는 자주 짧은 여행을 함께 해왔는데, 오늘 아침 갑자기 이 선생으로부터 근교로 바람이나 쐬자고 전화가 온 것이다. 동행은 한 사장이라고 하면서. 별 다른 일이 없는 날이었기에 나는 흔쾌히 그러지요, 하고 만날 장소로 나갔는데 도중에 생각해보니 어디로 갈 예정인지 물어보지를 못했다. 약속시간보다 조금 늦게 도착하여 길가에 주차된 한 사장이 운전하는 차에 황급히 달려가 앞문을 열고 앉자마자, 차는 곧바로 출발했다. 숨이 차 어디로 가는지 여전히 몰랐지만 어디로 가든, 별로 걱정할 일도 아니긴 했다. 어련히 갈 만한 데 안 가려고, 하고 생각한 것이다.

이용부 선생은 20년 가까이 문화관광부 종무관으로 있으면서 현대 한국불교계가 행정적으로 기틀을 잡는 데 큰 역할을 해온 분이고, 한성룡 사장은 '한국불교예술원'을 운영하며 제주 천왕사 법당처럼 여러 의미 있는 불교 건축물을 짓고 있다. 두 사람과 동행할 때는 대체로 오늘처럼 당일 아침에나 어디로 향하는지 알게 된다. 그 전날까지 그저 '근교로 한 번 나가볼까' 하면, 나는 어디냐고 묻지 않고 그러자고 할 뿐이다. 셋이서 만날 때 가장 늦게 오는 사람은 역시 오늘처럼 항상 나다. 차가 천호대교를 빠져나가는 것을 보고는 "어디로 가나요?"하고 물으니, 이 선생에게서 "봉선사!" 하는 특유의 짧고 단호한 대답이 돌아왔다. 항상 생각과 결정이 빠른 분답다. 나는 앞자리에 앉아 가볍게 고개만 끄덕거렸다. 이 두 분과 만나 얘기하다 보면 미처 생각하지 못했던 부분을 새삼 느끼는 게 참 많다. 이 날 역시 봉선사로 가면서, 새삼스레 여행이 오래 다니고 힘들게 다녀야 맛이 아니라는 것을 느낀 것이다.

봉선사의 역사

봉선사를 얘기하면서 역사적으로 좀 아쉬운 것은 자세한 창건 배경과 그 무렵의 다른 역사가 제대로 전하지 못한 점이다. 《봉선본말사지》도 100여 년 전 펴낸 책이고, 고려와 조선시대의 역사가 잘 나와 있지 않다. 물론 그 이전 조선 초기에 김수온(金守溫, 1410~1481)이 〈봉선사지〉를 짓기는 했다. 하지만 뒤에서 말하겠지만 이 글은 봉선사가

봉선사 전경

능침사찰로 자리잡아가는 시기만 주로 옮겨 적은 것이어서 전체적인 의미로서의 봉선사 역사를 이해하는 데는 아무래도 좀 미진한 느낌이다. 여하튼 확실한 것은 고려시대에 창건되어 법등을 이어왔다가, 조선시대에 광릉의 수호사찰로 비약적인 발전을 이루었다는 것이다. 그리고 그때 절 이름이 비로소 지금처럼 봉선사로 바뀌게 된다.

광릉

봉선사가 경기 지방의 최대 사찰로 발돋움하기 시작한 건 확실히 조선시대부터일 것이다. 1469년 세조의 비 정희왕후(貞熹王后) 윤씨가 그때까지 아담한 규모였던 절을 커다랗게 중창한 것이 봉선사 역사의 커다란 한 획을 그었다. 정희왕후는 세조가 1468년 가을에 승하하자 운악산에 왕릉을 마련했고, 그 능을 수호하는 사찰, 곧 이른바 능침(陵寢) 사찰로 운악사를 삼으면서 커다란 비약을 하게 되었다. 절 이름도 이때 봉선사로 바뀌었다. 이때의 정황은 김수온이 지은 〈봉선사기〉에 아주 상세히 나온다. 이 기록에 정희왕후의 명을 받아 세조의 사위 정현조(鄭顯祖), 세조가 임금에 오를 때 큰 공을 세운 상당부원군 한명회(韓明澮), 능성부원군 구치관(具致寬) 등 그야말로 당대의 쟁쟁한 정관계 실력자들이 왕릉 축조의 책임자인 제조(提調)를 맡아 진행했다고 나온다. 또 이어서 왕릉을 관리할 능침사찰로 남쪽 아늑하고 물 좋은 터에 있는 봉선사를 중창했다고 한다. 이런 글을 읽으면 정희왕후가 광릉을 축조하며 얼마나 공을 들이려 한 것인지 충분히 이해할 수 있다.

이 불사(佛事, 절의 건물이나 불상 등을 조성하는 일)는 1469년 6월에 시작하여 7월에 낙성하고, 4개월만인 9월에 마쳤다. 전각은 모두 89칸으로, 이와 관련하여 "불전과 승료(僧寮, 스님들이 거주하는 건물)가 환히 빛을 발하였고, 커다란 범종을 조성하였으며 기물과 각종 의식용구들을 구비하니, 그 어느 곳의 사찰도 이곳에 비길 바가 아니었다"고 〈봉선사지〉에 기록되어 있다. 불사가 진행되던 과정에는 앞서의 고위관료뿐 아니라 당연히 사찰의 고승들도 힘껏 참여한 것은 물론이다. 정희왕후의 두터운 신임을 받았던 학열(學悅)과 학조(學祖) 스님은 한 번 완성된 승당을 헐고 다시 짓게 하였을 만큼 온갖 정성을 들였다. 어느 면에서는 지나치다 싶을 만큼 비용을 아끼지 않은 것인데, 바꾸어 말하면 그 정도로 봉선사의 역할이 중요했기 때문으로 봐도 될 것 같다.

이 불사가 완결되자 정희왕후의 기쁨은 누구보다 컸다. 그녀는 국가에서 토지와 노비, 돈을 항상 부족함 없이 갖추게 하여 영원토록 절과 승려를 공양토록 최대한 배려하였다. 이 불사가 완공된 것은 9월

7일이었는데, 이 날 세조의 천도재를 성대하게 열었다. 정희왕후는 능과 절의 간격이 꽤 떨어져 있음을 보고, 절의 동쪽 가까이에 다시 숭은전(崇恩殿)을 세워 세조의 진영을 봉안하고 참봉 2인을 두어 수호토록 하였다. 참봉이란 능 관리자인데, 보통 1명만 임명되는 것에 비해 역시 파격이었다. 한편 세조의 아들인 예종은 '봉선사'라는 친필 현판을 하사했다. 절 이름은, '선왕의 능을 받들어 모신다[奉護先王之陵]'라는 뜻이라고 한다.

이렇게 봉선사는 조선 초의 여러 능침사찰 가운데 하나로서 국가로부터 지원을 받으며 성장해 나갔다. 그러므로 봉선사의 실질적인 창건은 세조의 능침사찰로 중창되면서부터이고 그 창건주 또한 정희왕후라 해도 지나치지 않을 것이라고 말하는 사람도 많다. 이쯤해서 조선시대 초기와 중기의 봉선사 역사를 살펴봐야 할 것 같다. 조금 긴 이야기가 되겠지만, 그래야 봉선사의 진면목을 이해할 수 있을 것 같아서다.

성종 임금 때인 1472년 숭은전을 봉선전(奉先殿)으로 고쳐 불렀고, 1480년에도 왕명으로 절을 보수했다. 이처럼 성종대에 봉선사에 대한 관심이 남달랐던 것은, 1483년 유생과 잡인들이 절에 출입하면서 패행을 일삼자 이를 중지시켰고, 1488년 전각의 지붕을 청기와로 바꾸는 등 각별한 보호와 지원을 아끼지 않은 점을 통해서도 잘 알 수 있다. 이어서 연산군 시대에 봉선전 참봉을 없애는 등 잠시 어려움을 겪었으나, 중종이 즉위하면서 봉선사는 서울 봉은사와 함께 왕실의 원찰로서 다시 남다른 관심을 받았다. 이후 명종 때 문정왕후의 수렴청정으로 불교계에 새로운 활력이 일면서 1551년 봉선사는 교종 수(首)사찰이 되었고, 선종 수사찰의 영예는 봉은사에 돌아갔다. 봉선사 주지 수진(守眞) 스님은 판교종사도대사(判敎宗事都大師)에 임명되어 전국의 교종 사찰을 관장했다. 이듬해인 1552년 절에서 승과고시

인 교종시(教宗試)가 열려 국가에서 공식으로 인정하는 승려들이 배출되었다. 이처럼 봉선사와 봉은사를 중심으로 조선시대의 불교부흥이 이루어진 것이다. 그런데 흥망성쇠는 세상의 다반사라 할까, 불교보호 발전에 커다란 역할을 해 주던 문정왕후가 승하하면서, 불교는 이후 기나긴 침체의 늪에 빠지게 된다. 봉선사도 마찬가지여서, 승과가 폐지되고 1566년에는 선교 양종마저 백지화되어 상당한 타격을 받았다.

가뜩이나 사세가 약해졌는데 여기에 엎친 데 덮친 격으로 1592년에 일어난 임진왜란은 결정적 타격이었다. 왜군이 여기에 주둔하다가 퇴각하면서 불을 질러 봉선사의 거의 모든 건물이 완전히 불타 없어져버린 것이다. 다만 낭혜 정현(朗慧正玄) 스님이 죽음을 각오하고 대웅전과 그 안의 약사여래좌상을 위기에서 구해낸 건 그나마 천행이었다. 전하기로는, 왜병이 방화하려 하자 스님은 대웅전에 들어가 문을 걸어 잠그고 불상과 함께 죽을 것을 맹세하고 독경을 그치지 않았다고 한다. 왜군은 법당 안에 들어가려고 긴 창으로 벽을 뚫었으나 웬일인지 도무지 창이 들어가지 않아, 비범한 일이라 생각하고 이곳 법당만은 그냥 두고 퇴각했다고 한다. 또 봉선전에 있던 세조의 어진

(御眞)도 그 전에 삼행(三行) 스님이 따로 보관해 둔 덕에 선조 임금이 피난 가 있던 의주의 행재소로 무사히 이운했다고 한다.

낭혜 스님은 이처럼 절을 수호한 것에만 그치지 않고, 완전히 퇴락해 버린 절의 복구를 시도하기도 했다. 난리 통이라 절의 모든 승려가 떠났지만, 그만이 홀로 남아 절을 지켰고, 왜란이 끝나자마자 조정의 도움을 얻어 중창까지 이루었던 것이다. 이후에도 퇴락과 복구를 반복한 부침의 역사는 계속 이어지지만, 하나하나 말하기는 너무 길므로 생략하기로 한다. 봉선사의 역사는 앞서 얘기한 〈봉선사지〉 외에도 1848년 월성 경의(月城敬義) 스님이 지은 〈봉선사중수기〉와 포은(蒲隱) 스님이 지은 〈대웅전중수기〉가 있어 많은 도움이 된다.

6·25 이후의 봉선사 중건

지금 봉선사 가람은 대부분 6·25전쟁 이후 재건된 모습이다. 1469년 정희왕후의 발원으로 절이 커다란 규모로 중창되었을 때는 여러 법당과 더불어 세조의 진영을 모신 숭은전 등 전부 89칸에 달하는 건물이 있었다. 또 여기에 조선시대 범종으로는 드물게 큰 범종이 마당에 걸려 있어서 때맞춰 그 웅장한 종소리를 들려주었을 것이다. 이런 정

(좌) 개건당
(우) 산령각·북두각·독성각

도의 크기를 가진 조선시대 범종은 몇 년 전 화재로 녹아 없어진 양양 낙산사 대종 정도나 있을 뿐이다. 지금 당시의 모습을 볼 수는 없지만, 1910년대의 봉선사 가람을 보여주는 사진이 《조선사찰 31본산 사진첩》에 남아 있기는 하다.

그 사진을 보면 화성 용주사 가람과 아주 비슷하게 되어 있음을 볼 수 있다. 둘 다 왕의 원찰이라는 점에서 확실히 유사한 구조를 하고 있는 것인데, 시기 면에서 보면 용주사가 봉선사의 가람구조를 참고했다고 해야 할 것 같다. 절 입구 정면에 솟을대문이 있고, 좌우로 줄행랑이 벌려 서 있다. 행랑 안에 바깥마당, 곧 외정(外庭)이 있고 누각을 통해 안으로 들어서면 다시 안마당인 내정(內庭)이 펼쳐진다. 정면에는 높은 단위에 대웅전이 우뚝 섰고, 좌우로 어실각과 노전(爐殿, 승려의 처소) 등이 있다. 대웅전 앞마당 아래로는 승당과 선당이 'ㄷ'자 모양으로 자리잡았다. 이처럼 봉선사는 광릉, 용주사는 융건릉의 능침사찰로서 조선시대에 건립되었기 때문에 궁궐건축과 사원건축이 혼합된 모습이라고 할 수 있다.

큰법당은 앞면 3칸, 옆면 2칸의 팔작지붕 건물이다. 대개의 사찰이 석가여래를 모신 법당을 대웅전이라 하는데 순 우리말 이름의 현판과 주련을 붙인 운허 스님의 불교대중화정신이 담겨있다.

또 여러 요사 중에 큰법당 오른쪽에 있는 개건당은 영각이라고도 하는데 세조의 진영을 모신 숭은전이 있던 자리였다. 숭은전은 후에 봉선전 또는 위실각 등 여러 이름으로 불렸는데, 지금은 창건주 정희왕후의 위패 등이 있다.

또 큰법당 왼쪽으로 난 길을 조금 올라가면 북두각(北斗閣)을 중심으로 좌우에 독성각과 산령각이 한 건물 안에 배치된 건물이 자리한다. 북두각이란 칠성각(七星閣)의 다른 이름으로, 인도 고유의 북두칠성 신앙이 우리나라 불교에 들어와 융합되어 치성광여래(熾盛光如來)

혹은 칠성여래(七星如來)가 되었는데, 바로 이 치성광여래를 봉안한 곳이 칠성각이다. 불교의 위대한 사상 중에 하나인 포용 정신이 바로 이 북두각에 녹아 있는 것이다.

그 옆의 독성각은 홀로 깊은 수행 끝에 깨달음을 얻었다는 나반존자, 곧 '독성'을 봉안하는 전각이고, 산령각은 말할 것도 없이 우리나라 고유의 중요한 민간신앙인 산신 신앙이 역시 불교에 받아들여진 것으로 대부분 산사에서 산신각 혹은 산령각 등의 이름으로 봉안되고 있다.

누각 아래 왼편으로 범종각이 있다. '범종각' 편액에서 '범'자가 '泛'으로 된 것이 재미있다. 주변에 연못이 있어 그림자가 물 위에 떠 있는 것을 의미한다. 경주 불국사의 누각도 '범영루(泛影樓)'인데, 누각 앞으로 연못이 있었기 때문이다. 봉선사 범종각에는 옛날의 그 대종이 있고, 근래 그 앞에 새로 지은 범종각 안에 새 범종이 걸려 있다. 문득 옛날 종과 요즘 새로 만든 종 가운데에서 어느 종소리가 더 좋을까 궁금해진다.

보물 397호로 지정된 옛날 범종에는 몸체 아래편에 양각으로 새겨진 글이 가득하다. 조성에 관여한 사람들의 직책과 이름 등이 있어 그 자체로 하나의 역사자료가 되고 있다. 이 글은 조성 당시 시·문·서·화의 4대가로 불리던 강희맹(姜希孟, 1424~1483)이 짓고, 명필로 유명한 정난종(鄭蘭宗, 1433~1489)이 썼다. 문장의 화려함과 글씨의 유려함은 따로 말할 필요가 없다. 글귀 중에서 한 부분을 옮겨본다.

> 종소리가 사바세계에 울려 퍼짐에 참답고 진실한 교법이 일어나느니
> 이 종으로서 하루에 여섯 번씩 울려 경계하노라
> 어찌 도 닦는 사람만이 자신을 성찰 하리오
> 저 육도의 중생들에게는 괴로움이 그치는 소리가 되리라.

북두각에 봉안된 치성광여래

봉선사 범종. 오른쪽이 범종루

봉선사의 큰법당

이런 역사를 반추하면서, 전쟁 통에 잿더미가 되어 봉선사 범종 외에는 아주 오래된 문화재가 없는 게 봉선사를 볼 때마다 느끼는 아쉬움이었다. 그런데 2012년 12월 봉선사 큰법당이 등록문화재 522호로 지정되어 아쉬움을 달랠 수 있게 되었다. 등록문화재란 100년 이내

봉선사 큰법당

의 근대기에 만들어진 건물 등 문화재 중에서 기존의 국보나 보물, 혹은 지방문화재로 지정되지 않았지만 그 가치가 인정되는 것을 문화재청에서 지정한 것이다. 큰법당은 1970년에 콘크리트로 만들었지만, 전통 목조 양식을 모방한 콘크리트 건물 중 가장 완성도가 높고

큰법당의 불상

조형감이 뛰어난 점이 인정된 것이다. 사실 사찰 건물은 목조로만 지어져야한다는 것은 편견에 가까운 생각이다. 지역의 특성에 따라 그 밖의 자재를 사용할 수도 있어야 한다. 예를 들어 바닷바람이 세기로 유명한 제주 해안가에 있는 절에서 목조 건물을 짓는다면 바닷바람에 쓸려 들어오는 바다의 소금기 때문에 건물의 재목이 오래 당해낼 수 없다. 그런 기후를 무시하고 목조 건물만을 고집한다면 몇 년 만에 새로 지어야 할 것이다. 대단한 낭비요, 불필요한 일임은 물론이다. 그래서 제주도에서는 그곳의 지역적 특성을 고려해 흔한 돌로, 혹은 시멘트로 짓는 것이 가장 현명한 선택일 수도 있는 것이다. 물론 외관은 전통의 모습을 잘 따르면 된다. 제주 지역뿐만 아니라 우리나라 동·서·남해안 어딜 가나 섬 안에 있는 사찰에서는 건축자재 선택에 유연한 생각을 가지는 것은 아주 필요한 일인 것이다.

봉선사 큰법당이 근대문화재로 지정된 이면에는 한편으론 봉선사 스님들이 1919년 3월 29일 부평리 3·1운동 만세시위를 계획했던 역사적 사실과, 유네스코가 생물관 보전지역으로 지정한 광릉 숲의 완충 지역 안에 위치해 있고 또 세계문화유산으로 지정된 광릉의 원찰이었다는 역사 및 자연환경의 요인도 등록심의회의에서 감안되었다고 한다. 봉선사가 지니는 여러 가지 다양한 가치가 큰법당의 등록문화재 등록으로 일목요연하게 드러난 셈이라 더욱 의미가 있다.

봉선사의 사격

절의 위상을 말할 때 '사격(寺格)'이라는 말을 쓴다. 사람에겐 인격이 있듯이 절도 각각 그 격이 있다는 의미다. 봉선사는 조선시대에 교종의 수(首)사찰로 지정되었으니 분명 그 사격이 남다르다고 할 만하다. 그 밖에도 봉선사의 위상을 알 수 있는 일이 몇 더 있다. 우선

1790년 전국에 5규정소(糾正所) 사찰을 두어 각각 그 지역의 여러 크고 작은 절들을 관리토록 했는데, 봉선사는 함경도 일원의 사찰을 관리했었다. 봉선사의 역사와 전통이 그저 그랬다면 규정소로 선정될 수는 없는 일이었다. 또 근대에 와서도, 1902년 원흥사(元興寺)가 전국 사찰의 총본산이 될 때도 봉선사는 전국 16개 수사찰 중 하나가 되어 경기도내의 본산이 되었다. 그리고 1911년 일제의 사찰령이 반포되면서 전국사찰이 31본산 체제로 구획될 때 봉선사는 다시 교종 본산으로 지정되었다. 현대에 들어와 대한불교조계종이 전국의 사찰을 25교구 체제로 나누어 관리하는 체제를 세울 때도 봉선사가 그 25번째 교구 본사가 되어 부근의 10개 군(郡)에 있는 80여 말사를 행정적으로 거느리게 된 것은 아주 자연스러운 일이다.

봉선사를 말하면서 또 하나 빠뜨릴 수 없는 것은 바로 이곳이 현대 불교교육의 중심지 역할을 했다는 점이다. 1936년 강원이 설립되었고, 해방 후 광동중학교를 설립하면서 보다 현대적 교육체계를 세웠다. 그리고 팔만대장경을 국역한 《한글대장경》을 운허 용하 스님의 주도 아래 봉선사에서 편찬해낸 것은 화룡점정일 것이다.

봉선사 가람의 숨은 모습

봉선사는 단순히 가람의 규모 면으로만 볼 때 아주 큰 절은 아니다. '큰법당' 한글 편액이 달린 금당을 중심으로 삼성각·개건당(開建堂)·방적당·운하당·동별당·청풍루·범종각·다경실 그리고 요사 등의 전각이 있다. 건물 중에서 요사가 비교적 많은 편인 것은 이곳에서 공부하고 있는 학승들이 그만큼 많아서다.

봉선사 가람은 좀 특이한 느낌을 주는데, 그렇게 느끼게 하는 가장 큰 이유는 아마도 입구가 여느 사찰 같지 않아서일 것이다. 커다

봉선사 담장 안쪽 방

란 양반집 건물마냥 경내 입구 중앙에 솟을문이 있고, 그 좌우에 연이어 나지막한 담장이 둘러 있어서 마치 유교 건물처럼 느끼게 되는 것이다. 우리는 경내를 천천히 둘러보고 있었는데, 갑자기 이용부 선생이 외치듯 말했다.

"아하! 그래서 그렇구먼."

잠시 놀라며, 무슨 말인가 들어봤다. 중앙 솟을문 주변으로 이어진 낮은 담장은 안쪽에서 보면 여닫이문이 달린 작은 방들로 구획되어 스님들의 처소로 사용되고 있다. 마치 작은 행랑채가 이어진 모습을 하고 있는데, 물론 다른 사찰에서는 좀처럼 볼 수 없는 공간 구성이다. 그런데 이용부 선생은 이 공간이 옛날, 그러니까 조선시대 초에 능침사찰로 중창될 때 제사에 필요한 여러 집기들을 놓아두는 공간이었을 것이라고 알아본 것이다. 능침사찰은 당연히 왕릉을 관리하는 기능이 아주 중요한 일이었는데, 기제와 시제가 적지 않았을 것이다. 그때 사용되는 제기들의 분량도 당연히 적지 않았을 터이고, 이것들을 보관할 공간이 당연히 필요했겠는데, 담장 안쪽에 구성된 공간이 바로 그런 집기들을 두던 창고였을 것이라고 알아챈 것이다. 경복궁 같은 궁전에도 담장 안쪽에 물건을 재워두곤 했는데, 사찰 건물에서 이런 시설은 아주 드물다. 봉선사 외에 화성의 용주사 정도에나 있을까. 용주사가 정조 임금이 자주 들러 아버지 사도세자의 제사를 모시던 원찰이었던 것이나, 이곳 봉선사가 세조 임금의 원찰 역할을 했던 것이나 마찬가지이니, 이런 시설이 함께 보이는 것은 당연하다. 그걸 이용부 선생이 알아채고는 우리에게 말해준 것이다.

봉선사에서 보고 싶은 것

봉선사의 여러 문화재 중에 괘불도 빼놓을 순 없다. 큰법당 안 괘불함에 보관되어 있는 비로자나삼신불화인데 1735년에 완성되었다. 그림 맨 아래에 화기가 있어 제작년도와 시주자 및 화사(畫師, 불화를 그리는 사람)의 이름을 알 수 있는데, 시주자인 상궁(尙宮) 이성애(李性愛)가 정조 임금의 어머니를 위해 발원한 것이라고 나온다. 그림을 그린 화사의 이름도 나오는데, 이들 중 4명의 직책이 도화원(都畫員)으로 적혀 있는 게 재미있다. 도화원은 조선시대에 관청에 속해 필요한 그림을 그리는 일을 하던 도화서(圖畫署)에 소속된 일종의 직업 화가였다. 이들이 봉선사 괘불 조성에 참여한 것만 보더라도 당시 봉선사가 갖는 의미를 단박에 이해할 수 있을 것 같다.

봉선사에 가면 꼭 한 번 볼 필요가 있는 것으로 큰법당 뒤에 있는 화계(花階)와 연지(蓮池)가 있다. 화계란 글자 그대로 보면 '꽃이 심어져 있는 계단'이란 뜻일 텐데, 실제로 그 뜻과 크게 다르지 않다. 언덕

(좌) 봉선사 화계
(우) 연지

위에 있는 삼성각으로 올라가는 길을 여러 단(段)으로 꺾어놓고 거기에 계단을 죽 이어 놓았는데, 계단 옆으로 단이 형성되면서 저절로 생긴 자그마한 평평한 공간마다 꽃들을 심어 놓은 것이 바로 화계로, 말하자면 꽃으로 장식된 '꽃계단'인 셈이다. 궁궐 건물이나 유서 깊고 커다란 유교의 사당(祠堂) 건물 중에 이런 화계가 있으나, 사찰에서는 그다지 많은 편은 아니다. 이렇게 여러 단으로 구성하는 것 자체가 그냥 비스듬하게 깎고 그 위에 계단을 앉히는 공법보다 훨씬 힘이 들고 비용도 많이 드는 이유가 클 것 같다. 어쨌든 화계는 우리 전통건축에서의 자랑거리인데, 봉선사 화계는 그 중 가장 잘 꾸며진 것 중의 하나로 꼽히고 있다.

또 하나는 연꽃이 가득한 연못인 연지다. 우리나라 사찰 중에 이렇게 넓은 연지는 보기 어려울 만큼 크고 넓다. 더군다나 봉선사 연지는 여느 곳처럼 연못 주변에서만 보는 게 아니라 중간 중간에 나무로 만든 다리를 연결해 놓아서, 마치 연못 한가운데를 거니는 듯하며 연꽃들을 감상할 수 있어 더욱 운치가 있다. 지금은 초겨울이라 꽃이 핀 연들을 못 보는 게 아쉬웠다. 한여름 저 연꽃들이 저마다 활짝 피어 청련, 홍련, 백련들이 여기저기 만발한 광경을 보면 무릉도원에 비할 바 아닐 것 같다.

봉선사와 춘원 이광수

위 두 가지 외에 사람들이 봉선사를 오가며 잘 놓치는 것 하나가 더 있다. 〈춘원 이광수 기념비〉다. 봉선사 경내 들어가기 전에 봉선사에 머물렀던 여러 스님들의 부도가 있는데, 이 사이에 그의 비가 서 있다. 이곳에 춘원의 기념비가 있는 건 나름대로 사연이 있다.

춘원은 광복 후에 광릉과 봉선사를 오가며 시름을 달랬다고 한다.

근대의 대문호가 온 국민이 나라를 되찾은 기쁨에 겨워했던 시절 외려 실의에 빠져버린 건 그가 일제강점기 때 타의에 의해 일본을 찬양하거나, 우리의 청년들에게 일본군에 자원하라고 하는 글을 쓰는 등 일제에 부역한 전력 때문이었다. 많은 사람들이 그를 손가락질 하며 테러의 위협도 있었다. 그러자 춘원과 동갑나기 8촌으로 속명이 이학수였던 운허(耘虛) 스님이 자신이 주지로 있는 봉선사로 데려 온 것이다. 춘원은 6·25전쟁이 나 납북되기 전까지 주로 이곳에 머무르며, 봉선사 다경향실(茶經香室)에서 은거의 세월을 지냈던 것이다. 이 같은 얘기는 이광수 기념비에 잘 나와 있다.

그는 여기서 글을 쓰거나 봉선사가 운영하는 광동학원에 나가 영어를 가르쳤다고도 한다. 다경향실은 이름 그대로 차의 향기가 가득한 그윽한 곳이었는데, 거기에서 춘원은 차에 심취하며 어지러운 마음을 달랬던 모양이다. 큰법당 뒤에 작은 동산이 있는데 여기에 맛좋은 물이 솟는 작은 샘물이 있었는데 거기서 직접 물을 길러와 차를 달이고 그를 음미하는 시간, 그리고 옛정을 잊지 않고 그를 찾아온 얼마 안 되는 친구들과 차 맛을 즐기며 이야기 나눌 때야말로 그에게는 가장 마음 편한 순간이 아니었을까…. 이 때문인지 춘원은 이런 시를 남겼다.

화로에 불 불어라 차 그릇도 닦았으라
바위샘 길어다가 차 달일 물 끓일 때다
산중에 외로 있으니 차 맛인가 하노라

내 여기 숨은 줄을 알릴 곳도 없건마는
듣고 찾아오는 벗님네들 황송해라
구태여 숨으려가 아니라 이러거러 왔노라

찬바람 불어오니 서리인들 머다 하리
풀잎에 우는 벌레 긔 더욱 무상코나
저절로 되는 일이니 슬퍼 무삼하리오

한때 우리나라 신문학의 선구자 중의 한 명이요, 천재적인 직감의 소유자, 또 요즘의 시각으로 보면 최고의 인문학자랄 수 있는 그가 과거의 친일 행위로 만년을 쓸쓸히 보내던 그 심정이 잘 묻어나오는 시조 풍의 시인 것 같다.

그러나 그 때의 다경향실은 6·25전쟁 통에 불타 없어지고 지금은 그 터에 〈다경향실터〉라는 작은 표지석만 남아 있다. 지금은 '친일 문학가'로 되어 버린 춘원이지만, 그의 문학적 성과만큼은 별도로 평가해야 하지 않을까.

(좌) 춘원이광수기념비
(우) 봉선사기실비

동두천 자재암

새해 첫 달에 처음 떠난 여행

하루의 계획은 아침에 세우고, 일년의 계획은 새해 원단에 세운다는 말이 있듯이, 12개 달 중에서도 첫 번째로 시작하는 1월은 누구에게나 의미가 각별할 수밖에 없다. 세월이란 게 어찌 보면 돌고 도는 쳇바퀴 같은 것, 과거나 지금이나 미래가 사실 한가지니 서로 구별하지 말고 매 순간을 소중히 여기며 보내야 하겠지만, 그래도 한 해가 가고 다시 한 해를 맞는 때에 즈음해서 아무런 감흥이 없을 수 없다(사족이지만, 과거·현재·미래 중에서 현재가 가장 중요하다고 생각하기는 한다. 엉터리 이론일지 몰라도, 과거도 현재고 미래도 현재라는 게 내 생각이다).

자재암 일주문

'올핸 정말 잘해봐야지' 하며 맑은 마음에 새로운 기분으로 각오를 다지는 것도 바로 1월이다. 새해 첫 탐방으로 '으뜸 새벽'이라는 이름을 스스로 지은 원효(元曉) 스님의 자취가 전하는 동두천 자재암(自在庵)을 찾은 것도 그런 이유가 조금은 있었다.

자재암 오르는 길, 소요산에서 본 자연의 화려함

동두천은 대규모 미군 기지가 자리한 지역이라, 이 도시의 인상은 여느 도시에서 느끼는 기분과 분위기가 확실히 다르다. 실제 동두천역에 내려 보면 곳곳에 영어로 쓴 상점, 음식점, 술집 간판이 줄줄이 보여 외국인이 많이 모이는 서울 이태원과는 또 다른 이색적인 느낌을 준다. 이런 곳에 자재암이라는 고찰이 있다는 게 신기하게 생각되지만, 역에서 소요산으로 조금만 가면 분위기는 갑자기 바뀌어 어느 사이 다른 명산고찰에 찾아가는 기분을 맛보게 된다.

자재암에 가려면 전에는 전철 타고 동두천역에서 내려 소요산 입구까지 가야했지만, 현재는 소요산역이 생겨 절에 가는 길이 그만큼 더 가까워졌다. 운전해서 가는 게 번거롭게 느껴진다면 이렇게 대중교통을 이용하는 것도 좋다. 사실 사찰에 가는 길은 가능한 한 자가용으로 가는 것보다는 대중교통과 자신의 다리로 걸어서 찾아가야 더욱 많은 것을 볼 수가 있는 법이다.

매표소를 지나 극락교 입구까지 차는 올라가건만, 오늘은 산사 찾는 감흥을 제대로 한 번 느껴보자고 마음먹고는 힘차게 첫 발을 뗐다. 나중에는 다리 아프고 몸도 지쳐서 후회할는지도 모르겠지만.

경산(京山)의 수많은 명산 중에서도 특히 소요산은 근교 산행의 즐거움을 맛보려는 등산객들이 즐겨 찾는 곳이다. 그래서 그런지 한겨울의 매서운 칼바람도 아랑곳 않고 이른 아침부터 산을 오르는 사람들이 제법 보인다. 나야 저들처럼 등산복 아닌 평상복 차림에 배낭이나 스틱도 물론 없는데다가 등산화 대신 랜드로버 신발 신고 올라가는 어설픈 산행이지만, 그래도 발걸음은 산뜻하게 내딛어진다. 길 좌우로 이름도 복스러운 복자기나무, 키 작은 회화나무, 전나무를 빼닮은 구상나무 등 별의별 나무들이 늘어서 있어, 나무 한 그루 보고 이름 되뇌어보고 하는 재미에 가파른 길이 힘들지 않았다. 일주문 지나 조금 더 가면 왼쪽에 있는 커다란 폭포는 원효폭포이고, 그 바로 옆에 있는 제법 널찍한 굴은 원효굴이라고 한다.

자재암은 원효 스님이 지은 절이라 그런지 이렇게 곳곳에 그와 관련된 유적이 있다. 자재암 조금 못미처 계곡에 놓인 다리 이름이 '원요교(元搖橋)'다. 첫 글자만 보곤 그냥 '원효교'로 읽고 지나치는 사람도 많을 것 같다. 원효 스님과, 원효 스님이 환속해 결혼한 요석(搖石)공주의 두 이름을 합한 다리 이름이 재미있다. 그만큼 원효와 요석은 따로 떨어뜨려 놓고 생각하기 어려운 걸출한 남녀들의 사랑이었던 모양이다.

한 30분 올랐을까, 산중턱에 자리 잡은 자재암 경내로 들어섰다. 꾸불꾸불한 길을 오르느라 눈길을 줄곧 발밑으로 향해 걷다가도 가끔 고개 들어서 소요산의 늠름한 산세에 눈을 주느라면 힘든 것 다 잊어버린다. 절 입구에 서서 보면 대웅전과 굴법당 형식의 나한전, 그리고 삼성각과 요사 및 종무소 등이 한눈에 들어올 만큼 아담하다. 절을 지나 계속 오르면 정상인 원효봉이 나오고, 여기서 보면 사방이 두루두루 조망된다. 이 부근이 백운대다.

자재암 입구에 서서

나무 계단이 있는 작은 고개 하나를 넘으니 문득 자재암 경내가 눈앞

원효 스님의 진영. 오른쪽은 원효굴과 원효폭포

원요교를 지나 자재암으로

에 펼쳐져 있었다. 그다지 터가 크진 않은데, 소요산이 생각보다 지세가 험한 탓도 있을 것이다.

대웅전을 먼저 배관하려 문을 여니 안에선 천도재가 한창이다. 혹시라도 방해될까 싶어 잠시 서성대다가 불전(佛前) 앞의 삼배(三拜)는 뒤로 미루기로 하고 그대로 나와 경내부터 둘러보았다.

좁은 마당 너머는 바로 계곡인데 지척인 옥류폭포에서 흘러내린 물길이 고여 소(沼)를 이루고 있다. 이 옥류폭포 역시 원효 스님과 관련된 일화가 서려 있다. 원효 스님이 이곳에서 수행할 당

자재암 내경

자재암 옥류폭포

시 관음보살이 그의 수행력을 알아보기 위해 여인으로 몸을 바꾸어 유혹했다는 전설이 전해진다. 스님이 그 유혹을 단호히 물리쳤음은 물론이고.

원효스님의 체취 가득한 자재암

이렇게 원효 스님의 자취가 가득한 자재암은 특히 스님의 수행처로 의미가 깊은데, 대략 645년 무렵에 원효 스님이 창건했을 것으로 보고 있다.

우리나라 고승 중 원효처럼 파란만장하고, 대중이 봤을 때

호기심 가득한 생을 산 인물도 드물다. 게다가 원효의 학문적 성취와 수행력 역시 우리 불교사상 가히 최고봉이라고 해도 전혀 지나치지 않다. 그 덕분에 우리 불교가 교학 면에서 나름 수준을 훌쩍 높이며 몇 단계 발전하게 되었으니, 원효가 있음으로 해서 우리는 행복하다고 하지 않을 수 없다. 물론 동시대의 인물로서 의상 스님도 못지않은 인물이겠으나, 아무래도 중국 유학파인 의상과는 달리 이 땅에서 도를 깨우쳐 고승이 된 원효가 후대에 좀 더 많은 영향을 준 게 아닌가 싶다. 사실 이런 식으로 원효 스님과 의상 스님을 비교함은 퍽이나 유치하고 부질없는 짓이기는 하지만 말이다. 그래도 현재 그 저술이 거의 남아 있지 않은 의상 스님에 비해서는, 생전에 100여 권의 왕성한 저술활동을 펼쳤고 지금도 《대승기신론소》, 《금강삼매경론》 등 그 중 일부가 전하는 원효 스님에 대해 학술적 대중적 관심이 보다 많이 쏠린 것은 사실이다. 《원효연구논총-그 철학과 인간의 모든 것》(국토통일원, 1987)이라는 두툼한 책이 나와 그의 사상과 행적을 알기 쉽게 정리한 것이라든지, 아예 지금까지 원효에 대해 발표된 글 모두를 모아 《원효연구논설집》(중앙승가대학교, 1993)이라는 이름의 19권짜리 방대한 분량의 전집이 출판된 것도 다 그런 이유에서다. 오죽하면 그가 이루어놓은 학문과 사상체계를 이론적으로 정립하려는 '원효학(元曉學)'이라는 것이 있을 정도일까.

그런데, 이렇게 말하다 보니 문득 미국 뉴욕주립대 종교학과의 박성배(朴性焙) 교수가 쓴 〈원효, 서양에 가다〉라는 글이 떠오른다. 글의 요지는, 그가 서양에서 개최된 학술대회에 나가 나름 정성을 기울여 쓴 원효에 대한 논문을 발표했는데 의외로 청중들의 반응이 아주 시큰둥해서 몹시 당황스러워했다는 얘기다. 우리나라에는 위에서 말한 것처럼 원효에 대한 세미나나 전시회는 언제나 관심을 끄는 데 비해 서양에서는 전혀 그렇지 않은 데 대한 당혹함이었다. 박 교수는 그러면서 이런 무관심에 대해, “원효가 큰 맘 먹고 서양에 갔지만, 정작 서양 사람들은 원효를 몰라보더라”라는 의미심장한 비유를 했던 게 특히 생각난다. 이렇게 외국에선 원효학이 전혀 먹히지 않았던 이유를, 원효 개인의 학문이 외국 학자들이 흥미를 보이지 않을 정도로 낮아서가 절대 아니라 –오히려 몇몇 고명한 외국 학자들은 원효야말로 7세기 최고의 불교사상가로 친다고 한다– 원효라는 인물의 존재 자체를 모르기 때문이라는 진단을 내리면서, 이건 과연 누구의 책임 때문인가 하며 한숨과 시름을 담으며 이 노교수의 글은 끝을 맺고 있다. 외국에서 원효 스님을 어떻게 보는지 잘 알지는 못하지만, 박성배 교수의 경험을 경청할 때 앞으로 원효와 그의 학문에 대한 소개를 관련 학자나 불교계 모두 좀 더 적극적으로 외국에 알리려고 노력해야 하겠다는 생각이 든다.

자재암의 역사

원효 스님이 창건한 이후 자재암의 역사를 좀 더 살펴보면, 고려시대에 들어서도 974년과 1153년에 각각 중창했는데, 특히 앞의 중창은 태조의 명으로 이루어진 것이라 한다. 조선시대에는 1872년 원공(元空)·제암(濟庵) 두 스님이 힘을 합쳐 중창해, 영산전·만월보전·독성각·산신각·별원 등의 건물이 있었다. 그러나 1907년 화재로 만월보전을 제외한 건물이 전부 불타버렸고, 1909년 성파(性坡)·제암 스님이 다시 중창했다. 그러나 6·25전쟁 때 다시 전부 불타버려 1961년과 1968년에 대웅전과 요사를, 그리고 1977년과 1982년에는 삼성각과 일주문을 다시 지었다. 이어서 1984년에는 부설 유치원을 개원했고, 1983~1985년 사이에도 옛 건물들을 헐고 새로운 중창을 이루면서 오늘날의 면모를 갖추었다.

그런데 조선시대부터 근대의 자재암 역사에서 세 사람의 중창주가 특히 눈에 띈다. 우선 1872년 원공과 제암 두 스님은 쇠잔할 대로 쇠잔해진 자재암을 그 옛날에 못지않게 가꾼 주인공들이다. 고양 흥국사에 있던 제암 스님이 꿈속의 계시에 따라 자재암에 와 중건의 원을 세운 원공 스님을 만나 함께 노심초사 하여 뜻을 이룬 일은 너무 절절하여 차라리 전설인 양 싶을 정도다. 특히 제암 스님은 그 뒤 30년이 지나서도 다시 중건의 역을 맡아 소임을 다했으니 그 정성은 실로 말로 다 못할 것 같다. 다만 지금에 와서는 이 두 분의 행적이 사람들에게 거의 전해지지 않고 있는 것은 안타까운 노릇이다.

추담 스님과 자재암

근현대 인물로서 추담(秋潭) 스님을 말하지 않고 자재암의 역사를 맺을 순 없다. 추담(1898~1978) 스님은 지금의 자재암을 세우는데 초석을 놓은 분이었다. 함흥 출신이며 1924년 26세에 출가하기 전까지 재가신도로서, 또 애국청년으로서 활발한 사회활동을 했다. 1919년 3·1독립운동에 참여, 몇 개월간의 옥고를 치른 뒤 1921년 일본에 건너가 다이쇼 불교대학에서 공부하고는 2년 뒤 귀국하여 고향 함흥에 해동불교청년회를 조직, 회장이 되면서 본격적인 불교활동에 들어갔다. 1924년 함경남도 설봉산 귀주사에서 출가했고, 수도하는 가운데서도 능

추담 스님의 부도와 비

굴법당 나한전

인학원을 창설했고, 이듬해에는 함흥의 일능학교를 인수하여 교장에 취임하기도 했다. 1927년 함흥사립학교연합회를 조직하는 한편 건봉사에서 대교과를 이수하였다. 이 무렵 만해 한용운과 친교를 맺으며 함께 독립운동을 전개하다 충남 부여에서 투옥되었다. 출옥 후에는 충남 청양에서 교직에 있으면서 농촌계몽운동을 폈다.

한때 중병을 앓다가 극적으로 회생한 뒤, 1937년 서울 삼각산 봉국사의 일승(日昇) 문하에서 추담이라는 법명을 얻었다. 6·25전쟁 중에는 부산 영도의 법화사와 좌천동 연등사를 중심으로 포교활동을 했

자재암 대웅전 석가 삼존불

고, 1952년에는 범어사에서 불교정화운동을 시작하였으니 이 방면의 선구자인 셈이다. 이 운동은 서울로 돌아온 1953년에도 적조암을 중심으로 몇 년간 계속되었다. 다시 1957년 금산사 주지를 비롯하여 전등사·법주사·신흥사 주지를 거친 뒤 만년에는 자재암에 머물다 1978년 입적하였다. 지금 절 입구에는 1980년에 세운 스님의 사리탑과 비석이 있어 스님의 자취를 돌아볼 수 있다.

굴법당인 나한전과 삼성각을 보고 나와 마당에 섰는데, 들어보니 대웅전에서 열리는 천도재가 다 끝나가는 것 같다.

장엄염불을 외는 스님의 목소리가 그렇게 구성질 수가 없어 밖에서 듣고 있는 나마저도 마음이 처연해질 정도다. 죽은이가 누군지 모르겠지만 저런 염불소리를 듣고 가는 길이니 틀림없이 극락왕생할 것 같다. 재가 끝나는 걸 기다려 법당에 들어갔다. 불단 오른쪽에 자그마한 유리장이 있고 그 안에 자재암의 자랑인《금강반야바라밀다심경약소 언해본》과 추담선사의 손때가 묻은 서간이며 유품도 함께 진열되어 있다.

그런데 재가 끝나자마자 스님들이 법당에 설치된 묵중한 히터를 들어내 마당에 내놓고 뭔가 고치느라 한창이다. 무슨 일인가 물어보니 얼마 전 넣은 석유가 이물질을 섞은 엉터리 석유라 그 때문에 그만 고장이 난 것이라 한다. 세상에, 아직도 석유에 가짜 이물질을 섞어 파는 데가 있다니 그 파렴치함에 할 말을 잊었다. 석유 사다가 쓰는 데는 번듯한 아파트에 사는 주민들은 없고 주로 서민들이 난방용으로 사갈 텐데, 거기에 물 따위를 섞어 넣으면 그 사람들은 어찌 하라고! 추운 날씨에 시린 손으로 히터 고치느라 애먹는 스님들도 안쓰럽고, 저 가짜석유 사다 쓴 다른 사람들도 역시 이 추위에 생고생 하겠구나 생각하니 마음이 도통 편치가 않다.

원효와 요석 공주

다시 한 번 법당에 들어가 참배하고 나서 발길을 돌려 나왔다. 날씨는 여전히 차가웠지만 소요산 등산객들은 오전보다 더 는 것 같다. 일주문을 지나 길 왼쪽에 있는 요석공원 주변도 살펴봤다. 원효 스님이 자재암에 있을 때, 한때 세속의 인연을 맺었던 요석 공주가 이 근처에 머물며 스님을 공양했다는 이야기가 전하는 곳이다. 그러고 보면 참 요석 공주도 대단한 사람이라는 생각이 든다. 왕실의 여인으로서 원효라는 걸출한 인물을 알아보곤 대의를 위해 풍요한 일상을 마다한 것 아닌가. 그래서 신라 최고의 학자이자 이두를 만든 설총을 낳아 이 땅의 사람들을 좀 더 편하게 살도록 했으니 그들의 선견지명과 혜안에 고개 숙이지 않을 수 없다.

따지고 보면 우리 모두 원효이고, 요석 공주 아닌가 싶다. 우리가 지금 살 맞대고 같이 사는 사람을 원효요 요석 공주로 여긴다면 우리가 곧 원효고 요석 공주일 터이니 말이다. 매사 우리 마음먹기에 달렸다는 '일체유심조(一切唯心造)'의 평범한 진리가 새삼 떠오른다. 그러고 보니 일체유심조는 원효가 즐겨 외던 말인 것 같다. 그런 의미에서 새해의 첫 사찰 탐방으로 자재암을 찾은 건 역시 잘 했다는 생각이 새삼 들었다.

가평 현등사

청춘의 추억서린 곳, 가평 청평역

오래 전, 서울과 춘천을 오가는 경춘선의 청평역엔 지금은 사라진 '비둘기호'라는 이름의 완행열차가 섰다. 청평역은 1939년 7월부터 승객을 태우고 내렸으니 나름 꽤 오래된 역이다. 특히 1970년대부터는 마석리, 대성리, 청평, 가평 등지로 MT나 야영 갔던 10~20대들에게는 아직도 잊히지 않는 이름일 것 같다. 청량리역에서 출발해 기차가 시내를 벗어나 퇴계원을 지날 때쯤엔 객차마다 젊은 남녀들이 누가 먼저랄 것도 없이 어울려 기타 반주에 맞춰 손뼉 치며 노래하는 모습은 흔히 보던 광경이었다. 말하자면 주말의 경춘선 기차 안은 억눌린 젊음을 마음껏 발산하는 장소였다. 나 역시 20대일 적 여러 번 청평역에 갔었다. 계절은 주로 봄이었던 것 같다. 여기서 청평계곡 같은 산자락에 가서 텐트를 친 다음 버너로 지은 밥을 맛있게 먹고 나면 어느새 해가 저물었다. 그러면 모닥불 주위로 모여 앉아 수건돌리기 같은, 요즘 젊은 사람들이 보기에는 퍽이나 유치하게 생각될 그런 놀이들을 하며 즐겼다. 밤이 깊어지면 막걸리 몇 순배가 돌기 마련이었다. 봄이어도 밤에는 꽤 서늘하고 춥기도 한데. 취기가 올라오면 어느새 몸은 알맞게 체온이 올라감을 느끼고 기분까지 흥겨워지면서 밤늦도록 함께 노래하고, 그도 지치면 서로 오순도순 모여 앉아 소곤소곤 얘기하면서 밤을 새웠다. 그때가 왜 그렇게 좋았는지.

청춘을 졸업한 후론 한 번도 이 역에 내린 적이 없었고, 청평역이라는 이름을 들어도 별다른 감흥을 받지 않았다. 나이를 먹으며 생활에 짓눌려 감성이 무뎌진 탓이려니 생각했지만, 어쩌면 청춘이라는 이름의 열병을 심하게 앓았던 20대의 기억을 떠올리기 싫어서 그랬는지도 모르겠다. 아무튼 당시 청평역이 어느 정도로 청춘의 대명사였는지는 《시와 수상 문학》으로 등단한 박숙희 시인의 〈청평역에 가면〉을 읽으면 잘 알 수 있다.

긴 머리에 청바지 티셔츠 입고
무거운 배낭 메고 먹거리 손에 들고
친구들과 함께 여행 떠나던
추억 속에 청평역에는
떠들썩한 웃음과 낭만이 있었지
호숫가에서 물장구치며
장난치다 옷은 다 젖어 버리고
밤이면 통 키타 속에 노래 부르며
캠프 화이어로 즐겁기만 했던
이십대의 청평역은 그렇게 남아 있다.

위 시에 나오는 청평역은 1958년에 지은 붉은 벽돌의 단층 건물이었고 출입문은 삼각형 지붕모양을 하고 있었다(당시의 경춘선 역은 다 이런 모습이었다). 이 역은 경춘선 복선 전철화 사업으로 단단하고 날랜 모습의 역사(驛舍)가 2009년에 새로 들어서고 옛 역사는 2010년에 철거되었다. 옛 역이 있던 자리는 텅 비어 있고 그 옛날 기다랗게 뻗어있던 철로와 더불어 '청평역' 안내판이나 가로등도 다 없어졌다. 곳곳이 깨어져 누런 땅바닥을 드러내고 있는 낡은 시멘트바닥엔 들꽃들이 한 무리씩 만발해 있다. 어쩐지 마음이 짠해진다. 새것이야 현재의 발전을 위해 필요한 것이지만, 30~40년 전의 추억을 간직한 나그네에겐 소중한 세월을 통째로 잃어버린 것 같은 서글픔

이 든다. 눈앞에 흐릿하게 어른거리는 옛 철길을 생각하자니 옛사랑의 추억이 더불어 떠올라 나도 모르게 고개를 저었다. 박숙희 시인의 시 역시 그런 추억을 담고 있는 것 같다. 그리곤 시인은 지나온 시절을 통해 깨달은 사랑과 정을 또 이렇게 읊으며 쓸쓸히 돌아섰다.

> 사랑은… 붉은 장미처럼 피어나
> 언제나 행복만을 주는 줄 알았는데
> 오랜 정(情)으로… 굳은돌을 쪼며…
> 함께 하는 것임을 알았다….

현등사 탐방

4월의 어느 날, 현등사를 보러 가평으로 떠났다. 그 옛날 학생 때 동기, 선후배들과 경춘선을 타고 MT 가던 추억의 시간은 그때와 똑같은 계절로 올해도 찾아왔다. 지난 해 겨울엔 폭설도 많이 내리고 맹추위에 한껏 떨었는데, 이젠 걸음걸이가 한결 가볍고 꼭꼭 잠가두었던 창문을 열어두는 시간도 조금씩 길어졌다. '아, 이제야 봄이 올 모양이구나!' 반갑고도 신기해 창문틀에 손 얹고 턱받침 해서 바라보니 저 고개 너머 새색시마냥 수줍은 듯 사뿐사뿐 걸으며 고갯길을 내려오는 봄 처녀가 보인다. 올핸 왜 이렇게 늦게 오셨는가….

하루를 가평읍내에서 묵은 뒤 늦은 아침 현등사로 향하는 버스에 올랐다. 한 40분을 가니 아래위로 기다란 가평군의 북쪽에 자리한 현등사 주차장 앞에 내려준다. 여기서부턴 걸어가야 한다. 주차장 바로 위가 일주문인데 여기에 차량통행을 통제하는 차단목이 가로질러 있다. 일반 승용차로는 좀 어렵고, 지프차가 있다면 일주문 옆에 설치된 인터폰으로 사찰 종무소에 연락하면 된다. 하지만 그렇게 차로 올라가면 현등사의 멋진 계곡을 감상할 수 없으니 웬만하면 여기부터 절 경내까지 걷는 것을 추천한다. 현등사 계곡에는 가산폭포, 무우폭포, 백년폭포 등 여러 크고 작은 폭포가 많아 꽤 볼 만하다. 맑은 물이 흐르는 계곡 사이에는 크고 작은 바위도 많아 물길이 구불구불 흘러가기도 하고 또 어느 때는 제법 커다란 폭포가 장쾌하게 떨어지며 물줄기를 흩날리고 있어 보기만 해도 그 시원하고 서늘한 기운이 내 몸으로 전달되는 느낌이다. 절 쪽으로 상류계곡의 물은 가평군의 취수원으로도 이용될 정도로 물도 맑다. 이렇게 찬찬히 자연을 만끽하며 한 30분 걸으면 현등사 경내가 나온다. 온 산 가득한 가지가지 나무로 이루어진 울창한 숲과 잘 어울리고 있다. 등산이 목적이 아니라면 절 찾아 산길 걷기에 적당한 거리인 것 같다.

운악산과 현등사

현등사가 자리한 운악산은 이름 그대로 바위로 이뤄진 산이다. 깎아지른 듯한 절벽이 많고 기암거봉도 많다. 그러면서도 울창한 삼림이 그득하다. 그래서 '경기도의 금강산'이라 부르는 게 별로 과장 같지가 않다.

현등사의 역사는 꽤 오래되었다. 신라에 불교가 공인된 때가 527년인데 불과 10여 년 만인 540년 경에 창건되었다. 인도에서 온 마라가미(摩羅訶彌) 스님이 신라에 들어와 불교 전파에 힘을 쏟고 있었는데, 이를 가상히 여긴 법흥왕이 그를 위해 운악산에 절을 짓고 포교에 힘쓰도록 했다고 한다. 당시 절 이름은 운악산사(雲岳山寺)였고 정확한 창건연대는 안 나온다. 《봉선본말사지》의 〈운악산 현등사 사적〉에도 '정확한 창건년도를 알 수 없어 법흥왕이 돌아간 해를 그 시기로 잡는다'고 했다. 법흥왕이 불교를 공인한 527년에서 왕이 죽기 전인 540년 사이의 어느 때를 창건시기로 보고 있는 이유이기도 하다.

현등사를 품은 운악산

현등사 무우폭포

창건 이후의 역사

현등사는 창건 이래 여러 차례의 중창이 있었다. 그 중 898년 도선(道詵)국사가 중창한 것을 창건에 버금가는 중요한 사적(史蹟)으로 볼 수 있다. 도선국사는 고려의 도읍을 송악산 아래에 정하고 나무로 만든 학을 날려 세 곳을 택해 약사도량을 세웠다. 그런데 아무래도 동쪽 땅의 기운이 약해 이를 보완하고자 여러 곳을 찾아 다녔다. 운악산에 이르러 그 빼어남에 반해 절을 세우려 하였는데 마침 산중에 절터가 있어 바로 이곳이구나 싶어 여기에 중창하니, 이것이 바로 지금의 현등사다.

그런데 이 부분에 대해서도 비판적인

현등사 전경

견해가 있다. 도선은 풍수지리와 음양오행 이론을 확립한 이로, 전국 곳곳에 절과 탑을 세워 이른바 '사탑비보설(寺塔裨補說)'을 집대성하기도 했다. 그래서 우리나라 대부분의 명산대찰에는 국사의 발자취가 서려 있다. 때론 실제로 그가 창건한 게 아니라 그의 이름만 가탁(假託)한 곳도 더러 있을 것이다. 그만큼 도선국사의 이름은 중요한 의미를 갖는다. 그런데 현등사가 중창되었다는 898년은 도선국사가 입적한 해이니 이것 역시 그의 이름만 갖다 붙인 게 아니냐는 것이다. 왜 그렇게 부정적으로만 보는지 알 수가 없다. 그는 물론 일흔한 살의 적잖은 나이에 입적했지만, 입적할 때까지 정열적으로 사찰 창건에 힘을 기울였을 가능성은 얼마든지 있는 것 아닐까. 현등사의 경우도 산천비보와 관련하여 그가 창건했을 가능성은 충분히 있는데도 굳이 고개를 저으려는 태도는 이해가 되지 않는다.

그 후 고려시대에 들어와 1210년에 보조국사(普照國師) 지눌(知訥)

이 중창했는데, 이때 절 이름을 현등사라고 하였다. 여기에도 설화가 전한다. 〈운악산현등사사적〉에서 옮겨 본다.

> 보조국사가 망일산(望日山) 원통암(圓通庵)에 머물 때였다. 운악산을 바라보니 산속에서 삼일 동안 밤낮으로 빛이 퍼져 나왔다. 빛이 나오는 곳을 찾아갔더니 절이 하나 있는데 관음전 남쪽의 바위 위에 옥등(玉燈) 하나가 있어서 불을 밝히고 있었다. 국사는 신이하게 여겨 정성껏 예참하고 주변을 살펴보니 보이는 것보다 옛날에는 가람의 터가 훨씬 컸겠음을 알았다. 서둘러 조정에 아뢰고 승속에 널리 알려 재물을 모아 가람을 완성했다. 국왕도 평소 국사를 매우 존경하던 터라 토지 500결과 천금을 주어 중창을 도왔다. 이렇게 해서 절의 이름이 '옥등이 걸려 있는 절'이라는 뜻에서 현등사가 되었다.

조선시대에 들어와서는 1411년 함허(涵虛)대사가 절을 중창했다. 지금 현등사에서는 이 부분을 매우 의미 있게 생각한다. 함허 기화(己和) 스님은 고려 말·조선 초에 배불론자들의 불교 비판에 맞서 불교의 가치를 힘주어 외치던 고승이다. 그가 현등사를 중창한 것은 곧 당시 배척받던 불교를 일으키기 위한 노력으로 볼 수 있어서 그의 중창을 높이 평가하는 것이다. 중창한 1411년은 그가 36세 때인데, 〈운악산현등사사적〉에 그 과정이 자세히 전한다. 스님은 삼각산 원통사에서 출발하여 오신산(五神山)을 거쳐 운악산 쪽을 지나다 잠깐 사이에 길을 잃었다. 그런데 앞길에 흰 사슴이 나타나 길을 인도하니 산을 넘고 골짜기를 건너 커다란 숲에 이르러 갑자기 사슴이 보이지 않았다. 주위를 둘러보니 오래된 전각이 하나 있었고, 그 옆에 탑과 자재로 쓸만한 커다란 나무가 있었다. 불법의 감응이라 여겨 절을 중건했는데 나라에서 왕실의 원당을 삼으며 토지 300결을 내렸다고 한다. 원찰이란 왕실의 위패를 모셨다는 것으로, 이 건물을 19세기 초에는 위실각(位室閣)이라고 했다고 나온다. 세종의 일곱째 아들 평원

대군 정덕공과 부인 홍씨, 그리고 예종의 둘째 아들 제안대군 영효공과 두 부인의 위패를 모셨다. 의미 있는 사찰에서 왕실의 원당이 되는 경우는 조선시대에도 종종 있어 왔다. 1706년, 1873년에 각각 왕이 사신을 보내 이곳 원당에서 제사를 올리기도 했다. 사찰 역시 그에 걸맞은 규모를 갖추고 있었음은 물론이다.

그 이후로도 현등사는 몇 차례의 화재와 침체를 겪다가 다시 중창하는 등 부침을 보였는데, 이는 어느 절이나 다 있는 일이다. 근대에 들어 1916년 금명(錦明) 스님이 중수했을 때는 법당을 중심으로 앞쪽에 요사와 대방, 서쪽에 위실각, 동쪽에 지장전 그리고 뒤로는 삼성각이 자리해 가람의 조화와 아름다움이 비할 데 없었다고 한다.

조선시대에 왕실에서 하사한 금병풍

한편 1900년대 중반에 찍은 옛날 사진 중에 '현등사 금병풍'이라는 것이 있다. 조선시대에 왕실에서 현등사에 금(金)을 녹인 금물로 그림을 그린 병풍을 하사했던 것이라 한다. 금병풍을 펼쳐든 이는 당시 주지인 금명 스님이다. 이런 유물로만 봐도 조선시대에 현등사의 위치가 얼마나 중요하고 컸었는지 충분히 알 수 있다.

1945년에는 당시 주지 해은(海隱) 스님이 본사였던 봉선사에서 설립하는 재단법인 광동학원에 절의 산림 625정보를 기증하기도 하였다.

그러나 1950년에 일어난 6·25전쟁의 비극 속에 절은 거의 소실되어 버렸다. 이후 여러 스님들이 절을 다시 일으키며 가꾸어 나갔고, 그래서 지금은 점점 전보다 훨씬 좋은 모습을 보여주고 있다.

현등사 극락전

현등사의 가람배치

현등사의 가람 구성은 극락전을 중심으로 보광전·지장전·삼성각 그리고 요사로 구성되어 있다. 극락전은 1984년에 기와를 교체하였는데 이때 상량문이 발견되어 이 건물의 조성연대가 1746년으로 밝혀졌다. 〈운악산현등사사적〉이라는 글에 '보전(寶殿)'으로 기록된 건물이 바로 이 극락전이다.

안에는 아미타·관음·지장의 삼존상을 모셨고, 아미타후불탱화 및 공포(천정 무게를 받치는 부재)와 공포 사이에 그려진 나한도 등으로 내부를 장엄하였다. 아미타삼존상은 1759년에 조성되었는데 2012년 11월에 보물로 승격되었다.

또 1619년 봉선사(奉先寺)에서 만들어진 범종이 봉안되어 있다. 봉선사 범종이 여기로 옮겨진 이유는 명확하지 않다. 또 1770년에 그린 신중탱화, 19세기 작품으로 추정되는 수월관음도 등도 중요한 유

(좌) 수월관음도
(우) 극락전 아미타 좌상

물이다. 특히 이 수월관음도는 관음보살이 들고 있는 정병(淨瓶) 중앙에 '卍'자가 새겨져 있는 것이 특이하다. 내가 알기로 이런 표현은 고려와 조선을 통틀어서 유일한 경우인 것 같다. 게다가 각 부분의 세부 묘사에서도 아주 뛰어난 솜씨가 보여 소중한 문화재로 인식되어야 할 것 같다는 생각이 들었다.

삼성각 칠성탱화

그 밖에 삼성각에도 칠성탱화가 걸려 있는데, 그림 아래의 화기를 보니 1861년에 삼각산 화계사(華溪寺)에서 조성된 것이라고 나온다.

현등사의 석조문화재

현등사의 석조문화재로는 보조국사 지진탑, 삼층석탑 등이 미술사적으로 중요하다.

경내 석축의 왼쪽 아래 언덕에 있는 지진탑은 '하판리 지진탑'이라고 불리는데, 고려 중기 보조국사가 세운 탑이라고 전한다. 국사가 절을 중창하면서 이곳 가람의 지기(地氣)를 진압하기 위해서 탑을 세웠다는 것이다.

법당 앞쪽, 그러니까 경내가 그 아래 석축으로 마감되는 자리에 있는 삼층석탑은 조선 초기 석탑이다. 근래에 탑 속에서 1470년에 해당되는 명문이 적힌 사리용기가 발견되어 정확한 조성시기를 알 수 있었다. 한편 이 석탑은 신라 말·고려 초에 활동한 도선국사가 인도의 고승인 마라가미(摩羅訶彌)를 위해 만든 탑이라고도 전한다.

보조국사 지진탑과 더불어 이 탑 역시 보물로서의 가치가 충분한 소중한 문화재다. 또 이 탑에 봉안되었던 사리기는 오래 전 도난당했는데, 그 사실을 모르고 리움미술관에서 구매했다가 나중에 현등사 탑에서 반출된 사실이 밝혀졌다. 리움미술관으로서는 정당한 구매였지만, 현등사와 서로 좋은 인연이 되어 절에 되돌려 준 미담도 있다.

불탑 외에, 1411년에 현등사를 중창했던 함허대사의 사리탑이 경내에서 좀 떨어진 서남쪽에 자리한다. 조선시대 부도로서는 드문 모습인 팔각원당형 부도로, 탑신에 '함허 무준(涵虛無準)'이라고 적혀 있다. 팔각원당형이란 맨 아래 기단의 모양은 팔각이지만 그 위 사리를 담은 몸체는 팔각 또는 원형인 사리탑을 말한다. 그렇지만 이 사리탑은 위에서 보면 전체적으로 사각형으로 보이므로 마치 조선시대에 유행한 석등인 장명등(長明燈)과도 비슷하게 보이는 점이 색다르다. 석등이나 장명등은 의식이나 행사 때, 또 깜깜한 밤에 불을 밝히기 위한 시설이다.

또 화담 경화 스님의 부도도 있다. 절 북쪽 능선 너머 평평한 대지 위에 있는 이른바 석종형 부도로, 팔각형으로 만든 기단의 앞면에 '화담당경화탑(華潭堂敬和塔)'이라 쓰여 있고, 뒷면에는 1848년 10월에 세웠다는 내용이 적혀 있다.

함허 스님과 현등사

앞서 함허 스님의 중창이 매우 의미있다고 했는데, 그건 숭유억불의 조선시대에서 커다란 중창을 이뤄낸 공이 사실 여간 큰 게 아니어서다. 스님은 신라 법흥왕 때 창건한 마라가미 스님 이후 신라 말 도선국사, 고려 보조국사 지눌로 이어지는 중창주 가운데 한 명으로 현등사 역사에서 아주 중요한 스님이었다.

함허(1376~1433) 스님은 법명이 기화(己和)인데, 혹은 득통(得通)이라고도 한다. 충주에서 태어나 유학을 익히고 성균관에 입학하여 학문에 힘썼으나, 21세 때 친구의 죽음을 겪고 출가를 결심했다고 전한다. 1396년 관악산 의상암에서 머리를 깎고 1397년 회암사의 자초(自超) 스님에게 공부했다. 1404년 불법의 묘리를 깨우친 이후 여러 곳을 다니면서 《반야경》을 설법하였다. 1420년 오대산의 영감암에 있을 때 꿈에 한 신승(神僧)이 나타나 이름을 기화, 호를 득통으로 지어주었다고 한다. 1433년 4월 문경 봉암사에 있을 때 "죽음에 이르러 눈을 들어보니 시방의 벽락(碧落) 하나 없는데도 길이 있으니 서방극락이로구나"라는 임종게(臨終揭, 스님이 입적을 앞두고 읊는 게송)를 남기고 입적하였다. 봉암사에 비가 있고, 현등사를 비롯해 정수사·인

© 박혜진

위 왼쪽은 경내 위에 있는 삼층석탑, 오른쪽은 보조국사가 세운 지진탑. 아래는 사리장엄

봉사·봉암사 등 평소 스님과 깊은 인연이 있던 곳에 부도를 세웠다.

한편 조선 후기의 대표적 화엄학승 중의 한 분이었던 화담 경화(華潭敬和) 스님도 말년에 이곳에 머물며 수도에 전념하였다. 그 밖에 한말(韓末)의 금명 스님도 현등사 역사에서 꼭 기억해야 할 분이다. 1910년 무렵 주지로 있으면서 절의 토지와 문화재를 보존시킨 분이다. 1908년에 절의 토지 대부분이 왕실의 수진궁(壽進宮)으로 넘어가고, 절에서는 소작료를 내야 했다. 또 어떤 이는 자신이 왕실의 인척임을 내세워 재산을 갈취하는 등 안팎으로 큰 어려움을 겪었다. 이때 금명 스님이 발 벗고 나서 오로지 사세를 지키고 성보를 보전한다는 일념으로 정진하여 가까스로 토지와 산림을 절의 소유로 확보했다고 전한다.

현등사를 노래한 한시 고승 함허와 명유(名儒) 이항로

현등사 역사에서 아주 중요한 인물로 꼽히는 함허 스님의 시와, 조선 후기 강호의 숨은 처사로 이름 높았던 이항로의 시 각 한 수씩을 소개한다. 함허 스님은 불교 교리를 해석하는 글을 숱하게 많이 지었다. 문장을 짓는 재주가 출중해 불교를 공격하는 유학자들에게 수준 높은 문장으로써 반론을 펴 그들의 수긍을 이끌어냈다. 논리의 정연함은 다른 유학자들이 혀를 찰만큼 정연했다. 다음에 보는 〈산에 기대어 짓다(擬山作)〉에서 그 솜씨를 엿볼 수 있다.

함허대사 부도와 장명등

步月仰看山矗矗　달빛 비추는 뜰을 걷다 우러러보면 우뚝한 산들이고
乘風俯耳水泠泠　바람 타고 내려다보면 찰찰 흐르는 물소리 들리네
道人活計只如此　도인의 세상살이야 이만하면 흡족하지 않은가
何用區區順世情　어찌해 구구한 세상의 정에 이끌리며 살리오

적어도 함허 스님의 시세계는 현등사를 소재로 한 시에 있어서는 푸르른 서리를 보는 듯이 아주 맑고 시원하다. 혹시 시로써 시인의 성격을 이해할 수 있다면, 함허의 시에서 스님의 진면목이 보이는 것 같다. 대체로 승려들의 시를 선시(禪詩)라고 부르고 그런 차원에서 이해하려 하는데, 그와 같은 선입관은 한 인간으로서의 승려를 전혀 이해하지 않고, 불필요한 성인화(聖人化)의 억지 해석에 지나지 않는다. 물론 선시라는 것이 있기는 하다. 구도자로서 수십 년을 수행하며 느낀 선묘(禪妙)를 시라는 형식으로 쓴 것이다. 하지만 그들이라고 해서 승려 이전에 사람으로서 느끼는 인간과 자연에 대한 생각이 왜 없겠는가? 자연에 묻혀 있으면 더욱 더 맑은 시인의 심성이 다듬어질 수 있을 테니, 그들 시 가운데서 그런 서정을 종종 찾아볼 수가 있다. 함허 역시 예외는 아닌 듯, 앞의 시 못잖게 한 인간으로서 자연에 묻혀 사는 열락을 시에 담아냈다. 다음에 볼 〈맑게 갠 밤에 읊다(淸夜吟)〉라는 시 역시 앞의 시와 일맥상통하는 시세계를 보여주면서, 한편으로 자신이 깊은 산중에 들어앉아 느끼는 시흥을 읊은 것만 봐도 분명 그런 것 같다.

山深水密生虛籟　깊은 산 계곡물 가득 흐르고 어디선가 들리는 퉁소 소리
月皎風微夜氣涼　교교한 달빛 아래 시원한 바람 불어와 밤기운 낭랑하네
却恨時人昏入夢　잠시 삶의 한(恨) 접은 사람들은 꿈속에 들고 있으리
不知淸夜興何長　맑게 갠 밤 일어나는 기나긴 이 흥취를 어이할까나

이번엔 조선의 명유 화서(華西) 이항로(李恒老, 1792~1868)의 시를 소개한다. 제목이 〈현등사 오른쪽 바위 밑에 너와집이 깔끔해 우리 아이가 이곳에서 글을 읽고 있다. 저녁에 운자를 내어 절에 머물고 있는 여러 벗들과 함께 지었다(懸燈寺右巖底板屋淨潔家兒在此讀書夕呼韻與留寺諸益共賦)〉로 기다랗다. 현등사에서 공부하는 아들에게, 부디 옛사람처럼 높은 경지를 이루기를 바라는 아비의 심정을 고사를 이

끌어 낸 시로 표현했다.

家兒携簏借禪燈　집 아이 책 상자 끼고 절 등불 아래 공부한다기에
捨馬邐迤半日登　말 타고 와 내려서 굽이굽이 돌아 반나절 올라가
米老心情迎疲石　미로의 마음 담긴 괴석을 그려 그림 주려했는데
張顚草隷見垂藤　공부방 등나무 발 걷어보니 장전의 글씨 보이네
險夷閱歷青山好　험난한 일 겪어도 청산은 늘 푸르건만
憂樂乘除白髮增　희로애락에 겨워 살며 느느니 백발뿐일세
自愧無聞行四十　이룬 것 없이 부끄럽건만 나이는 벌써 마흔
丁年勖學勉諸朋　젊을 때 힘써 배우기를 여러 벗들에게 권하네

1연에는 이항로가 현등사에서 공부하는 아이를 격려하러 찾아가 그 옛날 중국의 '미로(米老)'처럼 괴석을 그려 선물로 주려했더니, 아이 공부방엔 장전을 공부한 글씨가 걸려있더라는 것이다. 그러면서 자신이 40을 넘어도 학문을 이루지 못했음을 부끄러워하며 어려서부터 열심히 공부할 것을 권하는 내용이 2연이다. 여기서 '미로'란 송나라의 미불(米芾)을 말한다. 그는 휘갈기듯 쓰는 '미불체'의 창안자였다. 또 그림을 그리면 꼭 괴석(怪石)과 꽃나무를 함께 그렸다. 그의 이러한 서화법은 아들 미우인(米友仁)에게 전해져 완성되었다. 이항로도 그 고사를 떠올려 나름대로 자신이 지은 서화를 아들에게 격려차 선물로 주려고 와서 방문에 쳐진 발을 거둬보니 아들은 이미 장욱(張旭)의 글씨체를 연습하고 있더라는 것이다. 장욱은 '미친 초서'체로 유명한 서화가인데 그래서 호도 장전(張顚)이다. 미불보다 몇 백 년 앞선 사람으로 미친 사람이 쓰는 듯한 독특한 초서체로 이름났다. 따라서 자신의 걱정은 괜한 기우였고, 아들은 공부에 잘 매진하고 있음을 표현한 것이다. 사실 이항로는 3살 때 이미 《천자문》을 떼고 6살 때 《십구사략(十九史略)》을 읽고 〈천황지황변(天皇地皇辨)〉이라는 세상

의 이치를 담은 글을 지은 천재였다. 옛날에는 《천자문》을 뗀 나이를 재능의 척도로 삼았다. 7살에 떼면 준재, 5살이면 수재, 3살은 천재라고 불렀다. 이른바 '3세 천재'라는 게 이것이다. 단종이 폐위되고 세조가 등극하자 세상을 등지고 승려가 되어 전국을 떠돌며 숱한 명시를 남긴 김시습(金時習), 조선 성리학의 대학자 율곡 이이(李珥) 등도 어렸을 때 '3세 천재'로 불렸다. 9살에 《천자문》과 《소학》을 뗀 나 같은 사람이야 범재(凡才)에 지나지 않고.

가평읍내에서

가평군은 요즘 관광지로 각광받고 있다. 연인과 가족 단위로 즐겨 찾는 수목원도 있고, 프랑스의 전원마을을 그대로 옮겨놓은 '쁘띠 프랑스'도 있어 그 이국적인 멋을 사람들에게 보여준다.

가평은 또 재즈콘서트장이 있다. 봄과 가을 사이 정기적으로 공연이 열려 재즈 마니아들 사이에서는 꽤 유명하다고 한다. 처음 가평에 도착했던 날 늦은 오후, 혹시 연주가 있나 싶어 콘서트장을 찾았으나

쁘띠 프랑스

아직 시즌이 아니라 한다. 아쉬운 마음에 주위를 두리번거렸는데 바로 길 건너에 허름한 선술집 하나가 보였다. 가게 유리에 붙인 종이에 '개코막걸리'라고 커다랗게 쓴 글씨가 특이한 데다, 어언 배도 출출해져 생각할 것 없이 바로 그 집으로 들어갔다. 마침 봄비도 추적추적 내리기 시작한다. 우선 막걸리 한 주전자 주문한 다음, 가게 밖 처마 아래에 놓인 조그만 탁자 앞에 앉았다. 저녁나절 조용한 술집에 홀로 앉아 내리는 빗줄기를 무심히 바라다보니 마음이 느긋해지며 하루의 피로가 절로 풀리는 것 같다. 나그네로서 뭘 더 바랄까. 조금 있으니 풍성하게 생긴 여주인이 둥근 쟁반에 찌그러지고 누렇게 바랜 막걸리 주전자와 시큼한 김치 한 접시를 내온다. 분위기도 좋고 술맛도 기막히다. 시큼털털한 웃음을 짓는 그녀에게 '개코'가 무슨 뜻이냐 물으니 맛과 향이 다른 막걸리에 비해 독특해 그렇게 부른다고 한다. 몇 대접 들이키고 나니 새삼 인생이 구름 같음을 느낀다. 나그네 여행길에 이제 무얼 더 바랄 것인가.

가평 수목원

파주 보광사

볼 것 많은 곳, 파주

임진강을 사이에 두고 김포와, 지금은 북한 땅인 장단 및 개성과 이어져 있는 파주는 역사와 문화의 고장이다. 반만년 유구한 역사를 자랑하는 이 땅에 전통과 문화가 서려있지 않은 곳이 어디 있을까마는, 그래도 그 중 단아한 향취가 특히 잘 남아 있는 곳이 있다면 파주가 바로 그런 곳 중 하나가 아닐까 싶다. 파평 윤씨(尹氏)처럼, 조선시대에 여러 명의 왕비가 이곳에서 나왔고, 그런 만큼 권문세가가 적지 않아서 서울의 영향을 많이 받아 수준 높은 문화를 향유할 수 있었던 것도 파주가 문화도시가 된 주요 배경일 게다. 최근에는 우리나라 유일의 출판문화단지가 파주에 둥지를 틀면서 숱한 출판사들이 이곳에 단지를 이루고 있다. 요즘은 출판사 외에 북카페 같은 곳도 꽤 생겨서 따뜻하고 맛있는 커피를 즐기러 오는 사람들도 많다고 한다. 그 외에 역사 깊은 곳이라 이곳저곳 볼 것도 많으니, 파주에 가는 길이 즐겁다고 하는 사람들을 요즘 많이 보게 된다. 나는 이런 변화들이 다소 과장되게 보도되고, 또 파주에 터를 잡은 출판사들이 수적으로 지나치게 편중되고, 그러면서 그 출판사들이 다른 곳에 자리한 출판사들에 비해 다소 우월감 비슷한 티를 내는 것 같다는 생각이 들어 그다지 탐탁하게 여기지는 않는다. 하지만 그건 그야말로 나만의 생각일 수 있는 것, 여행을 사랑하는 사람들에겐 서울에서 가까운 파주가 아주 좋은 코스가 될 수도 있으니 즐거운 모양이다. 그런데 여기에 덧붙여, 파주를 더욱 파주답게 보이게 하는 건 아마도 거기에 보광사가 있기 때문일 거라고 생각한다.

보광사 회상

내가 처음 보광사(普光寺)에 간 지 20년이 다 되어간다. 불광동 시외버스터미널에서 시외버스를 타고서 파주까지 간 다음, 거기서 시골버스로 갈아타고 절 앞에 내려 걸어올라 갔었다. 한참을 기다렸다가 올라선 버스 안은 장 보고 돌아오는 사람들과 그들의 짐들로 가득해 그야말로 발 디딜 틈도 없었던 데다가 시골스런 냄새까지 범벅이 되어 장터를 이곳으로 옮겨온 게 아닌가 생각될 정도였지만, 나는 오히려 그런 풍경이 정겨워 내심 꽤 들떴었던 게 어제 일처럼 생각난다. 요즘은 서울역 앞에서 좌석버스를 타고 파주시청 앞에서 내린 뒤 다시 절 앞까지 가는 333번 군내버스를 타면 되니 그때에 비해 교통이 훨씬 좋아진 셈이다. 여러 차례 다녀봤지만 특히 10여 년 전 은사이신 초우(蕉雨) 황수영(黃壽永, 1918~2011) 선생님과의 동행이 가장 생각이 난다. 뒤에도 말하겠지만, 여기에 보관되어 있는 옛 '조계사 범종'을 보러 함께 온 적이 있었다.

보광사와 고령산

보광사는 파주시 광탄면 영장리 고령산(高靈山) 자락에 들어서 있다. 파평산, 비학산과 더불어 파주의 3대 명산으로 꼽히는 고령산은 해발 622m이니 높이로만 본다면야 그다지 명함 내밀만한 처지는 아니다. 하지만 이 부근에서 군대 생활을 했던 사람들은 정상인 앵무봉까지의 악명(?)높은 산악행군을 잊지 못할지도 모른다. 정상에 오르면 시야가 일망무제로 확 트여 파주 일대뿐만 아니라 주변 일대가 모두 두

(좌) 보광사 일주문
(우) 1990년대 후반의 소령원

발 아래로 바라다 보인다. 말하자면 그 옛날엔 이 산이 군사적으로나 지리적으로나 중요하게 여기지 않을 수 없었을 것이라는 얘기다. 그래서일까, 보광사는 풍수로 유명한 도선(道詵)국사가 창건했다고 전한다. 도선국사는 풍수지리의 묘리를 깨친 뒤 국토 곳곳을 순력하면서 국토의 지맥을 살리기 위해 요처마다 절을 지었으니, 이를 비보사찰이라 하는데 보광사 역시 그 중 하나라는 것이다. 이런 얘기를 들으면 어쩐지 보광사가 보통이 아닌 것 같다는 생각이 든다.

보광사의 역사

내친 길에 절의 역사를 좀 더 살펴보자. 고려시대의 역사로는 1215년 원진국사가 중창한 뒤 법민 스님이 불보살상 5위를 봉안했으며, 1388년 조선 태조의 정신적 지주이기도 했던 무학대사가 중창했다고 한다. 조선시대에 들어와서도 꽤 굵직굵직한 사건들을 열거해 볼 수 있다. 우선 1592년 임진왜란 때 폐허화 되었다가 1622년 중건된 사실을 필두로, 여러 차례의 중건 중수 기록이 보인다. 그런데 무엇보다도 중요한 것은 후기에 들어와 왕실의 원찰이 되었다는 점일 것이다.

보광사 요사

보광사 근처에 숙종의 후궁이자 영조의 어머니인 숙빈 최씨의 묘 소령원(昭寧園)이 만들어지자 조정에서는 소령원 관리를 위해 보광사를 원찰로 삼아 대웅보전·광응전을 중수하고 만세루를 창건했다고 한다. 소령원은 2010년 TV의 사극 〈동이〉가 방영되면서 주변 정리가

보광사 대웅보전

꽤 훌륭하게 되었는데, 1990년대 후반까지만 해도 상당히 소박한 모습을 하고 있었다.

영조는 어머니의 위패가 보광사 근처 소령원에 있다는 이유로 보광사에 대한 각별한 애정을 보였다. 이렇게 숙빈 최씨의 원찰이었다는 점, 그로 인해 영조의 관심을 듬뿍 받았다는 점은 보광사의 사격이 어떠했는가를 살피는데 중요한 참고가 된다. 그리고 이로부터 보광사는 서울사람들에게도 꽤 알려지게 된 것 같다. 조선 후기 문인들의 문집에 고령산과 보광사에 대한 언급이 자주 나오기 때문이다. 예컨대 조선 말의 문인이자 정치가인 김윤식(金允植, 1835~1922)은 그의 《속음청사》라는 책에서, "보광사의 화운(華雲) 스님은 나이 70세가 넘었는데 시를 잘 짓고 말도 잘 한다. 1887년 내가 면천에 귀양 갔다는 소식을 듣고는 편지 쓰고 시도 적어 보내주었기로, 나도 화답해서 보낸 적이 있다"고 회고했다. 김윤식은 당대의 정치를 쥐락펴락 하던 거물이었으니 그와 통교한 화운 스님 역시 서울의 명사들 사이에서 꽤 알려졌던 인물이었을 것이다.

보광사의 가람배치, 문화재

보광사를 제대로 알기 위한 역사 공부는 이 정도면 얼추 충분해 보인다. 이제 문화재를 비롯한 보광사의 볼거리들을 살펴볼 차례다. 일주문을 지나 경내로 올라가니 20년 전에 비해 제법 많이 달라져 있었다. 그때는 일주문이나 지장전과 권선각이 없었고, 범종각도 지금과 달리 초라했었다. 강산이 두 번쯤 변한 세월의 흐름이 느껴진다.

우선 대웅보전부터 살펴본다. 대웅보전은 1740년 무렵 지은 조선 후기 사찰건축의 중요한 자료인데, 무엇보다 벽면을 여느 건물처럼 흙이 아니라 나무로 마감한 것이 다른 데서 볼 수 없는 특징이다. 게

다가 벽에는 역시 다른 곳에서는 보기 드문 이채로운 벽화가 있다. 기둥으로 인해 자연스럽게 구획된 칸마다 갑옷을 입고 투구를 쓴 채 긴 칼을 가슴께에서 가로로 길게 들고 있는 위태천(韋太天)을 비롯해서, 사자와 코끼리를 타고 있는 문수와 보현보살, 수월관음보살, 용선(龍船) 위에 올라탄 불보살상, 연화왕생(蓮花往生) 장면 등 다양한 그림이 그려져 있는데 눈이 번쩍 뜨일 만큼 붓의 놀림이 뛰어나다.

동양화적 기법이 가미된 데다가 고려불화의 흔적도 나타나 있어 미술사적으로 보통 중요한 게 아님을 한눈에 알아보겠다. 하지만 오랜 세월 동안 여기저기 떨어져나가 버려 어떤 곳은 거의 안 보이는 부분도 있고, 게다가 보광사 홈페이지의 문화재 소개코너에도 이 벽화에 대해 전혀 언급이 없어 사람들이 그 가치를 제대로 알 수 없을 테니 아쉬운 노릇이다.

대웅보전 안에는 불단 위에 5위의 불보살상과 좌우 벽면에 여러 종류의 불화들이 걸려 있어 불국토(佛國土)를 축소해놓은 듯 화려하고 장엄하다. 불상 뒤에 걸린 후불탱이나 삼장탱화·칠성탱화들은 모두 19세기 후반의 최고 화사(畫師)로 꼽혔던 경선 응석 스님의 작품이라 그런지 구도와 채색 등이 확실히 수준급이다. 불상들은 상호가 아주 부드러우면서도 위엄을 잃지 않고 있으며, 전체 비례도 훌륭해 보인다.

그런데 중앙에 모셔진 주불의 이름에 대해 궁금해 하는 사람들이 많다. 보통 석가불로 알고 있고, 그 좌우는 아미타여래와 약사여래, 그리고 다시 그 바깥쪽 좌우로 문수와 보현보살이 에워싸고 있다고 말한다. 하지만 그게 아니라 비로자나불이라고 주장하는 학자도 있다. 그 근거는 절 이름이 바로 '보광사'이기 때문이다. 보광이란 '보배스런 빛', 다시 말해 광명을 뜻한다. 광명은 여러 부처님 중에서도 특히 비로자나불의 상징으로 말해지곤 한다. 따라서 보광사라고 한다면 이름부터 비로자나부처님이 계신 절이라는 뜻이 된다. 그러니까

대웅보전 편액

이 대웅보전의 주불은 비로자나불이고, 이럴 경우 비로자나불을 협시하고 있는 두 불상은 각각 노사나불과 석가불이 된다는 것이다. 하지만 석가불은 다름 아닌 비로자나불의 응신불(應身佛)이고 보면, 보광사로 이름 지어진 곳에서도 주불로 모시는 게 꼭 잘못되었다고 할 수도 없을 것 같다. 어쨌거나 이 같은 섬세한 논의는 사찰을 연구대상이 아니라 순수하게 마음으로 찾는 사람들의 짐은 아닐 것 같다.

대웅보전을 나와 다시 한 번 외관을 살펴보았다. 정면에 걸려 있는 '대웅보전' 편액 글씨가 꽤

대웅보전 외벽 벽화 중 일부

대웅보전에 봉안된 삼존상과 후불탱화

고졸한데, 전해지기로는 영조의 친필이라고 한다. 아닌 게 아니라 가늘면서도 힘 있는 필체가 영조의 독특한 글씨체와 잘 들어맞는다. 어머니를 지극히 사모했던 영조는, 어머니의 위패가 있는 소령원을 수호하는 보광사를 직접 방문하는 등 각별한 관심을 쏟았다. 왕을 중심으로 일어났던 궁중의 일들을 기록한 《승정원일기》나 《비변사등록》, 또 《일성록》 등을 보면 어가(御駕, 임금의 행차)가 머물렀던 보광사에 대해 특별대우를 하면서 쌀과 무명 등을 지급케 하고, 또 사찰의 스님을 직접 불러서 어려움이 있는지를 물었던 일 등이 상세히 나온다. 그 중에는 영조가 승지에게 명해서 자신이 보광사를 소재로 하여 쓴 시 22수를 읽기 쉽도록 다시 쓰라고 명하는 대목도 있다. 그러니 편액 글씨쯤은 혹시 누가 말리려 해도 굳이 직접 쓰려고 했을 것 같다.

대웅보전을 나온 발걸음은 자연스레 맞은편에 있는 만세루로 향했다. 누각이면서도 승방이 함께 연결된 구조를 하고 있다. 1740년 무렵 지었으니 누각 중에는 제법 연조가 오래된 축에 속하여 건축사적 가치가 높다. 정면에 '만세루'라는 편액이 걸려 있고, 옆에 붙은 승방에도 '고령산보광사' 편액이 있는데 이것 역시 영조의 글씨로 알려져 있다.

보광사 범종

보광사의 문화재를 말하면서 '숭정칠년명 범종'을 빼놓을 수 없다. '숭정칠년'은 1634년에 해당하는 연호로 이 종을 만든 해가 된다. 종꼭대기에 용 두 마리가 서로 엉켜있는 용뉴 부분에는 대개 있기 마련인 음통(音筒)은 생략된 게 특이하다. 몸체에는 사방에 각각 보살입상이 장식되었고, 용 한 마리도 새겨 넣었다. 무엇보다 의미 있는 건 빈 공간에 이 범종을 만들게 된 연유와 보광사의 역사, 그리고 제작자의 이름까지 자세히 설명한 글이 있다는 점이다. 이를 통해 문헌기록에 없는 보광사에 관한 여러 가지 중요한 사정들을 알 수 있으니 여간 고마운 게 아니다. 이 범종을 만든 장인은 이보다 15년 앞선 1619년에 지금의 봉선사 대종을 만든 천보 스님이었던 것도 이를 통해 확인할 수 있었다.

관음보살을 봉안한 원통전을 필두로, 지장보살을 모신 지장전, 16나한이 있는 응진전 그리고 산신각과 권선각, 어실각 등을 차례로 둘러보았다. 이 중 어실각은 근래에 새로 지었는데 영조의 어머니 숙빈 최씨의 영정과 위패가 모셔져 있다. 소령원에 아직 위패가 그대로 있지만, 보광사 나름대로 숙빈 최씨의 극락왕생을 빌고 영조의 효성을 기리고자 지었을 것이다. 마당을 돌아 나와 위쪽으로 올라가면 석불전이 나온다. 전각이 별도로 있지는 않고 널찍한 광장에 화강암으로 만든 커다란 대불이 서 있다. 경기도 북부의 대부분 지역이 그렇듯이 이곳 파주도 6·25전쟁 때의 격전지 중 하나라 숱한 군인과 민간인들이 희생되었다. 이 석불전은 이들을 추모하기 위해 1981년에 세운 것이다. 부처님의 가피로 그들의 극락왕생뿐만 아니라 남북 간 화해와 평화통합의 시간이 좀 더 빨리 다가왔으면 좋겠다.

바쁠 것 없는 터라 천천히 이곳저곳을 둘러보다보니 어느새 땅거미가 슬슬 지고 있다. 점심공양을 미뤄두었던 뱃속에 시장기가 한꺼번에 몰려온다. 일주문을 내려온 발길은 이제 허기 달래줄 곳을 찾아가야 한다. 허나 걱정할 게 있겠나, 명산대찰 주변엔 꼭 맛난 곳이 있기 마련이니까.

보광사 대웅보전 외벽 벽화와 위태천

벽화는 벽에 그린 그림인데 건물을 더욱 돋보이게 하고, 목조건물의 경우 비바람이나 해충으로부터 건물을 보호하는 역할도 한다. 사찰 건물에는 주로 그 법당과 관련된 내용으로 그려지기 마련이다. 석가불이 봉안되는 대웅전이면 석가모니의 일대기를 여덟 장면으로 압축한 팔상전이나 전생담, 원통전이나 관음전 같으면 수월관음보살 등이 그려짐으로써 전각의 의미를 더욱 높인다는 식이다. 심우도도 가장 많이 그려지는 벽화의 소재다. 심우도란 '십우도'라고도 하는데 깨달음을 얻고자 처음 불가에 들어선 사람이 여러 난관을 헤치고 결국 불교의 이치를 얻는 과정을 10장면에 나누어 그린 그림이다.

보광사 대웅보전 벽화는 다른 사찰의 그것보다 훨씬 다양하고 독특한 필치를 보여준다는 점에서 가치가 높다. 남쪽 벽은 기둥으로 구획되어 한쪽은 위태천(韋太天), 문수보살, 신장상, 북쪽 벽에는 동자가 코끼리를 몰고 가는 그림이, 다른 한쪽에는 수월관음과 동자가 있는 바위를 3명의 남자가 매우 힘들게 지고 가는 그림으로 다른 사찰벽화

대웅보전 외부 벽화 중 위태천 벽화와 섬세함이 잘 표현된 반야용선 벽화

에 비해 매우 색다른 내용을 담고 있다. 백의를 입은 관음보살의 천의(天衣) 자락은 길고 구불구불하게 늘어뜨려져 있으며 그 뒤로 동자가 버들가지가 꽂힌 정병을 두 손으로 잡고 있다. 또 뒤쪽 벽에는 용선(龍船) 위에 지장보살이 지옥의 중생을 구제하여 극락으로 가는 그림과 함께 연화왕생 장면이 그려져 있다.

이 중 위태천은 본디 바라문의 신이었는데 후에 불교에 습합되어 사찰의 수호신으로 존숭되던 신장(神將)이다. 사천왕 중 남방을 지키는 증장천(增長天)의 수하 팔대 장군의 하나로, 흔히 달음박질을 잘하는 신으로서 알려져 있다. 마왕 첩질귀(捷疾鬼)가 불사리를 빼앗아 가지고 달아날 때 그를 쫓아가서 되찾아온 전공이 있다. 대체로 갑옷을 입고 두 손에 보주가 달린 봉(棒)을 쥔 모습을 하고 있다. 신중탱화에서는 동진보살과 더불어 화면 좌우에 배치되는데, 머리 끝 양쪽에 깃이 꽂혀진 투구를 쓰고 갑옷을 입은 채 무장한 신장으로 묘사되는 경우가 많다. 보광사 대웅보전에 그려진 위태천은 동양화적인 기법이 가미되어 선이 두텁고 깔끔하면서도 생동감 있게 표현된 수작이다.

보광사의 정갈한 뒷 모습

안성 칠장사

여행의 추억

완연한 봄이 되니 어디 다니기에 한결 수월해졌다. 역시 봄은 겨우내 움츠렸던 몸이 풀리며 어디로든 떠나고픈 맘이 절로 생기는 계절인 것 같다. 흔히 가을의 여행을 좀 더 낭만적으로 보고 있는 것 같지만, 가을은 단풍구경 외에는 사실 어디든 돌아다니기에는 좀 아까운 시간이다. 그냥 자기가 있는 곳에서 고독과 외로움을 느끼는 것이 가장 좋을 시기이기 때문이다.

예전에 어느 대학에서 미술사를 가르치던 적이 있었는데 그 때 이 학교의 예술학과 학생들과 어느 해 봄에 안성의 칠장사(七長寺)를 찾은 적이 있었다. 벌써 20년 가까이 된 일이다. 당시 나는 그 학교의 예술학과 겸임교수로 있었는데 학과행사로 1년에 두 번씩 전국의 유적지 답사가 있었다. 학과 사정으로 얼추 70명 가까운 학생들을 혼자 인솔해서 다녀오곤 해야 했다. 그렇게 4~5년 지나니 전국의 주요 유적지를 대충 훑을 수 있었다. 전공 공부뿐만 아니라 경험 면으로도 학생들에게 이런 답사는 꽤 유용했을 것 같다. 어느 해 답사에서는 호서지방을 3박 4일간의 빠듯한 일정으로 소화했는데, 일부러 안성(安城)을 행선지로 잡았다. 순전히 칠장사에 가기 위함이었다. 나는 물론 그 전에 몇 번 가봤지만, 이번 기회에 학생들에게 칠장사라는 절을 꼭 알려주고 싶었다. 그때 놀란 것은, 사전에 학생들에게 물어보니 안성이라는 지역은 물론이고, 칠장사를 가봤거나 이름을 들어본 사람이 아주 적었다는 사실이었다. 어느 학교나 만일 사찰 위주의 답사라면 해인사, 화엄사, 도갑사 같은 큰 절이나 혹은 화순 운주사마냥 다소 신비한 분위기가 있는 곳을 가고, 그 밖에 다산초당을 보러 강진을 가거나 전봉준의 동학혁명지를 찾아 고부 같은 곳을 선택하는 경우가 많은 것 같다. 어떻게 보면 대중적으로 널리 알려진 곳이나 역사의 현장을 주로 가는 것이 답사지로서 적합하다고 느끼는 탓인지도 모르겠다. 하지만 서울에서 아주 가까운 곳에 이런 명찰이 있는데도 한 번 안 가봐서야 모름지기 왕년에 답사 몇 번 갔었다는 말을 하기는 어렵지 않을까.

칠장사라는 큰 배의 돛대, 당간지주

칠장사는 경기도 안성시의 명산 칠현산(七賢山) 아래에 자리한다. 칠현산은 안성 지역뿐만 아니라 서울이나 경기도 지역, 나아가 전국에서 등산을 좋아하는 사람들이 즐겨 찾아오는 명산이다. 만일 서울 방면에서 간다면, '죽산'에서 국도를 따라 가다 걸미고개를 한 번 넘고, 여기서 '극락'을 지나 아랫마을과 중간마을을 거치는 길을 택하면 된다. 곧이어 칠장리 부락이 보이고, 칠장사 입구인 칠현산으로 올라가는 길이 나온다. 칠현산 입구에 칠장사 표지판이 있는데 이 길을 오르면 오른쪽에 부도밭이 있고 바로 그 아래에 쇠로 만든 당간지주가 서 있다. 이 당간지주를 본 사람은 이제 사찰 경내에 들어선 것이다.

칠장사에 와서는 절로 향하는 길 바로 앞의 민가가 있는 마을의 밭 한가운데 있는 철 당간(幢竿)과 돌로 된 지주(支柱)도 꼭 보고 가면 좋다. 이 당간지주 자체는 고려시대에 유행하던 그것의 일반적인 모습을 하고 있지만, 어쩐지 놓인 위치가 왜 여기인지 금세 납득이 안 간다. 절 입구라기 보단 민가와 아주 가까운데다가 밭 한가운데에 있는

위는 뒷산에서 내려다본 칠장사, 아래는 칠장사 부도밭

게 어쩐지 좀 석연찮아서다. 미술사의 용어풀이로 당간지주를 보면, 절 입구에 세워져 깃발 같은 표식을 높다랗게 올려서 여기부터 절의 경내가 시작됨을 알리는 표식이라고 정의된다. 그런데 어째서 민가에 가까운 이 자리에 세워진 것일까? 옛날에 세운 당간지주 주위로 나중에 마을사람들이 밭을 일군 것으로 생각하면 간단하지만, 그건 지도 위에 표시된 지점들을 보는 독도법으로 보는 시각일 뿐이다. 3차원의 입체적 공간적 시각으로 볼 때는 아무래도 절 입구에 세워지는 보통의 당간지주로는 도통 이해되지 않는 것이다. 그 이유를 풍수지리(風水地理)에서는 이렇게 푼다. 칠장사가 자리한 가람의 전체적 형세는 마치 배[船] 모양의 형국이라는 것이다. 그래서 가만 두면 방향 없이 이리저리 떠내려가기에 방향타 역할을 하는 돛대의 의미로 이 당간지주를 세운 것이라는 말이 있다. 말하자면 칠장사라는 거함(巨艦)을 타고 인생이라는 고해(苦海)를 무사히 건너기 위한 장치가 바로 이 당간지주라는 것이다. 풍수학적으로 충분히 이해가 되는 이야기다. 전국의 사찰 중에는 실제로 칠장사 당간지주와 같은 의미로 세워졌다는 풍수설이 담긴 당간지주가 꽤 많이 있다.

이렇게 평소 적용되는 상식을 뒤집거나 한참 거리가 먼, 그래서 '학술적 용어'의 의미를 무색케 하는 재밌는 이야기가 불교미술에는 참 많이 담겨 있다. 풍수를 그저 이런 전설이나 설화를 허황한 이야기로 치부하고 허투루 듣고 넘기면, 그만큼 다양하고 풍부한 이야기―때론 깊은 철학적, 과학적 인식이 담긴―를 그저 전설집 속에나 넣어버리고 마는 우를 범하게 된다.

당간과 지주의 형태는 화강암으로 만든 두 지주가 마주 서 있고 그 사이에다 원통으로 된 철제당간을 세운 모습이다. 지주는 직사각형에 아무 장식이 없는 소박한 형태지만 전체적으론 매끈하게 잘 만든 모습이다. 철 당간은 정확한 제작연대는 알 수 없지만 이렇게 당간을 철로 만든 것은 충북 청주시 시내 한복판에 남아 있는 철 당간 등을 포함

칠장사 당간지주

해 그다지 예가 많은 편은 아니다. 본래 이 당간은 30마디[節]의 철제 원통이 연결되어 있었다고 하는데, 지금은 그 중 15마디만 남아 있다. 나머지는 어떻게 된 것인지 모르겠다. 사찰 관리가 허술했던 어느 때에 누군가 고철로 수집하려고 반이나마 떼어간 것일까?

칠장사의 역사

사찰 여행은 가기 전에 미리 절의 역사를 미리 공부하는 것에서 시작한다고 봐야 한다. 아무런 사전 지식 없이 가서는 그만큼 놓치는 게 많아서다. 그저 본다고 해서, 혹은 그 땅을 밟는다고 해서 다 답사라고 할 순 없을 것이고, 가서 무언가를 느껴봐야 온전한 답사가 아닐까. 그런 뜻에서 칠장사의 역사를 간단히 알아본다.

우선 창건부터 보면, 신라의 선덕여왕 연간(632~647)에 자장(慈藏)율사가 절을 지었다고 전한다. 사전류는 물론이고, 근래 안성문화원이 펴낸 안성의 역사를 담은 《고원춘추(故園春秋)》나 경기도에서 펴낸 《경기도지(京畿道誌)》 같은 책에 한결같이 그렇게 나온다. 그런데 이 부분에 대해서는 오래된 기록이 없어, 구전에 의존해 믿는 것이라 다소 이견도 있다. 하지만 기록의 또 다른 형태가 구전이라는 시각으로 보면 그도 또 그럴 법하다.

그 뒤 고려시대인 1014년에 혜소(慧炤)국사가 아주 커다란 규모로 절을 중창했는데 이것은 기록상으로도 자세하게 나오므로 의심의 여지가 별로 없다. 칠장사가 자리한 칠현산(七賢山)은 처음엔 아미산(蛾嵋山)으로 불렸는데, 혜소국사가 일곱 명의 악인을 교화시켜 현인으로 만들었다는 전설에서 유래해 칠현산이 되었다고 한다. 이 이야기는 1899년에 나온 《죽산군읍지》에 전한다. 죽산은 안성의 옛 이름이다. 그런데 칠장사의 창건은 자장율사가 아니라, 혜소국사에 의한 것이라는 견해도 있다. 어느 것이 더 정확한지 잘 모르겠지만, 이 말 역시 혜소국사의 중창이 칠장사의 역사에서 그만큼 중요했다는 의미로 보면 될 것 같다. 고려시대 이전에도 칠장사(漆長寺)라는 절이 있었는데 이때 혜소국사가 중창하면서 칠장사(七長寺)로 바뀐 것이라는 이야기도 있다. 200년 가까이 지난 1308년에 혜소국사의 업적을 기리는 홍제관(弘濟館)이 세워졌다는 기록도 있으니, 칠장사에 있어서 그의 존재감이 어떠한지 충분히 짐작할 수 있다.

그의 이력과 행적이나 불교사적 의미에 대해서는 뒤에서 별도로 자세히 설명할까 한다.

한편, 1383년에는 충주 개천사(開川寺)에서 보관하던 《고려역조실록(高麗歷朝實錄)》을 왜구의 침략을 피해 칠장사로 옮겨 1389년까지 보관했다고 한다.

명찰일수록 창건에 대해 하나가 아닌, 몇 가지 다른 의견이 나오는 것은 우리나라 사찰 역사에 흔히 있는 일이다. 그 절의 역사가 다양한 탓에 여러 가지 이야기가 혼합되어 그렇게 되는 경우가 많다. 또 역사가 늘 서리낀 거울 보듯 또렷하지 않은 것은 역사의 숙명이자 재미일 수도 있다. 지금 칠장사의 역사를 알기 위해서는 1671년에 지은 〈칠장사향화사적비(七長寺香火事蹟碑)〉와 1733년에 나온 《칠현산칠장사사적기》를 찾아보면 된다.

이렇게 칠장사의 역사에 커다란 족적을 남긴 이가 한두 명이 물론 아니겠지만, 가장 중요한 두세 사람만 꼽으라면 절을 창건한 자장 스님 외에 단연 혜소국사와 인목대비를 들어야 할 것이다.

혜소국사의 칠장사 중창

앞서 말한 것처럼, 혜소국사는 단지 칠장사뿐만 아니라, 고려시대를

칠장사 전경

통틀어서도 대표적 고승으로 꼽히는 스님이기도 하다. 죽산군(竹山郡), 그러니까 지금의 안성에서 태어났으니 고장의 위인 중 한 명이기도 하다. 9살의 어린나이로 출가한 뒤 승려들의 과거시험인 승과에 급제하고 999년에 대사(大師)의 직위에 올랐다. 그 뒤 칠장사를 크게 중창했음은 이미 말한 것과 같고, 도승통(都僧統)이 된 뒤 왕사(王師)의 직위에 올랐다. 만년엔 줄곧 칠장사에 머무르다 1054년 여기서 입적했으니, 그가 고향의 칠장사를 자신이 늘 머물고 싶었던 곳으로 여겼던 것 같다. 당시 임금 문종은 그에게 시호를 내림과 아울러 그의 행적을 기리는 비석을 짓도록 하며 고승에 대한 예우를 다했음은 물론이다. 이 비석과, 그의 사리를 넣은 부도는 지금까지 칠장사에 남아 있다.

고려에 이어 조선시대 칠장사의 역사에서 특기할 사람으론 중엽에 절을 중창한 인목대비와 병해대사를 들어야 할 것 같다. 조선시대에 왕실에서 사찰을 지원한 예는 생각보다 적지 않지만, 인목대비처럼 이런 원찰에 커다란 관심을 기울인 예는 별로 없기 때문이다. 이보다

칠장사 혜소국사 부도와 비가 모셔진 비각

시대가 조금 내려가서 정조가 아버지 사도세자의 원찰로 삼기 위해 화성 용주사를 대규모로 중창하고, 이후 수시로 찾아갔던 일과 비교할 만한 것 같다.

인목대비와 칠장사

조선시대에 들어와서는 1623년 인목대비(仁穆大妃, 1584~1632)가 칠장사 중수 시주에 참여하면서 꽤 중요한 역할을 했다. 인목대비가 칠장사를 광해군에 의해 희생된 아버지 김제남(金悌男)과 아들 영창대군(永昌大君)을 위한 원당으로 삼았기 때문이다. 인목대비는 당시 그냥 왕비가 아닌 '대비'로서 꽤 영향력을 갖고 있었던 만큼 사찰에도 커다란 도움이 되었을 것 같다. 나라를 다스리는 임금으로서 임진왜란이라는 국가적 위기를 넘겨야 했던 불우한 선조의 비이자 영창대군의 어머니인 인목대비는 선조

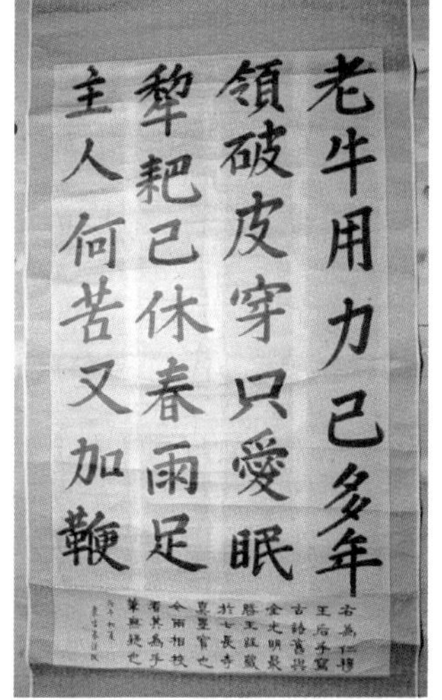

인목대비가 칠장사에 내린 친필 족자

에 뒤이은 광해군의 폭정으로 10여 년 동안 서궁(西宮)에 갇혀 지내는 등 많은 고초를 겪었다. 그 뒤 인조반정으로 복위가 된 다음 광해군에게 희생된 아버지와 아들을 위해 칠장사를 원찰로 삼으며 새롭게 중수했던 것이다. 그런 인연으로 대비가 친필로 베낀 불경《금광명최승왕경》1질과, 자신의 심정을 표현한 한시 친필족자 1축을 칠장사에 하사했다. 친필은 칠장사에,《금광명최승왕경》은 동국대 박물관에 보관되어 있다.

그런데 칠장사는 이후 아주 혹심한 수난을 당한다. 1674년 이름이 알려지지 않은 어떤 세도가가 칠장사의 터가 명당임을 알아보고 차후 자신의 묫자리로 쓰기 위해 절의 건물을 전부 불태우고 스님들을 쫓아낸 것이다. 수백 년을 이어온 대찰이 그렇게 쉽게 제자리에서 쫓겨나갈까 싶기도 하지만, 당시 사회적으로 절대 약자였던 사찰에서는 이런 일이 종종 있었다. 할 수 없이 본래 자리에서 북쪽으로 자리를 옮겨 새로 절을 지어야 했다. 말할 수 없는 모멸이자 수모였다. 수난은 여기서 그치지 않고, 1676년 무렵엔 또 다시 한 세도가가 새로 옮긴 절의 건물마저 불태우고 당시 칠장사의 노장인 제월(霽孽) 스님을 태워죽이기까지 했다고 전한다. 그 자세한 과정과 연유가 알려지지 않아 그 같은 만행이 어떻게 일어날 수 있었는지 알 수는 없는데, 여하간 칠장사로서는 이때가 가장 큰 시련이었을 것 같다.

1704년에 들어서 칠장사에 다시 중건의 바람이 서서히 일기 시작했다. 불교계로서는 이때가 조선시대 전 기간에 걸쳐 그나마 가장 숨쉴만한 시대였는데, 불교에 대한 관민의 탄압이 상당히 완화되었던 때였다. 그 무렵 많은 절들이 중건과 중창을 이루었는데, 칠장사도 이때부터 옛날의 웅장한 모습을 찾아가기 시작했던 것이다. 대법당을 비롯해서 모두 56동에 이르는 대규모 역사를 마무리했을 정도이니, 이때가 조선시대 칠장사의 전성기였다고도 할 수 있을 것 같다.

이후 몇 차례 부침을 겪기는 했어도 큰 변화 없이 지금에 이른다.

가람배치와 문화재

칠장사에는 한때 많은 부속암자가 있었지만, 지금은 명적암과 백련암만 남아있을 뿐이고, 경내도 그리 큰 편은 아니다. 그래도 마당을 거닐면 대웅전을 비롯해 원통전, 명부전, 나한전 등은 모두 몇 백 년 전의 건물에서 풍겨 나오는 그윽한 고풍이 잘 느껴진다. 각 법당 안에 봉안된 불보살상들 역시 그 당시에 조성한 것이라 역사적 자료의 의미도 크다.

대웅전은 조선 후기에 세워져 몇 차례 중수를 거쳤는데 크기는 앞면과 옆면 모두 3칸에 아담한 편이고, 지붕은 맞배 형식이다. 건물의 기둥과 기둥 사이를 '칸'이라고 하고, 지붕 모습이 옆에서 볼 때 삼각형으로 된 것을 맞배지붕이라 한다. 이런 건물 양식은 조선 후기 대웅전 건물에서 흔히 볼 수 있는 특징이다. 그런데 칠장사 대웅전은 특히 공교(工巧)함이 곳곳에서 눈에 띈다. 계단의 장대석이라든가 다른 석축 부재도 여간 공들여 새긴 게 아니고, 화강암을 직선으로 잘라서 거의 틈새가 없이 이음을 처리한 솜씨라든지 턱이 지는 부분은 몰딩으로 하나하나 다듬어 아주 단정한 모습을 보인다. 또 계단석도 반듯한 화강암을 썼으며 난간은 무지개 모습의 굽은 석재를 양 옆에 대었다. 계단에 맞물리는 곳은 2중 몰딩으로 되었으며 그 옆에 5색의 구름을 조각해서 호화로움을 한층 더해주고 있다. 외부만 그런 것이 아니고 내부의 목재이음이 아주 치밀하고 견고하다. 전체적으로 볼 때 작으면서도 화려한 편이다. 그러니 목조 건축이라 해도 이토록 오래 우뚝 서 있을 수 있었을 것이다.

대웅전으로 오르는 계단 바로 앞에는 야외 법회 때 거는 대형 불화

칠장사 대웅전

칠장사에 봉안된 봉업사 석불입상

인 괘불(掛佛)을 걸어 놓는 한 쌍의 괘불대가 있었다. 옆면에 1725년에 세워졌다는 글이 새겨져 있다. 칠장사 괘불은 1710년에 그린 것으로, 평소엔 괘불함에 넣어져 보관된다. 그런데 그 철제 괘불대가 너무 커서 정작 주요 건물인 대웅전이 외려 가려버리는 느낌을 주었다. 그래서 근래 이 철제 대형 괘불대는 철거하고 소박한 모습의 괘불대로 대신했으니, 참 잘 한 일인 것 같다.

대웅전에 봉안된 삼존불은 석가불을 중심으로 좌우에 보현보살과 문수보살인데, 거의 네모에 가까운 얼굴을 한 조선 후기의 전형적인 모습이다. 삼존불 뒤의 후불탱화는 1886년에 만들었다는 기록이 있으므로 이때 삼존불도 함께 조성된 듯하다.

대웅전 앞에는 보물 제983호인 석불입상이 하나 있다. 이 불상은 본래 죽주산성 아래 관음당이라는 마을에 있던 것을 죽산 중고등학교에 옮겨 놓았다가 훼손이 심해지므로 다시 이곳으로 봉안해온 것이다. 아마도 고려시대에 크게 번성했다가 지금은 그 터만 남아 있는 봉업사(奉業寺)의 불상인 것으로 추정된다. 뒤에 광배를 갖춘 이 불상은 당당한 어깨, 잘 발달된 신체표현, U자형의 유려한 옷의 주름, 광배에 새겨진 화불(化佛) 등의 조각기법에서 신라시대 작품의 분위기를 짙게 느낄 수 있지만, 한편 고려 초기에 유행했던 이 지방 불상양식의 특징도 어느 정도 나타나고 있어 미술사적으로 매우 가치가 있는 작품이다.

칠장사에 전하는 생생한 기록, 비석들

건물만이 아니라, 경내 곳곳에는 여러 가지 석조문화재도 많아 〈혜소국사비〉, 〈칠장사사적비〉, 〈벽응대사행적비〉 등도 꼭 볼 만한 문화

왼쪽부터 혜소국사비, 칠장사사적비, 벽응대사행적비

재들이다.

보물488호 〈혜소국사비〉는 원통전과 영각을 지나 서북쪽으로 50미터가 조금 더 되는 곳의 약간 가파른 언덕 위 비각 안에 모셔져 있다. 이 비는 1060년에 세웠는데 글은 김현(金顯)이 짓고 글씨는 민상제(閔賞濟)가 썼다. 비신(碑身)은 흑대리석이고 그것을 받치고 있는 귀부와 비신 위에 놓이는 이수는 화강암인데 이렇게 서로 다른 석질로 구성한 것은 드문 경우다. 안성에서 태어나 고려 초 유명한 고승이 된 혜소국사의 일대기를 적은 비로, 구양순체의 굳센 필력이 넘치고 있어 고려 초·중기 비석의 훌륭한 풍모를 유감없이 보여주고 있다.

비신(碑身)은 어느 때부터인지 위에서 아래로 비스듬하게 잘려있던 것을 1976년 비각복원 공사 때 보수했다. 그런데 이 비신의 파손에 대해 혜소국사와 관련된 전설이 전한다. 임진왜란 당시 일본군 선봉장의 하나였던 가토 기요마사(加藤淸正)는 이곳 칠장사에 침입해서 온갖 만행을 저지르고 있었다. 그때 문득 수염이 하얗고 송라(松蘿)를 걸친 한 노스님이 나타나 그를 꾸짖었다. 이에 화가 치민 가토는 당장 갖고 있던 장검으로 노스님의 목을 내리치니 노스님은 간 곳 없고 가토의 팔만 아팠다고 한다. 잠시 후 비전(碑殿)에 올라가보니 혜소국사의 비가 부서져 있어 그것을 보고는 혼비백산한 가토 일행은 서둘러 칠장사를 떠났다고 한다. 한편 혜소국사 부도도 이때 왜적의 만행으로 없어졌다고 한다.

1671년에 세운 〈칠장사사적비〉는 절 입구 약 200미터 앞, 당간지주 옆에 있으며, 경기도향토유적 124호로 지정되어 있다. 칠장사에는 책으로 된 사적기(事蹟記)가 없으므로 절의 유래와 연혁을 파악하는데 많은 도움을 주고 있다.

〈벽응대사 행적비〉는 절 뒤편에 있다. 벽응 스님은 1576년 안성에서 태어나 13세에 출가하여 선과 교를 두루 갖춘 뒤 칠장사에서 가르침을 펴고 입적한 고승이다. 1657년 입적 뒤에 제자들이 영당(影堂)을 세웠고 1660년에 이 비를 세웠다. 우승지 정두향(鄭斗鄕)이 글을 짓고 좌참찬 오준(吳竣)이 글씨를 썼으며 낭선군(郎善君)이 전액(篆額)했다. 비석 건립에 당대의 고위급 문신들이 대거 참여했을 정도로 당시 알아주는 스님이었던 것 같다. 소박하게 생긴 이 비석은 400년 가까운 오랜 시간 동안 겪어 온 풍상을 온몸으로 보여주려는 듯이 세월의 무상함이 절절이 묻어 있는데, 비문 끝의 내용이 칠장사 순례의 마침표를 찍듯이 가슴에 와 닿는다.

죽산의 땅이 스님을 낸 것도 아니요 죽산의 산이 스님을 돌아가게 한 것도 아니니, 마침 이곳에 왔다가 이곳에서 돌아간 것뿐.

스님의 부도를 세우기는 여기가 가장 알맞으니 훗날 여러 후배 사문(沙門, 스님)들의 끝없는 돌봄을 받으시기를….

안성 석남사

안성의 숨은 보배, 석남사

요즘은 내가 가는 사찰 탐방의 범위가 《봉은본말사지》에 나오는 '경산(京山)', 곧 지금 말로 바꾸어서 '서울과 근교'의 사찰에 집중되고 있다. 오늘도 우리가 향하는 안성은 경기도의 최남단이니 제법 멀리 떠나온 축에 속한다. '안성맞춤'이라는 말이 나왔을 정도로 전국 최대 최고의 유기(鍮器, 놋그릇) 시장이 열렸던 안성은, 다른 건 몰라도 적어도 불교적 관점에서 볼 때 경기 지역 중에서도 녹록치 않게 불교 유적과 문화재가 많은 곳이다. 우선 칠장사(七長寺)가 안성 지역 사찰의 대표주자 격으로 일반에게 널리 알려져 있고, 비록 지금은 절터만 남아 있지만 봉업사(奉業寺)만 하더라도 거기에 남아 있는 문화재나 문헌에 전하는 역사를 보면 전국적으로 내로라 할 정도로 규모가 컸었고, 또 그만큼 중요하게 여겨지던 사찰이었다. 이런즉, 이번에는 안성으로 가자고 말했을 때 같이 갈 친구가 봉업사지 아니면 칠장사로 가겠지 하고 지레 짐작한 건 전혀 이상한 일이 아니었다. 앞서 '우리'라고 표현한 건, 평소 여행과 달리 오늘은 동행이 있어서였다.

"응? 석남사? 안성이라면 칠장사가 아니구?"

"응. 석남사 가자."

"…"

떠나기 이틀 전, 가끔씩 사찰 탐방에 함께하던 친구가 놀랐다는 듯이 행선지를 되묻다가 석남사임을 다시 한 번 확인하고는 입을 다물었다. 하지만 이내 고개를 끄덕이면서 곧바로 석남사 관련 자료들을 뒤적이자 이젠 오히려 내가 몸이 달기 시작했다. 석남사도 볼 만하니 가자는 거겠지 하는 태도인데, 그러지 말고 그냥 왜 거기에 가려 하는가 하고 물어보았다면 나도 타이밍 좋게 대답해 주었을 텐데, 아무 소리 안 하니 그만 맥이 빠져버렸다. 천생 석남사에 가서야 왜 이곳에 오자고 했는지 말하게 생겼다.

아침 9시 남짓, 우리 둘은 언제나처럼 마포역 부근에서 차를 대놓고 기다리고 있는 봉은사의 강민수 과장과 《민족 21》지(誌) 김도형 사진기자를 만나 출발했다. 고속도로에 차를 올려놓은 지 1시간 반 쯤 지나니 어느 새 안성시 금광면으로 접어든다. 얼마 안 있어 석남사를 품고 있는 서운산이 눈앞에 커다랗게 다가온다. 여기서 석남사는 이제 지척일터. 제법 가파른 길을 조심스레 올라가 주차장에 차를 세우고 나오니 금광루가 처음 우리를 맞는다. 한봄의 따스한 햇살도 어서 올라 오라는 듯 환히 비춰주고, 주변에 피어 있는 이름 모를 봄꽃들의 향기가 발걸음을 더욱 가볍게 해준다.

석남사 전경

석남사의 역사

석남사(石南寺)는 680년 석선(奭善), 혹은 담화(曇華) 스님이 창건했다고 전한다. 그 뒤로 이어진 오랜 역사 중에서도 특히 고려 초기에 혜거(惠居, 899~974)국사가 중창한 데 이어, 1407년 국가가 석남사를 자복사원(資福寺院, 왕실의 복덕을 기원하는 사찰)으로 선정한 것은 특히 중요한 부분이다. 자복사원이라는 것 자체는 조선 초기 숭유억불 정책의 하나로 불교를 통제하기 위한 제도였다. 전국에 있는 모든 사찰을 크게 선종과 교종으로 구분하여 각 지방별 주요사찰 일부를 자복사원으로 두고 나머지는 통폐합시켰기 때문이다. 하지만 역설적으로 이때 안성을 대표하여 석남사가 선정된 것은 당시 석남사가 비단 안성뿐만 아니라 전국적 명찰로 인식되고 있었음을 말한다. 그로부터 50년 뒤인 1457년 세조 임금이 석남사 스님들의 잡역과 부역을 면제한다는 교지(敎旨, 임금의 명령)를 내린 것도 바로 석남사의 위상을 알게 해주는 일이다. 나아가 임진왜란 전인 1580년에는 선조 임금이 황금이 섞인 200근 청동 범종을 하사했다는 이야기도 있고 보면, 석남사가 얼마나 중요하게 인식되었는지 너끈히 짐작할 만하다. 하지만 영고성쇠는 사찰의 역사에도 그대로 적용되는 법. 석남사는 임진왜란 때 완전 소실되고 말았다. 1649년에서 1659년 사이 해원(海源) 스님이 중창했으나, 18세기 초에 나온 우리나라 사찰의 목록집이라 할 수 있는《범우고(梵宇攷)》에 석남사에 대해 아주 간략히 '서운산에 자리하고 있다'고만 나와 있는 걸 보면 아마도 이 무렵에는 꽤 사세가 기울어 있었던 것 같다.

앞서 고려 초 혜거 스님이 중창한 것이 석남사 역사에서 꽤 의미 있는 일이라고 말했는데, 그 까닭은 혜거 스님은 광종(光宗)의 왕사로서 968년 당시 승려의 최고직위였던 국사가 된 분이니 만큼, 석남사 역시 상당한 사세를 유지했을 것으로 생각되어서다. 또 17세기에 석남사를 중창한 해원 스님이 석남사에 머물렀던 것도 같은 시각으로 바라볼 수 있다. 함경도 도창사(道昌寺)에서 출가한 뒤 선지식을 찾아 전국을 두루 여행하던 해원 스님은 당시의 고승 환성 지안(喚性志安, 1664~1729)의 제자가 되었다. 그 뒤 개성 석왕사(釋王寺)에서 입적하여 지금도 그 탑비가 석왕사에 남아있다. 그런데 석왕사는 조선 태조 때 무학대사를 위해 나라에서 지어주었을 정도로 비중 있는 절이었으므로 그곳에 주석하고 있었던 해원 스님이 석남사 중건에 관계했다는 것은 석왕사와 마찬가지로 석남사 역시 국가적 관심의 대상이었을 가능성을 보여주는 일이라는 게 불교사학계의 시각이다.

석남사의 가람배치

이쯤이면 석남사 탐방을 위한 사전 지식은 충분했다. 금광루 밑을 지나 경내로 들어서니 멀리 계단 끝 높은 곳에 있는 대웅전이 바라다보이고, 좌우로 몇몇 건물들이 보인다.

규모가 확실히 그다지 크다고는 할 수 없어서, 사람들은 지금의 규모만 보고서 석남사의 굉장했던 역사를 잘 인식하지 못한다. 그렇지만 절의 가치와 역사가 현재의 규모로써만 결정되는 게 아님을 알면 사찰 탐방에 좀 더 재미가 커진다. 바로 이걸 확인하고픈 마음에서 오늘 석남사를 찾은 것이라고 N에게 말해주니 알겠다는 듯 고개를 끄덕거린다.

본래 우리 사찰의 전통적 가람 구성이라는 게 지금처럼 누각에서 시작하는 경내 입구에서부터 층단(層段)을 이루며 위(북쪽)로 상승하도록 꾸미기 마련이다. 동양에서는 북(北)쪽과 상단(上段)을 신성하고 높은 사람이 자리하는 곳으로 여겼다. 그래서 조선시대 역대 임금들

석남사 내경

이 거처했던 경복궁도 왕과 왕비의 침소는 꽤 북쪽으로 치우치게 배치했고, 절에서 금당을 둘 때도 북쪽 맨 위에 배치하기 마련이었다(산에서 사는 산신령을 모시는 산신각은 예외지만). 다만 위로 올라가는 길의 경사도가 급격한가 아니면 완만한가의 차이가 있을 뿐이다. 경사도를 너무 심하게 두어서 전각을 배치하면 신성하다는 느낌은 배가되겠지만 아무래도 오가는 일이 조금 성가시고 힘든 것도 사실이니 일장일단이 있다고 해야겠다. 그래서 해우소(解憂所)를 경내에서 멀찌감치, 가능하면 앞에서 말한 법당이 있는 단 아래에 두는 이유도 거기에 있다.

단의 가장 높은 터에 자리한 대웅전

대웅전을 배관하고 나와 내려다보니 밑에서 올려다봤던 것과는 또 다른 멋이 나온다. 수직감이 더해져 좀 더 경내가 커 보이고, 또 멀리 앞산의 봉우리까지 일직선으로 이어지니까 석남사가 제법 높은 곳에 자리하고 있구나 하는 느낌이 새삼 와 닿는다. 이 대웅전은 조선 후기의 건물로, 옛 기록에 1725년에 중수한 기록까지 남아 있다. 본래 영산전 아래에 있었는데 풍수지리설에 따라 1978년 지금의 자리로 옮겼다고 한다. 다만 지금 대웅전에는 당시의 불상과 불화들이 전혀 남아 있지 않아 조금 아쉬움이 남았다. 신앙으로 본다면야 고불(古佛)이든 신불(新佛)이든 문제될 게 없을 터. 그런데도 굳이 고불이 있나 없나 둘러보는 습관은 좋게 말해서 문화재에 관심이 많다는 것이고, 나쁘게 말하면 저급한 호고(好古)주의 탓인데, 아직 그 습관을 못 버리고 있는 스스로를 탓하며 아래로 걸음을 옮겼다. 도중 계단 좌우에 늘어선 삼층석탑 2기를 그냥 지나칠 수 없어 유심히 살펴보았다. 설명에는 고려 말·조선 초 무렵에 세운 것이라 한다. 둘 다 본래 모습보다 다소 훼손되어 보이기는 했지만 복발 위에 다시 옥개석이 얹혀 있는 등 보통과는 다른 모습을 보이고 있다. 또 본래 현재의 모습보다 좀 더 크고 다양한 형태로 되었을 것으로 보인다. 예전 사진에는 이 두 탑도 지금보다 더 밑에 자리하고 있는데, 대웅전을 위로 옮기면서 함께 올린 것 같다.

석남사 영산전과 영산전에 봉안된 석가삼존상

석남사의 보배인 영산전은(실제로 이 영산전은 보물 제823호로 지정되어 있다) 조선시대 초·중기에 지은 것이라 건축사적

인 의미가 아주 크다. 전에 건축사 하는 친구로부터 석남사 영산전에 대해 귀가 아프도록 들은 적이 있다. 조선 전기를 대표하는 중요한 작품이라는 얘기였다. 그 같은 특징의 한 예로, 처마도리를 받치기 위해 수평으로 뻗은 첨차(簷遮)의 끝을 들 수 있다. 이 부분은 소의 혓바닥처럼 생겼다 해서 쇠서[牛舌]라고 하는데, 약간 짧고 밑으로 처진 곡선을 이루고 있다. 이것은 일반적으로 조선 초기 건물에 공통적으로 나타나는 현상이라고 한다.

불단에 모셔진 불상 위로 달려 있는 아담한 닫집 뒷면에 1565년에 쓴 묵서가 있어서 이 영산전을 지은 시기를 정확하게 말해주고 있다.

영산전 안에는 석가삼존상과 16나한이 봉안되어 있다.

석남사 마애불상

우리 일행은 다시 금광루를 지나 경내를 나와 산 쪽으로 향했다. 여기서 1킬로미터쯤 떨어진 산자락에 있는 마애불을 보기 위해서다. 잔설이 곳곳에 있고, 잔뜩 덮여 있는 낙엽들 아래론 움푹 파인 곳도 있는 터라 조심조심 발길을 내딛으며 비탈을 올랐다. 허리도 아프고 해서 이쯤이지 않을까 하면서 고개를 드니 저 위에 커다란 바위 하나가 있고 거기에 멀리서 봐도 또렷하게 새겨져 있는 불상이 보인다. 힘들여 찾아온 중생들을 따뜻하게 바라보고 있는 얼굴이 무척이나 정겹게 느껴졌다.

이 불상은 고려 초기 것으로 추정되는데, 이 불상을 새겼던 옛 사람들의 마음씨가 아마도 그렇게 따뜻했던 것 같다. 광배와 대좌 모두를 갖추고 있고, 둥근 얼굴에 눈·코·입 등이 비교적 작게 묘사되어 이 불상의 시대적인 특징, 곧 신라 말·고려 초의 양식적 특징을 잘 보여주고 있다. 전체적으로 당당한 체구에다 가슴언저리에서 설법인을 하고 있는 섬세한 두 손, 내의를 묶은 띠 매듭을 비롯한 유려한 옷자락 등 모든 표현에서 두루두루 세련된 솜씨를 보여주고 있다. 또한 재미있게도, 다리부분에서는 연화좌를 딛고선 두 발의 커다란 발가락이 앞으로 불룩 튀어나와 있다. 이를 두고 학자들은 '부분적으로 형식화되었다'고 평하지만, 이는 중국화를 벗어나 우리의 모습으로 불상을 표현하려고 했던 고려 사람들의 마음을 잘 읽지 못한 탓이 아닐까 나는 생각한다.

마애불의 의미와 특징

마애불(磨崖佛)이란 바위에 새겨진 불보살상이라는 뜻이다. 일종의 부조상(浮彫像)으로서 그 조각수법은 양각·음각·선각 등이 있는데, 때로 이 세 가지 수법이 함께 사용되기도 한다. 바위에 새기는 것이므로 환조(丸彫)가 될 수 없지만, 파주 용미리 석불상이나 안동 제비원 석불상처럼 바위 면에는 불신(佛身)을 새기고 그 위에 상호(相好)를 환조로 별도로 조각해서 얹는 경우도 있다.

본래 바위에 조각을 하는 것은 비단 불교미술에만 한정된 것은 아닌바 기원전 수 세기 전부터 서아시아, 이란 고원 등에서 부조상이 빈번하게 만들어졌다. 이러한 영향을 받아 기원전 3~2세기 무렵 인도에서도 마애조각이 시작되었는데, 바자(Bhaja) 석굴에서처럼 태양신 수리야를 양각으로 새긴 것이 가장 오랜 작품으로 여겨진다. 그 뒤 불교조각으로서 마애불이 나타났는데, 4세기 굽타왕조시대에 데칸 고원 남서부에 만들어진 아잔타(Ajanta) 석굴, 엘로라(Ellora) 석굴 등에서처럼 마애불이 대규모로 조성되었다. 2001년 탈레반 정권의 포격으로 심각하게 훼손된 바미얀(Bamiyan) 불상들은 높이 50미터가 넘는 대불로, 6세기 무렵에 암벽에 불감(佛龕)을 만들고 조립해서 만

석남사 마애불과 서산 마애불

들었다.

중국에서도 마애불이 유행하였는데, 대부분 거대한 규모로 새겨졌다. 4세기 중엽에 만들어진 둔황[敦煌]의 텐포동[千佛洞]을 비롯하여 텐티산[天梯山]·마이지산[麥積山]·윈강[雲崗]·룽먼[龍門] 등의 마애석불이 널리 알려져 있다.

우리나라에서 가장 오래된 마애불상은 7세기에 만들어진 작품들이다. 백제의 서산 마애불은 일명 '백제의 미소'로 불릴 정도로 우리나라의 대표적 불상이며, 태안 마애불 역시 그와 비슷한 시기에 조성된 걸작이다. 신라에서는 경주 단석산 신선사 마애불상군을 비롯해서 봉화 북지리 마애여래좌상, 함안 방어산 마애불, 경주 남산의 마애불상군, 합천 치인리 마애불입상 등이 유명하다. 이후 고려시대에 이르기까지 마애불상은 야외 예불용으로 많이 만들어졌지만, 조선시대의 마애불상은 거의 없다.

서울 올라가는 길

어언 석남사 탐방을 마치고 돌아갈 때가 되었다. 다시 종무소로 올라가 잘 보고 간다고 인사하고 내려가다가, 금광루 마루 한쪽에 놓인 현판 하나가 눈에 띄었다. 자세히 읽어보니 1866년 영산전 수리에 관한 내용이 적혀 있어, 조선 후기의 석남사 역사에 좋은 자료가 될 것 같다.

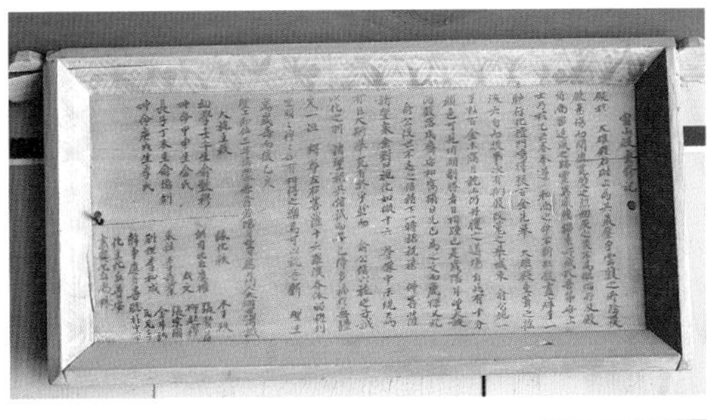

석남사의 역사가 적힌 영산전중수기 현판

아! 그러고 보니 금광루에 대한 얘기 하나를 빠뜨렸다는 생각이 뒤늦게 났다. 누각 이름인 금광(金光)은 글자 그대로 '금빛'이다. 금빛이란 무엇인가? 부처님을 금인(金人)이라고 했으니 바로 부처님이 발하

석남사 금광루

시는 광명을 뜻한다. 석남사가 자리한 금광면은 그런즉 옛날 석남사로 인해 이런 이름이 붙여졌다고 생각해 볼 수 있다. 그만큼 불교와 사찰이 우리 생활에서 차지하는 비중이 컸음을 다시 한 번 확인해보는 순간이다. 오늘 같은 맑은 봄날에 그 글자를 읽자니 더욱 의미가 있는 듯했다.

돌아가는 길, 일행 저마다의 셀폰(핸드폰)에 문자메시지가 뜨느라 바빴다. 서울에 첫 눈이 온다는 거였다. 좋은 곳에서 한나절 보내고 서울 가서 좋은 사람들과 즐거운 눈 구경 함께 하면 오늘 하루 부러울 게 없겠다. 문득 금빛(금광)과 은설(눈)이야말로 참으로 멋들어진 조화로구나 하고 느꼈다.

양평 사나사

청춘을 떠올리며 떠나는 중년의 여행

한강 미사리 조정경기장을 지나니 곧이어 그 유명한 카페촌이 나온다. 한 집 건너 하나씩 카페고, 이른바 '7080세대'들의 눈과 귀에 익숙한 가수들의 얼굴과 노래를 적은 현수막들이 현란하다. "아, 저 이가 요즘도 노래하는군." 미사리가 밤이면 추억의 포크송 스타들을 불러 라이브 노래로 불야성을 이룬 지 십 수 년이 지났어도 아직 한 번도 가보지 못한 처지건만 같은 세대라 그런지 괜히 반가워 보인다.

어느새 여름이 성큼 다가선 듯 한낮의 온도가 20도를 훨씬 웃돌아 땀마저 흐를 듯한 어느 맑은 날, 양평 사나사(舍那寺) 다녀오는 여행길은 이렇게 기분 좋게 시작됐다.

한동안 차창 밖으로 스쳐 지나가는 교외의 풍경을 보며 즐거워하다가 그도 잠시, 때 이른 노곤함이 밀려온다. 아침 일찍 나선 참이라 부족한 잠이 솔솔 밀려왔다. 이대로 자면 좋겠지만, 오늘 일정을 함께 하느라 일찍부터 나왔을, 그리고 당일 왕복의 여정 내내 운전의 노고를 흔쾌히 떠맡은 봉은사의 강민수 과장에게 미안해서라도 그럴 수가 없다. 그래서 잠도 깰 겸, 또 나중에 물어보면 대답할 말도 생각할 겸해서 이것저것 토막 지식을 얽어서 양평의 유래를 떠올려 봤다. 이런 저런 생각에 잠기는 사이 차는 어느 사이 양수리를 지나더니 금세 양평 군내로 들어섰다.

양평이라는 곳

나중에 돌아와 사전을 찾아보니 양평은 1908년 양근(楊根)군과 지평(砥平)군 두 곳을 합치면서 만든 이름이라고 한다. 양근은 고구려 때부터 쓰던 이름인데 신라에 와서 빈양(濱陽)이라 했다가 고려 때 잠시 영화(永化)라는 낯선 이름을 쓴 걸 제외하고는 내내 양근으로 불렸다. 양근은 '버드나무가 많은 곳'이라는 의미라 꽤 서정적 이름이다. 버드나무는 특히 물이 많은 곳에서 자라므로 이곳의 수원이 풍부하다는 풍수적 의미가 담겨있을 게다. 신라 때의 이름 '빈양'은 물과 볕이 어우러진 곳이라는 뜻이니, 음양의 원리가 들어 있어 그것도 괜찮은 이름이다. 지평은 고구려에서 지현(砥峴)군이었다가 신라 때 지평으로 고쳤다. 지현이나 지평은 '나지막한 고개'라는 뜻으로 이 지역의 평평한 지세를 이름으로 삼은 것이다. 이렇게 사람이든 사물이든 지역이든 그 이름의 뜻과 유래를 따져보면 재미있다.

사나사 내경

조용한 산사, 사나사

사나사 편액

혼자 골똘히 생각하다보니 우리는 어느 새 사나사 입구로 접어들었다. 여기서 좀 더 동쪽으로 가면 거기부턴 강원도, 바로 횡성과 원주로 이어진다.

양평 하면 용문사와 함께 떠올려지는 절이 사나사다. 용문사는 조선시대 세종 임금으로부터 사람도 한평생 받기 힘든 정3품 관직을 받았다는 천 년이 훌쩍 넘은 은행나무로 유명한데, 그에 비하면 사나사는 '조용한 산사(山寺)'라는 이미지로 알려져 있다. 산사치고 어딘들 조용하지 않거나 절 주변의 계곡이 좋지 않은 곳이 있을까마는, 사나사에서는 더욱 그런 느낌을 짙게 느끼게 된다. 사나사 계곡은 그 중에서도 특히 깨끗하고 한적하여 오붓한 가족 나들이 길로 제격이라는 것도 알 만한 사람은 다 아는 것 같다. 설매재 자연휴양림도 거기에 한 몫 한다. 사나사가 자리한 곳이 옥천면 용천리인데, 용문산으로부터 흘러온 샘물이 구슬같이 맑다고 해서 옥천(玉泉)이고, 용문산에서 내려오는 시내라 하여 용천[미르내]이다.

사나사 일주문

사나사 입구에서 포장된 고갯길을 오르면 문득 일주문 하나가 시야에 들어온다. 주변에 아무런 시설이나 건물 없이 덩그러니 놓여 있어

서인지-일주문이란 게 본래 그런 것이기는 하지만-고독한 수행자 같다는 인상을 받았는데, 이것에 대해서는 뒤에 다시 말하기로 한다.

주차장에 차를 두고 경내로 들어서니 대웅전 뒤로 우뚝 선 봉우리가 멋지다. 주차장에서 왼쪽으로 가면 '절골'이라는 마을이 나오고, 더 올라가면 함왕성(咸王城)이 있다. 양평의 주산인 용문산(1,175미터)은 고려 때까지 미지산(彌智山)이었는데, 조선 태조 이성계가 왕위에 오른 후 용문산이라 불렀다고 전한다. 아마도 태조와 양평과의 어떤 밀접한 관계가 있었던 모양이다. 용문산에는 사나사와 용문사 외에도 윤필암·죽장암·상원사·보리사 등의 명찰이 있었으니 경기도 북부 지역에서는 가장 불교가 번성했던 곳이 아닌가 한다.

사나사 이름의 유래

경내를 둘러보기에 앞서 미리 절의 역사를 알아두면 여러 모로 좋다. 사나사는 고려가 건국된 지 얼마 안 된 923년 대경대사(大境大師) 여엄(麗嚴, 862~930) 스님이 창건했다. 여엄 스님은 형미(逈微)·이엄(利嚴)·경유(慶猷)와 더불어 4대 선지식 중의 한 분으로서 태조의 극진한 예우를 받았다. 사나사 동쪽에 있는 보리사에도 주지로 있었으니 양평 또는 용문산과의 인연이 남달랐던 모양이다. 그런데 절 이름을 왜 사나사라 했을까?

여기서 잠깐 절 탐방을 제대로 즐기기 위한 요령 한 가지를 얘기한다. 절이나 전각에 붙은 이름의 유래와 의미를 따져보고 추리하는 것이다. 그러다보면 미처 몰랐던 절의 숨겨진 이야기가 마치 고구마 뿌리처럼 서로 얽혀져 따라 나와 재미도 그만큼 커지게 마련이다. 사나사의 '사나'는 곧 노사나불을 가리킬 것이다. 그렇게 되면 사나사는 보신불(報身佛)인 노사나불을 특별히 신앙하기 위해 지어졌다는 의미로 볼 수 있다. 아닌 게 아니라《봉은본말사지》에 의하면 창건할 때 노사나불상과 오층석탑을 조성하였다고 나온다. 또《경기도 명승고적 연혁사》에도, 옛날 삼국시대에 한 스님이 이곳에 절을 세우기 위해 백일기도를 하였는데, 공중으로부터 천장노사나불(天藏盧舍那佛)이 나타났으므로 즉시 불상을 만들고 절 이름을 사나사라 칭하였다는 말도 있다. 1367년에 태고 보우 스님이 사나사를 중창한 것도 절로서는 중요한 연혁이다. 그는 양평의 옛 이름인 양근(楊根)에서 태어나 상원사, 보리암 등 용문산에 있는 절에서 주로 수도했던 인연이 있었다. 1381년 입적하고 2년 뒤 사나사에 부도와 비가 세워진 것도 이런 인연이 있었기 때문일 게다.

가람배치

사찰 역사 예습은 이쯤이면 충분한 것 같고, 이제 경내를 탐방할 차례가 되었다.

우선 대적광전의 부처님 배관부터 하고 나서 다시 나와서 마당을 둘러보았다. 미타전, 함씨각, 산신각, 조사당 등의 건물이 한눈에 바라다 보인다. 6·25전쟁 때 절의 전 당우들이 모두 불타 없어졌다가 1950년대 후반에 중창했기 때문인지 건물들은 모두 오른쪽에 옹기종기 모여 있고, 왼쪽은 최근에 지은 요사와 종무실 외엔 텅 비었다. 어쩐지 왼쪽이 허전하다는 느낌이 들 수밖에 없다. 하지만 오른쪽 공간에 자리한 건물들의 구성은 그런 아쉬움을 채워주고도 남는다.

사나사 가람배치의 아름다움을 제대로 보고 싶다면 대적광전 앞에서 물러나와 범종각 부근에서 감상하라고 조언하고 싶다. 멀찌감치 서서 건물들의 처마선이 오르내릴락 하는 곡선들을 눈으로 좇다보면 왜 우리의 전통건축에서 곡선미를 중시하는지를 느낄 수 있다. 마치

물 흐르듯이, 혹은 감동의 선율들이 흘러 다니는 듯한 곡선의 유려한 흐름을 보게 된다. 특히 사찰 건축은 같은 경내에 있다 하더라도 그 건물의 용도나 가치에 따라서 공간의 높낮이가 달라지게 마련이다. 대웅전 같은 금당은 경내의 가장 뒤에 자리하면서 높은 곳에 위치하고, 그보다 격이 조금 낮은 명부전이나 관음전 같은 전각은 앞쪽 낮은 지대 위에 들어선다. 그러다보니 경내가 앞에서부터 뒤로 물러갈수록 높아지는데, 다만 사람들이 미처 눈치 채지 못할 정도로 자연스럽게 단을 이루며 높아진다는데 묘미가 있다. 공간 높낮이에 차이가 있는데다가 건물의 높이마저 다르면 시각적으로 어떤 효과가 날까? 거기에서 곡선이 나오게 되고, 이는 다시 고요한 사찰에 시각적인 역동성을 부여한다. 예를 들어 우리가 어느 사찰을 찾았을 때 분명 사람들도 거의 없어 고요한데도 뭔가 모를 잔잔한 움직임으로 생동감을 느끼게 되는 이유가 바로 이것 때문이다. 건물의 지붕에서 지붕으로 이어지는 선을 금당 뒤에 솟아 있는 산봉우리까지 연결시켜보면 자신도 모르게 다시 한 번 자연과 건축이 한데 어우러져 있는 절묘한 조화를 발견하게 된다. 산봉우리에서 연결되는 선은 마치 액자의 틀과 같다. 그리고 사찰 가람은 그 액자에 그려진 멋진 그림이다. 이런즉 우리 사찰건축이 아름답지 않을 수 있을까!

사나사의 문화재

마당을 이리저리 돌아보다보니 전각 중에 특이한 건물 하나가 있어 눈길을 잡아끈다. 바로 함씨각(咸氏閣)이다.

① 함씨각
② 함씨각 내부 탱화
③ 삼층석탑
④ 원증국사 석종비

안에는 탱화 한 점이 걸려 있는데, 문신 세 명이 앉아 있는 모습이다. 어떻게 보면 명부대왕 같지만, 실제로는 함씨 시조인 함왕(咸王)의 영정이라고 한다. 본래 중국 한나라의 대장군이었던 함왕은 우리나라에 건너와 양평 지역에 성을 쌓고 나라를 세웠다고 한다.

그래서 사나사가 자리한 백운봉은 한편으론 함왕봉이라고도 하고, 그 주변엔 함왕이 쌓았다는 함왕성의 터가 남아 있다. 이래서 양근 함씨가 나온 것인데, 강릉 함씨 역시 한 뿌리라고 한다. 그래서인지 사나사에 다니는 신도 가운데 함(咸) 씨들이 유독 많고, 또 그와는 별도로 영월 신(辛)씨들도 사나사와 인연 깊어 그들의 공덕비도 보인다.

마당에는 원증국사, 곧 보우 스님의 부도와 비가 있어 각각 보물로 지정되어 있다. 그 앞의 삼층석탑은 고려시대에 세운 것이다. 지금 범종각 옆에는 전에 요사가 있었고, 거기에 아주 오래된 은행나무가 있었다. 한데 몇 년 전 벼락으로 불타 없어져버렸으니 여간 아쉬운 게 아니다.

사나사를 나오며

노목(老木)이라고 해도 옛날 사찰을 장식했던 그 모습을 못 본 건 아쉬운 일이다. 더군다나 생명이 아닌가. 또 나무는 자연의 멋으로 사찰 주위를 장식하는 미덕도 있거늘….

그래도 원증국사 부도 바로 앞에 또 다른 은행나무 한 그루가 있어서 보기 좋았다. 다만 최근 상태가 도통 안 좋았는데, 다행히 군청에서 영양제 주사도 놓고 하면서 보호에 힘을 써주고 있다는 이야기를 들었다. 또 요사 바로 옆에도 우람한 보리수 한 그루가 있어서 그늘을 드리우고 있다. 경내를 다 돌아본 다음 다리도 쉴 겸 보리수에 기대어 있자니 마침 중년 부인 서너 명이 지나며 묻는다.

"기도 오셨어요?"

"아, 그냥 둘러보러 왔어요."

"네, 우리 절 참 좋지요? 점심 공양도 하고 가세요."

같은 또래라 그랬는지 스스럼없이 건네는 말이 듣기 좋다. '우리 절'이라는 말도 정겹다. 절에서 만나는 사람들은 다 이웃처럼 다정하다.

여기서 점심 먹고 가면 좋겠지만, 우리 일행이 네 명인데 미리 말도 없이 온 터에 번거롭게 할 것 같아 사양했다. 그러고 보니 어언 점심때가 지났고, 일행들도 대충 다 둘러본 것 같기에 그만 떠나기로 했다. 가기 전 다시 한 번 경내를 바라보았다. 몇 년 전에 왔을 때는 원증국사 부도 뒤쪽으로 담장이 둘러쳐져 약간 답답한 느낌이었는데, 근래에 담장을 헐고 그 자리에 등산로를 널찍하게 열어놔 등산객들의 환호를 받았고 아울러 경관도 훨씬 좋아진 것 같다.

다시 맨 처음 봤던 일주문 앞으로 내려왔다. 이 일주문은 본래 봉은사가 고향인데 터를 넓히면서 위치가 적당하지 않다고 판단했는지 이쪽으로 옮기게 되었다. 지금은 '용문산 사나사'라는 편액이 걸려 있으니 사나사 식구가 다 됐다. 사진 잘 찍어달라는 당부도 하기 전에 김도형 기자가 일주문 앞뒤로 바쁘게 오가면서 정성껏 촬영한다. 일주문은 대체로 서로서로 비슷한 모습이지만, 이 일주문은 그 중에서도 단정하면서도 기품 있는 모습이 발군이니 사나사의 자랑거리가 되기에 충분할 것 같다. 내려가다가 문득 뒤돌아보니 일주문의 꼭대기에 시야가 걸리는데, 마치 잘 가라는 말 없는 인사라도 받은 양 까닭도 없이 마음이 편해져 왔다.

양평 용문사

보우대사의 자취를 좇아서

16세기는 아마도 조선시대 전 기간 중에서도 불교탄압이 가장 극심한 때로 기록될지 모른다. 그 험한 시대에 불교가 명맥을 이을 수 있었던 것은 허응당 보우대사가 있었기에 가능했다. 그의 분투로 인해 불교가 다시 일어서는가 싶을 정도였다. 하지만 폭풍우처럼 거센 시대의 흐름을 혼자서 바꿀 수는 없는 법, 끝내는 못다 이룬 불교 중흥의 꿈과 한을 뒤로 남긴 채 장렬히 순교하고 말았다.

어려서 양친을 여읜 후 금강산 마하연에서 삭발수계한 그의 출생년도는 대략 1506년에서 1509년 사이일 것으로 추정한다. 이후 1551년 나라로부터 불교계 최고 행정권자 격인 선종판사(禪宗判事)로 임명된 것을 그의 불교 중흥을 위한 첫걸음으로 볼 때, 1565년 제주도에서 순교(殉教)하기까지의 시간은 불과 15년에 불과하다. 하지만 그 짧은 시간 동안 그가 불교계에 남긴 공적은 보통 사람들이 백 년을 해도 모자랄 것이었다. 또 그가 남긴 글은 오늘날 시각에서 보더라도 사상과 문학 양면에서 뛰어난 성취를 이룬 역작이니 그의 재능은 하늘이 내린 것이라 할 수 있겠

용문사에 머물렀던 여러 고승들의 부도밭

다. 하지만 시대를 잘못 타고났다고 할까, 그를 시샘한 관리들과 유생들은 '요승', '권승' 등의 말을 써가며 참소했고 《조선왕조실록》엔 그를 모함하고 비난하는 상소가 무려 수백 건이 넘는 것으로 나온다. 그것만 봐도 얼마나 어려운 처지에서 외롭게 싸워왔는가 짐작하기 어렵지 않다. 그가 태어난 지 약 500년이 흐른 지금, 험난했던 시대에 분투했던 보우대사의 자취를 좇아 떠난 발걸음이 그렇게 가볍지만은 않다.

용문사의 은행나무

보우대사는 대부분 젊은 시절을 금강산에서 수행하며 보냈다. 금강산의 고찰, 명찰치고 그의 발길이 닿지 않은 곳이 없다. 물론 훗날 봉은사 주지로 있으면서 서울 경기 부근의 사찰도 빠짐없이 순례했을 것이다. 오늘의 여정은 그 중에서도 양평 용문사, 남양주 회암사, 춘천 청평사로 정했다. 용문사는 그가 불문에 들어선 곳이고, 회암사는 불교계의 중진이 된 이후 특별히 관심을 갖고 중건에 힘쓴 곳이다. 또 청평사는 상처 입은 심신을 보듬고 불교 중흥과 개혁의 꿈을 가다듬던 곳이니, 어디 하나 의미가 작다고 할 수 없는, 보우대사의 성

용문사 은행나무

적지(聖跡地)들이다.

보우대사는 용문사에서 머무는 몇 년 동안 불교 경전과 유교 경전을 섭렵했다. 용문사에는 신라의 마지막 왕자 마의태자가 심었다고 전하는 은행나무가 있다. 신라의 의상대사가 심었다는 또 다른 전설도 있지만, 어느 전설을 받아들이든 수령이 1000살을 훌쩍 넘는 고목이다. 이 나무는 조선 세종 때 정3품 벼슬을 받은 명목(名木)으로, 하늘로 뻗은 그 기상은 마치 승천하는 용의 기상과 같다. 20대 초반의 젊은 시절, 보우는 이 고목의 풍아로운 모습을 바라보며 푸른 기상을 다졌을 것이다. 그의 글 가운데는 불교계의 중진이 되고 나서 다시 용문사를 찾은 뒤 남긴 〈스승께서 머물던 방을 참례하며〉라는 시가 전한다.

봄이 찾아온 산중의 2월
보름 간 용문사에서 참례했네
구름은 분신석(焚身石) 뒤에서 일고
와로헌(臥老軒) 아래 그늘에 핀 치자 꽃이 아름답구나

오랜만에 용문사를 다시 찾았으니 만감이 교차했을 것이다. 이제는 만날 수 없는 스승을 그리며 스승이 거처하던 방 앞에서 예를 올리는 모습에서 스승에 대한 애틋한 그리움이 묻어난다. 경내를 천천히 걷다가 보니 산봉우리에선 구름이 피어나고, 기대던 누각 기둥 아래엔 치자꽃 한 송이가 고개를 숙이고 있다. 마치 한 폭의 수채화를 보는 것 같은 담담한 묘사지만, 정처 없는 구름과 가녀린 치자꽃은 곧 훗날 자신의 모습을 예언하는 것 같다.

회암사, 문정왕후와의 인연이 시작되다

용문사를 나와 금강산에 들어간 보우는 십여 년 동안 금강산의 여러 사찰에서 강학과 수행에 매진했다. 35살 때 세상에 내려왔다가 극심한 폐불(廢佛)의 장면을 목격했다. 전국 대부분 사찰을 철폐하려는 것은 물론, 스님들을 산성을 쌓게 하거나 사대부 집안의 머슴으로 전락시켜 갖가지 고초와 수모를 받게 했다. 스님들을 도적으로 몰고 사찰을 헐어 재목들을 가져가는 일도 비일비재했다. 오죽하면 유생들 사이에서도 사찰이라 하더라도 사람이 살고 있는 곳인데 어찌 그렇게까지 할 수 있는가라는 비판의 소리가 나올 정도였을까. 이런 참상을 보우대사는 이렇게 읊었다.

불교가 배척당하기 이보다 더함이 없으리
피 눈물 주룩주룩 흘러 베수건에 가득하구나
구름 속에 산이 있다지만 어디로 갈 것인가
세상 어디에도 이 한 몸 쉴 곳 없네

크게 실망한 보우는 금강산으로 돌아갔다. 7년여 동안의 용맹 수행정진을 마치고 세상을 고행하는 운수행각을 떠났지만, 중도에 그만 중병에 걸리고 말았다. 그 때 요양한 절이 회암사다. 고려 말의 명승 지공에 이어 나옹과 무학 등이 잇달아 주석하면서 조선 초기 당대의 명찰로 우뚝 선 곳이다. 당시 보우는 차안당에서 3개월 동안 누워 죽을 고비를 몇 번이나 넘길 때였다. 독실한 불제자였던 문정왕후가 보우를 문병 와서 말했다.

"국운이 쇠약해지고 국민들이 어려움에 처해진 이때 누구를 기다리고 계십니까?"

이 말 한마디에 보우는 그 날로 자리를 털고 일어났다고 한다. 문정

용문사 내경

왕후와 보우의 인연이 시작되는 순간이었다.

'중국에도 이렇게 크고 아름다운 사찰은 없다'(《신증동국여지승람》)고 할 만큼 아름다운 회암사였지만 지금 그 자취는 간 곳 없다. 보우대사의 최대 후원자였던 문정왕후가 서거하고 보우대사가 유배되면서 함께 쇠망의 길로 접어들었다가, 화재로 전소되어 터만 남은 것이다. 보우대사가,

보우대사가 머물렀던 회암사 절터와 보우대사 부도로 알려진 회암사지 부도

"이 절은 우리 가람의 요충이자 스님들의 총림으로 39채의 요사에 항시 500명의 스님들이 머무른다. 전각마다 시주의 향불이요, 방마다 풍경소리가 들린다. 도리천 선한 법당도 멀리서 단청의 화려함에 부끄러워하고, 사위국의 황금정사도 멀리서 웅장함에 부끄러워 할 것이다"라고 한 데서 당시의 성관을 짐작만 할 뿐이다. 근래 발굴이 이루어지곤 있지만 아무리 둘러보아도 보우대사의 자취는 찾을 길 없다. 다만 절터 북쪽 능선에 보물 388호로 지정된 부도가 있고, 그 옆에 또 하나의 커다란 부도탑이 있어 이것을 보우대사의 부도로 추정하기도 한다. 하지만 회암사 중창을 이루었던 처안(處安) 스님의 부도탑이라는 주장도 많다.

봉은사에서 불교 중흥을 꿈꾸다

회암사에서 맺어진 문정왕후와의 인연으로 보우대사는 불교 중흥의 큰 뜻을 본격적으로 실행해 나갔다. 우선 봉은사 주지를 맡아 불교계

보우대사가 주지로 있었던 봉은사

의 전면에 나서서 교권 회복에 노력했다. 봉은사와 봉선사를 각각 선종과 교종의 본사로 삼았고, 승려들의 과거시험인 승과도 부활시켰다. 이때부터 3년마다 치르는 승과는 15년 동안 다섯 번 열려 4,000여 명의 합격자를 배출했다. 임진왜란 때 나라를 구한 서산대사와 사명대사도 바로 승과를 통해 발굴되었다.

하지만 조정의 신하들과 전국의 유생들에게 보우는 '같은 하늘을 함께 이고 살 수 없는 원수'였다. 성균관 유생들은 선교양종 부활의 반대와 보우의 처형을 요구하는 상소를 빗발치듯 올렸고, 성균관 유생들은 몇 달 동안 성균관을 떠나 집으로 돌아가 버리는 데모까지 벌였다. 극심한 논란의 한가운데에 선 보우는 지칠 대로 지친 채, 1555년 선종판사와 봉은사 주지직을 사임하고 춘천의 청평사로 물러나야 했다.

청평사에서의 은거, 그리고 제주 유배길

깊은 산과 맑은 계곡으로 둘러싸인 춘천 청평사는 요양하기에 썩 좋은 곳이었다. 지금도 춘천은 아름다움과 낭만이 넘치는 호반 도시로 손꼽힌다. 반대세력의 극렬한 비난 때문에 상처를 입은 보우였지만, 이곳에 와서 새롭게 몸과 마음을 추스를 수 있었다. 한편으로는 봉은사 주지로 있던 8년 동안 앞만 보고 달려온 자신의 지난 일들을 고요한 마음으로 돌아보는 기회도 되었던 것 같다. 그런 마음이 〈청평사에서 시 두 수를 읊다(淸平述懷二首)〉라는 시에 잘 나타나 있다.

> 청평사 옛 부처님 궁전으로 옮겨 살아보니
> 8년 사이의 일 꿈과 함께 흘러갔음을 알겠어라

지친 몸과 마음을 겨우 추스른 보우는, 1565년 청평사를 뒤로 하고 다시 봉은사 주지로 돌아왔다. 하지만 그의 생애에 있어 가장 힘겨운 순간이 다가옴을 그는 느꼈을까. 문정왕후는 아들 명종의 만수무강과 국가의 태평을 기원하는 기도처로 회암사를 지정하고, 기도법회의 책임자로 보우를 뽑았다. 고달픈 심신이었지만 기꺼이 책임을 맡은 건 이를 계기로 다시 한 번 불교중흥의 불사를 도모하려 했기 때문일 것이다. 기원 행사가 끝나는 날 열린 무차법회 때 전국에서 스님 수천 명과 선남선녀 수만 명이 모이는 대성황을 이루었다. 하지만 보우대사의 모진 운명은 바로 여기부터 시작되었다. 대인파가 몰려들자 조정은 바짝 긴장하고 보우를 가만 두어서는 안 된다고 벼르게 되었다. 거기다가 생각지도 못한 비보가 들려왔으니, 이틀 후인 4월 7일 문정왕후가 갑자기 세상을 떠난 것이다.

제주에서의 순교

보우는 이제 가장 든든한 후원자를 잃고 바람 앞의 촛불처럼 위태로워졌다. 아니나 다를까, 문정왕후의 죽음 직후 조정과 유림들은 수백 건의 상소를 올리고, 성균관 유생들은 동맹휴학을 하면서 보우를 죽이라고 명종을 압박했다. 어머니가 보우를 극진히 대했음을 잘 알고 있는 명종이지만 더 이상 어쩔 수 없었던지 보우를 제주도에 유배하라는 명을 내렸다. 하지만 당시 분위기로 보아서 말이 유배이지 죽음의 명령과 진배없었다. 1565년 9월 보우가 제주에 도착하자마자 제주부사 변협은 멋대로 보우를 장살(杖殺, 곤장을 때려서 죽이는 형벌)시켜 버렸다. 이 땅의 불교 중흥이라는 커다란 포부를 가슴에 담고 그 꿈을 펼쳐나갔던 위대한 성인은 그렇게 어처구니없이 세상을 등지게 되고 말았다.

보우대사는 그 전에 이미 자신의 죽음을 직감하고 있었던 듯 유배

보우대사가 주지로 있었던 청평사 회전문

가는 도중 다사다난했던 50여 평생을 이렇게 노래했다.

> 허깨비로 와서 50여 년 온갖 미친 짓, 모든 영욕 다 겪고, 이제야 그 탈 벗는구나.

자신의 삶이 부질없었고 의미 없었다는 뜻은 물론 아니다. 불교 흥성의 깊은 뜻을 가지고 온몸으로 역경을 헤쳐 나왔으나 끝내 꿈을 못 이루고 떠나는 길에 대한 회한, 아니면 홀가분한 해탈의 심경을 그렇게 노래했을 것이다. 보우대사의 순교비는 지금 제주 조천의 바닷가에 세워져 있다. 몇 년 전 제주에 갔을 때 제주의 세찬 바닷바람을 한 몸에 받으며 우뚝 선 비석 앞에서 감회에 젖었던 기억이 새롭다.

보우대사가 순교한 다음 해인 1566년 4월에 선교양종과 승과가 폐지되고, 보우대사가 목숨 바쳐 이룩했던 불교계 위상도 급격히 사라졌다. 이후 조선의 불교는 전대미문의 암흑기에 빠졌다. 아마도 그대

보우대사의 순교를 기리는 제주 불사리탑사의 순교기념비

로 지속되었더라면 불교가 어떻게 되었을지 모를 정도다. 하지만 얼마 안 있어 일어난 임진왜란 때, 구국의 선봉에 섰던 의승병을 비롯한 불교계의 헌신은 사람들에게 커다란 인상을 심어주었다. 선조는 전쟁 중에 사명대사를 영의정에 임명할 정도였다. 이로부터 불교계는 공공연한 탄압은 벗어날 수 있었다. 전 국민적 존경과 명망을 받던 서산과 사명 두 고승은 보우대사가 갖은 어려움을 무릅쓰고 봉은사에서 실시한 승과를 통해 길러진 인물이다. 보우대사의 불교중흥 운동은 실패한 게 아니라 멋진 성공을 이룬 것인지도 모른다.

남한산성의 수호 사찰,
광주 장경사와 망월사

또 하나의 호국 성지 남한산성

전라도 광주(光州)와 이름이 같아서 종종 혼동되는 경기도 광주(廣州)는 서울에서 지척의 거리에 있다. 광주 바로 옆에는 성남과 하남이 붙어 있는데, 모두 오랜 옛날부터 서울과 밀접한 연관을 맺으며 발전해 온 이른바 위성도시다.

광주는 특히 한강의 풍부한 수량을 바탕으로 하여 농경지가 많고 땅이 비옥한데다가, 남한산이라는 장대한 산이 병풍처럼 둘러서 있어서 예로부터 사람이 살기에 제격이었다. 고대에 이 자리를 먼저 차지한 것은 백제였다. 기원전 6년 백제의 시조 온조왕이 그때까지 도읍이던 한강 이북 유역, 곧 위례성(慰禮城)에서 자리를 옮겨 지금의 하남시에 해당하는 춘궁리로 도읍을 옮기고는 '한강 이남의 위례성'이라는 뜻으로 '하남위례성'이라고 한 것이 지금으로부터 무려 2,000여 년 전의 일이다. 그 뒤 부지런히 영토를 넓히던 근초고왕이 371년 남한산 부근에 도읍을 정하고 한성(漢城)이라 이름 지었다. 이 무렵까지 광주 지역은 400년 가까이 백제의 수도 역할을 해냈다.

하지만 그 뒤로는 삼국 쟁패의 고된 현장이 되었다. 고구려가 장수왕 때 60여 년 간 차지하자 551년 백제가 다시 되찾아 왔으나, 이번에는 삼국 중 후진국 신세를 면치 못하던 신라가 고구려와 백제의 다툼이 이어지는 동안 힘을 길러, 진흥왕 때 이 자리를 빼앗고 아예 한산주(漢山州)라 이름 지음으로써 신라의 영토가 되었다. 그러고 보면 삼국의 치열한 영토 전쟁의 한가운데에 바로 광주가 있었던 셈이다. 그만큼 국방의 요충지요, 삶의 터전으로 중시되었던 곳이다. 이 지역이 지금처럼 '광주'라는 이름을 얻은 것은 고려 건국 직후인 940년의 일이다.

광주는 조선시대에 들어와 한양과 지근한 고을로서 문화와 경제 양면에서 한양의 주요 '전력 공급원'이 되었다. 앞서 말했듯이 땅이 기름지니 곡식이 많이 생산되어 다른 지역에 비해 경제가 비교적 넉넉했고, 자연히 부자들도 많이 나왔다. 경제가 충실하면 학문이 꽃피는 이치는 고금이 마찬가지인 것 같다. 지원이 풍부히 이어질 수 있으니 그에 따라 자연스레 학자들이 많이 배출되었고, 또 이들이 과거를 통해 정계에 진출함으로써 정치적으로도 무시 못 할 고장이 되었다. 하지만 이런 것 말고 정말로 광주가 중요하게 여겨지는 것이 있다. 바로 남한산성이다.

남한산성 가는 길

오늘은 몇 사람 일행과 더불어 남한산성의 사찰들을 찾아가는 날이다. 여러 사람과 떠나는 일은 별로 없는데, 오늘은 우연히 그렇게 되었다. 마포 불교방송 건물 앞에서 출발한 차는 강변도로를 달려 한강을 건넜다. 잠실을 지나자마자 얼마 안 가서 광주군으로 들어섰고, 이어서 남한산성으로 들어가는 표지판이 커다랗게 눈앞에 나타난다. 구불구불한 산성 길로 접어드니 문득 나지막한 평지가 나오는데 이곳이 남문이고, 부근에 만해 한용운(韓龍雲)을 기리는 만해기념관도 있다. 주차장 주변에는 음식점 간판들이 현란하다. 서울 근교에다 남한산성이라는 조형물에서 배어나오는 역사의 흥취가 진한 곳인지라

남한산성 동문

주말이면 인파들이 몰려드는 곳답다. 좀 더 내려가 동문으로 향했다.

곧이어 장경사와 망월사로 올라가는 표지판이 나오고, 길 따라 조금 더 올라가니 서북쪽의 골짜기를 사이에 두고 두 절로 올라가는 길이 갈라진다. 이 두 절은 남한산성 사찰 중 가장 대표적인 곳으로 바로 오늘의 목적지다.

역사 속의 남한산성

그런데 남한산성의 사찰을 말하면서 정작 남한산성의 역사이야기를 빼놓을 순 없다. 남한산성은 북한산성과 함께 도성인 한양을 지키던 곳으로, 처음 672년 흙으로 성벽을 세운 토성으로 지어졌다가 조선시대에 들어와 1621년 후금의 침입을 막고자 석성으로 개축하기 시작했다. 그러나 완성하지 못하고 있다가 '이괄의 난'을 겪고 난 후인

해동지도에 나오는 남한산성

남한산성의 축조를 지휘했던 벽암 각성 스님

1624년에 다시 쌓기 시작하여 3년 뒤에 완공을 보았다. 광해군이 인조반정으로 물러나던 와중의 혼란한 정권 교체기, 그리고 뒤이어 청나라가 침공한 병자호란 등을 겪고 나니 언제 또다시 무슨 일이 일어날지 모르는 불안한 상황에서 유사시에 왕실과 조정이 피난할 요새가 필요했던 것이다.

그런데 이 남한산성이 전국 팔도에서 모인 승려들의 노고로 이루어졌음을 아는 사람은 의외로 많지 않다. 축성 공사를 위해 팔도의 승군이 동원되었고, 벽암 각성(碧巖覺性) 스님이 승군의 총사령관 격인 도총섭(都摠攝)을 맡았다. 병자호란 때는 전국에서 모인 370여 명의 승군들이 남한산성에서 청나라 군대와 맞서 싸웠다. 그런즉 남한산성은 곧 불교도의 피와 땀이 배어 있는 곳이요, 호국불교의 가장 상징적 존재인 것이다. 역시 승군이 주축이 되어 지어진 북한산성과 함께 승려의 호국 활동과 불교계의 대사회 활동을 보여 주는 좋은 사례로 꼽히는 이유가 바로 여기에 있다.

당시 남한산성 공사에 참여한 승군의 역할 구분과 거주 및 신행을 위하여 9개의 사찰이 세워졌는데, 망월사(望月寺)와 옥정사(玉井寺)가 먼저 지어졌고, 이어서 개원사(開元寺)·한흥사(漢興寺)·국청사(國淸寺)·천주사(天柱寺)·동림사(東林寺)·남단사(南壇寺) 그리고 장경사(長慶寺)가 세워졌다. 이 중에서 지금까지 법등을 밝히는 곳은 장경사와 망월사 정도이니, 호국의 현장을 찾는 나그네의 발걸음은 썩 가볍지 못하다.

호국도량의 중심, 장경사

우선 장경사부터 올랐다. 웅장한 일주문을 넘어서니 고즈넉한 경내가 나온다.

대웅전을 중앙에 두고 양쪽에 요사, 그리고 대웅전 너머 조금 올라간 곳에 삼성각이 자리하는 아담하고 단출한 구조를 하고 있다. 20세기 초, 그러니까 일제강점기 무렵에는 장경사를 비롯한 광주의 사찰들에 대한 역사나 이야기 등은 모두 봉은사의 말사였으므로 안진호(安震湖, 1880~1965) 스님이 지은 《봉은본말사지》에 나와 있다. 장경사의 경우는 1638년에 창건되었고, 직후 인조가 이곳을 나라를 지키는 호국 도량(道場)으로 삼아 난국을 헤쳐 나가기 위한 기도를 올렸다고 한다. 그 후 17세기 중반 효종 때는 북방 정벌을 계획하면서 절에 총섭을 두어 승군을 훈련시키는 임무도 맡아 했다. 이때 장경사는 다른 8개 사찰뿐만 아니라 전국의 승군을 지휘하는 임무를 맡았다. 그러니 비교적 늦게 창건되었지만 가장 핵심적인 위치에 있었다고 해야겠다. 지금도 그 당시 장경사의 자취 하나를 봉은사에서 볼 수 있다. 장경사에서 1682년 3월 무게 300근의 범종을 하나 만들었는데, 1899년 봉은사로 옮겨졌고 지금은 봉은사 대웅전에 놓여서 아침저녁 예불 때마다 타종되고 있다. 이 범종 몸체에는 만들 때 참여한 사람들의 이름이 새겨져 있어 사료로서의 가치도 높다.

장경사는 1894년 갑오개혁 때까지 300년 가까이 나라를 방어하는 남한산성의 핵심 사찰로서의 역할을 다하였다. 이 무렵쯤에는 남한산성 9개 사찰 중 장경사만 남아 있었다. 지금은 자취를 찾아볼 수 없지만 장경사에는 진남루(鎭南樓)라는 누각이 있었다. 그런데 일본의 조선 강점 야욕이 노골화될 때인 1907년 8월 1일, 일본에 의해 조선 군대 해산령이 내려졌고, 남한산성 안에 있던 무기고와 화약고도 모두 없애 버렸다. 이 와중에 진남루에 불이 옮아 불타버린 것이다. '진남루'라는 이름의 뜻은 '남쪽의 적을 진압한다'는 의미로, 남쪽의 적이란 다름 아닌 일본을 말함인데, 어이없게도 일본에 의해 없어졌으니 이걸 역사의 아이러니라고 해야 할까, 아니면 악당의 저주라고 해야 할까? 2년 뒤 폐사로 남아 있던 개원사의 누각을 옮겨다가 진남루를 복구하였다. 곧이어 각계각층의 사람들에게서 화주를 구하여 법당과 선방, 그리고 회랑을 새로 단장하였다.

이후로도 법등을 이어 왔으나, 1975년 일어난 큰 불로 조선시대 절의 모습이 없어져 버린 건 몹시 아쉬운 일이다. 하지만 이후 중건과 중수를 거치면서 지금도 호국 도량으로서의 면모를 잃지 않고 있다.

대웅전에 들어서니 마침 천도재가 열리고 있다. 스님도 그렇고, 정

장경사 전경과 일주문

성스레 재를 올리고 있는 고인의 가족들에게 방해가 되지 않으려고 잠깐 조용히 앉았다가 나왔다. 대웅전 오른쪽엔 다른 절에서 잘 보기 어려운 것 두 개가 있다. 하나는 '마니차', 다른 하나는 소원지(所願紙)다. 마니차는 티베트 말이고 우리말로는 경통이라고 하는데, 경전을 놓아두기 위해 만든 원통형의 기다란 상자다.

장경사에서는 9개를 한 줄로 세워 놓고 지나가면서 원통을 돌려가며 경전을 읽을 수 있도록 했다. 윤장대의 일종이라고 해도 될 것 같

장경사 마니차와 소원지

다. 그 옆에는 초와 향을 모아 놓은 수각 뒤로 소원지를 가득 매단 줄이 걸려 있다.

곱게 접힌 색색의 종이들이 가로로 여러 줄 걸쳐 놓은 철사 줄에 가득 매달려 있는 모습이 앙증맞기도 하고, 한편으론 그 종이에 담긴 서원과 소원의 내용들이 어떨까 꽤 궁금하기도 하다. 자신과 가족의 건

장경사 대웅전

강과 안녕, 그리고 불도를 이루겠다는 서원이 빼곡히 적혀 있을 게다. 드문드문 빈자리도 보여 저기에다 내 소원지를 매달 수도 있을 것 같다. 하지만 다른 종이들과 어울릴 만큼 예쁘게 접어서 매달 자신이 없어 그냥 물러나오며, 마음속으로나마 옛날에 산성을 쌓던 스님들 극락왕생의 기원만 걸어 두고 왔다.

남한산성 안에 가장 먼저 세워진 망월사

장경사를 내려와 곧이어 망월사로 올라갔다. 제법 가파른 길을 올라가다보니 문득 오래 전에 이곳에 왔던 일이 떠오른다. 셈해 보니 거의 20년 만인 것 같다. 당시 망월사에 한 달 정도 머무르며 바로 지금 올라가는 길 왼쪽의 축대 안쪽을 발굴했었다. 그때를 기억하자마자 기분이 쑥 가라앉아 버린다. 10년, 20년 정도는 일도 아니게 헤아려질 정도로 나이를 먹어 버렸다는 생각 때문만은 아니었다. 어떻게 해서 여기서 발굴하고 있었는지 잘 모르겠지만 당시는 유독 외롭고 힘들게 지내던 시절이었다. 하지만 그렇다고 지금의 내가 거기에서 얼마나 더 나아졌는가 생각하니 나이 먹은 것 이상으로 서글퍼지며 한숨이 절로 나온다.

옛날에 발굴했던 터는 지금 종무소 등으로 활용되고 있고, 그 오른쪽으로 웅장한 규모의 대웅보전과 극락보전이 아래위로 층단을 이루며 자리해 있다. 망월사는 남한산성 내 9개 사찰 중 가장 먼저 세워졌다. 서울 창의동에 있는 장의사(壯義寺) 터의 불상과 《금자화엄경》 등을 옮겨와 지었다는 얘기도 있다. 산 중턱의 널찍한 자리에 들어선 꽤 커다란 규모였는데, 지금의 대웅보전 자리가 옛날의 금당이 있던 곳이라고 한다. 조선시대에는 얼마만 했는지 모르겠지만, 지금도 상당히 규모가 큰 편이다.

망월사 전경

망월사를 내려와 동문 부근에서 산성과 문루를 좀 더 자세히 살펴보고 사진도 찍은 다음 차를 돌려 만해기념관에 들렀다.

백담사에 만해(萬海) 한용운(韓龍雲)의 시비와 흉상이 있고, 부근에 만해마을도 있는 건 알지만 남한산성에 만해기념관이 세워진 까닭이 궁금했다. 만해가 사용하던 유품들과 원고, 그리고 출판된 책들이 깔끔하게 진열된 전시장을 차근차근 둘러본 다음, 기념관 관계자에게 물어보니 남한산성은 승군들의 호국 정신이 서린 성지이니 바로 여기야말로 한용운의 독립정신과도 일맥상통한 곳이 아니겠느냐고 반문한다.

듣고 보니 과연 그렇다. 어느 스님인들 절에서 조용히 수행하고 싶지 않았겠으며, 오랑캐 적군이었을망정 그들과 싸우고 싶었겠는가. 그럼에도 흔쾌히 달려와 돌을 짊어지고 땀 흘려 성을 쌓고, 또 이 나라를 쳐들어온 적군과 싸우며 피를 흘린 그들을 오늘날 우리는 과연

망월사의 대웅보전(좌)과 극락보전(우)

얼마나 생각하고 있을까?

만해기념관 앞에서 자꾸 잊혀가기만 하는 우리의 불교 역사와 문화가 새삼 안타깝게 느껴졌다. 하긴 이런 생각을 가져보는 것도 답사나 여행길에나 느껴보는 감동의 하나일 것 같다.

남한산성 입구에 있는 만해기념관

에필로그

이 책을 읽은 독자들 모두 나름대로 여행에 대한 관점이 있을 것이다. 나보고 묻는다면 나는 절을 다니면서 그저 여행의 한 과정으로 생각하고 자유롭게 다니려 했다고 말하겠다. 그래서 이 책에는 여행자로서의 내 개인의 감성이 빠짐없이 실려 있다. 절을 알려면 그곳의 역사와 문화재 같은 것에 대한 최소한의 지식은 있어야 하니까 그 부분도 신중하고 정확하게 다루려 노력했지만, 백과사전 스타일의 지루한 나열은 되도록 피했다. 여기에 대해서, 명색이 30년 동안 전국의 절을 찾아 역사나 문화재 등 불교문화를 연구한 사람으로서 그건 너무 안이하고 나태한 자세가 아니냐고 지적할 사람도 있을지 모르겠다.

하지만 나는 이 책을 자유로운 여행자의 마음으로 썼다. '전문가의 시선' 따위의 복잡한 준비와 마음은 여행에 별다른 도움이 되지 않을 것이라고 생각하기 때문이다.

절에 갈 때마다 보이는 게 있다. 탐방객들이 절 마당에 세워진 문화재 설명문을 읽고 나선 늘 개운치 않게 짓는 표정들이다. 건물이나 불상, 불화 모두 보이는 그대로의 모습을 어려운 용어들을 동원해 적어놨으니, 여행 온 사람들이 그런 것까지 다 사전을 찾아보며 이해하려 애써야 할까?

절을 찾아서는 있는 그대로의 모습을 보고 느끼고 그 맑은 모습을 가슴에 담고 나오면 된다. 보통 사람들이 여기에서 공부를 할 필요는 없는 것이다. 그래서 카메라 렌즈를 법당 이곳저곳 자세히 들이대지 않았고, 줄자로 입구에 선 부도나 비석의 크기를 재지도 않았으며, 절 주변에 특별한 무엇이 있는 지 찾아보려 골몰하며 다닌 적도 없었다. 난 그저 한 사람의 자유로운 여행자일 뿐이었으니까.

요즘 들어 현대인들의 복잡한 일상에서 쌓인 피곤과 사람들과의 관계 속에서 생긴 생채기를 여행을 통한 '힐링'과 '치유'로 고치자는 말들을 유난히 많이 한다. '힐링'과 '치유'라는 말은 이미 바다 한가운데에서 마주치는 거대한 파도마냥 피할 수 없는 유행어처럼 되었고 그래서 여행서치고 이 두 단어를 강조하지 않는 책이 없을 만큼 되었다. 그리고 그런 대중의 흐름 속에 절도 그런저런 힐링을 위한 여행지 중 하나가 되어버렸다. 상당히 많은 절에서 템플스테이를 여는데, 거기 참가하면 '힐링'이 저절로 된다는 식으로 말하는 건 조금은 무책임하게 들린다. 그래서 나는 이런 상투적인 말을 잘 안 믿는 편이다. 예를 들어 마음에 상처를 안은 사람이 여행을 떠나기만 하면, 혹은 사찰에 가서 템플스테이에 참가만 하면 그 아픔을 치유하고 보듬을 수 있게 되어 치유되는가? 물론 여행을 다녀오고, 템플스테이를 마치고 오면 분명 마음의 안정에 도움을 받는다. 하지만 그 안정이 얼마까지나 갈까? 여행엔 '애프터서비스'가 없다. 여행하면서 나아졌던 아픈 마음이 일상으로 돌아오자마자 다시 예전으로 돌아간다고 해서 불평할 대상은 없는 것이다. 그러기에 이런 식으로 쓰인 책을 보면 그저 수사(修辭)의 범람으로만 느껴진다. 마음 아픈 사람이 여행을 하면 바로 치유되지는 않는다. 그보다는 그 아픔을 인정하며 자신이 외롭다는 것을 확인하고 돌아올 때 여행이 보다 아름답고, 나아가 치유의 단초가 된다고 나는 생각한다. 마음의 아픔은 스스로가 고쳐야 한다.

약이나 전문의와의 상담도 있겠지만 그것으로 그만이다. 하지만 그게 아니라 스스로 자기의 아픈 마음을 고친다면 그 다음엔 '인생의 성숙'이라는 보상이 따라올 것이다. 그래서 여행이란, 외롭고 마음의 상처가 있을 때 훌쩍 떠나 스스로 자기가 갖는 외로움과 상처를 천천히 인정한 다음, 자신과 대화를 하면서 스스로의 마음을 따뜻한 손으로 어루만져주는 과정을 갖는 게 바로 여행의 참뜻이라고 생각한다.

끝으로 이 책에서 사찰에 관계된 옛 시와 현대시를 적극적으로 자세히 소개한 이유를 설명해야겠다. 옛 시든 현대시든 시를 통해서 눈으로 보기만 해서는 알 수 없는 절에 대한 감상이 잘 담겨있기 때문이다. 그런데 이렇게 절에 관련된 시를 여행에 필요한 포함시킨 것은, 아마 내가 처음이 아닌가 한다. 자랑으로 하는 말이 아니고, 여행을 가는 마음과 시를 짓는 서정(抒情)은 서로 너무 궁합이 잘 맞는 감성임을 강조하고 싶어 한 말이다. 다행히 옛 시, 곧 한시(漢詩)는 어렵지 않게 읽을 줄 알아 한시에 표현된 그 절의 서정성을 최대한 뽑아내보려 애썼는데, 현재의 나와 이곳에 수백 년 전에 왔던 옛 사람의 마음을 잇는 데 있어서 아주 유용한 수단이라고 확신한다. 생각해보라, 여행과 시, 그 얼마나 잘 어울리는 단어들인지. 내가 여행의 목적지를 절로 삼지 않고 다른 명소를 택했어도 마찬가지로 그에 관한 시들을 찾아서 최대한 그곳과의 연관성을 설명하려 했을 것이다. 여행자는 누구나 시인의 마음을 갖고 있으니 그걸 빼놓기는 너무 아까워서다. 다만 여기서 소개한 사찰 모두 한시나 현대시를 넣으면 좋았겠지만, 그렇게 남겨진 시가 전혀 없어서 어쩔 수 없이 그냥 넘어갈 수 없던 사찰이 있는 것은 참 아쉬웠다.

누구든 시를 쓰면 바로 시인인 거고, 여행을 가면서 혹은 절을 찾아가서 느낀 서정과 느낌을 쓰면 그게 바로 시가 된다. 그런 여행이어야 일상에서 받는 갖은 눌림과 긴장을 놓을 수 있는 해방의 과정이 되는 것 아닐까.